La transaction dans toutes ses dimensions

Colloque organisé par le Centre de droit privé — Théorie juridique et l'Équipe de droit international et comparé, avec le soutien du ministère de l'Éducation nationale, de l'Enseignement supérieur et de la Recherche, de la région Rhône-Alpes, du Conseil général du Rhône, du Conseil supérieur du notariat, du barreau de Lyon, de l'Institut d'études judiciaires et du Centre de droit des affaires de la Faculté de droit de l'Université Jean Moulin (Lyon III).
Un remerciement tout particulier est adressé aux doctorants, allocataires et ATER qui ont contribué à la bonne réalisation de cette manifestation.

La transaction dans toutes ses dimensions

sous la direction de

Blandine Mallet-Bricout

Cyril Nourissat

avec les contributions de :

Anne-Sophie Chavent-Leclere
Thomas Clay
Hervé Croze
William Dross
Bertrand Fages
Frédérique Ferrand
Olivier Fradin
Antoine Jeammaud
Hugues Kenfack
Blandine Mallet-Bricout
Christophe de la Mardière
Jacques Mestre
Cyril Nourissat
Benoît Plessix
Stéphanie Porchy-Simon
Christophe Radé
Jean-Pierre Viennois

DALLOZ

2006

DALLOZ

31-35, rue Froidevaux, 75685 Paris cedex 14

Sommaire

Avant-Propos

Blandine Mallet-Bricout
Professeur à l'Université Jean Moulin (Lyon III)

Cyril Nourissat
Professeur à l'Université Jean Moulin (Lyon III)

La transaction constitue un mode alternatif de règlement des conflits qui jouit d'une notoriété incontestable et peut s'autoriser d'une histoire bicentenaire, au moins en France. Qui ne connaît l'adage selon lequel « une mauvaise transaction vaut mieux qu'un bon procès » ?

Chacun sent confusément ce qu'elle est mais pas forcément ce qu'elle n'est pas. Ainsi, il apparaît délicat d'en déterminer nettement les contours (par rapport à d'autres institutions juridiques proches) et la portée réelle (par exemple en terme de force exécutoire), faute peut-être de pouvoir l'aborder de manière systématique et dogmatique. Les travaux à elle consacrés sont de grande qualité mais, au final, peu nombreux.

Or, à l'heure où la transaction prend un essor considérable dans certains droits spéciaux (droit de la concurrence, droit administratif), où elle est au cœur de l'espace judiciaire européen en matière civile ou commerciale avec son admission au bénéfice de la libre circulation à l'instar des décisions judiciaires, il est apparu souhaitable aux responsables scientifiques de ce colloque de susciter une réflexion à son sujet.

Le colloque, qui s'est tenu à la Faculté de Droit de l'Université Jean Moulin (Lyon III) les 2 et 3 décembre 2005, avait donc pour objectif de partir à la recherche de la transaction en procédant à son examen sous des angles différents. Conscience avait été prise que l'examen du droit commun pouvait s'enrichir de l'étude de certains droits spéciaux ainsi que d'un autre regard, qu'il soit fiscal, européen ou comparé.

Les contributions ici reproduites porteront témoignage de la grande qualité des travaux réalisés et les responsables scientifiques de cette manifestation ne peuvent que renouveler toute leur gratitude à leurs auteurs. En revanche, il n'a pas été possible de rendre compte des nombreux échanges et débats qui ont animé ces deux journées. D'une richesse certaine en raison de la présence des meilleurs spécialistes de la question, ils ont, chaque fois, été menés de main de maître par les présidents de séance qu'étaient Éric Jeantet, Bâtonnier de l'Ordre des avocats du barreau de Lyon, Pierre-Yves Gautier, professeur à l'Université Panthéon-Assas (Paris II), Loïc Cadiet, professeur à l'Université Panthéon-Sorbonne (Paris I), Éric Loquin, professeur à l'Université de Bourgogne et Henri-Jacques Nougein, ancien président du tribunal de commerce de Lyon. Qu'ils en soient aussi chaleureusement remerciés.

En définitive, comme l'a souligné le doyen Jacques Mestre dans son magistral rapport de synthèse, il est apparu que la transaction est bien « un grand contrat et, sans doute, bien plus que cela encore : à la croisée des grands concepts (contrat, volonté des parties, loyauté, équilibre, jugement, transparence, contradictoire) ». Et prenant au mot le rapporteur de synthèse, les suites de ce colloque qu'il a pu dessiner sont d'ores et déjà enclenchées et appelleront, probablement, une nouvelle collaboration sous peu... Et ce sera vrai !

Lyon, le 28 mars 2006.

Première partie

Le droit commun

Genèse et postérité de la transaction

Antoine Jeammaud
Professeur à l'Université Lumière (Lyon II)

Histoire, genèse et postérité ? Pour traiter exactement le sujet que mes collègues Blandine Mallet-Bricout et Cyril Nourrissat m'ont confié pour introduire ce colloque, il faudrait remonter haut dans le temps et se projeter dans l'avenir. Il me paraît plus judicieux ici, et mieux adapté à mes compétences qui ne sont pas celles d'un historien, de livrer quelques observations sur ce qu'a été et sur ce qu'est aujourd'hui la transaction, en centrant le propos sur la figure de la transaction prévue et régie par le Code civil.

Comme toutes les autres espèces contractuelles, ce contrat spécial est, à la fois, une catégorie juridique — c'est-à-dire une « figure » permettant d'interpréter, sur le plan du droit, des situations empiriques ou des actions et agissements — et un instrument. Mais il sert aussi, pour reprendre une observation de Charles Jarrosson[1], de modèle à d'autres variétés de transactions ou d'actes que le langage du droit français ne désigne pas nécessairement par ce nom. On trouvera là une raison supplémentaire de suivre, en présence de cette catégorie d'acte, la recommandation méthodologique déjà ancienne, réellement ou non inspirée par la phénoménologie de Paul Amselek : s'étonner[2] ! Non pas s'étonner, en l'occurence, devant le droit, mais devant un outil qu'un ordre juridique particulier admet, dessine et met à la disposition des acteurs de la vie juridique.

Nous apercevons cinq bonnes raisons de s'étonner devant la transaction. La première est puisée dans les circonstances de la naissance de cette espèce de contrat, ou plus exactement de son régime, inchangé depuis 1804. La deuxième tient au profil que cet acte juridique présentait dès cette date. On trouve la troisième dans sa biographie, son parcours à texte constant depuis deux siècles : longtemps discrète,

---

1. « La transaction comme modèle », *in* P. Ancel et M.-C. Rivier (dir.), *Le juridictionnel et le conventionnel dans le règlement des différends*, CERCRID — Université de Saint-Étienne, Économica, 2001, p. 58.

2. P. Amselek, « L'étonnement devant le droit », *Archives phil. dr.*, Tome XIII, Sirey, 1968. 163.

aujourd'hui familière aux juristes comme aux opérateurs du commerce juridique, voire en vogue, elle a connu un parcours inverse de celui des êtres biologiques que nous sommes, puisque la vitalité lui est venue en vieillissant. La quatrième demande de s'arrêter un instant sur la faveur dont elle paraît aujourd'hui jouir jusqu'en législation. En effet, et c'est la cinquième raison de s'interroger, la transaction et son actuel prestige ont, dans un État de droit, quelque chose de paradoxal.

1. – La transaction étonne par les circonstances d'apparition de son régime dans le droit français moderne. L'épisode est assez connu et certains participants à ce colloque l'ont naguère rappelé dans leurs écrits. Ce contrat spécial fait l'objet d'un Titre quinzième dans le Livre troisième du Code civil, mais ces dispositions ne figuraient pas dans le projet initial soumis à l'avis des tribunaux, et c'est pour répondre aux observations de tribunaux d'appel que les rédacteurs ont *in extremis* confectionné ces articles 2044 à 2058[3].

Osera-t-on dire que ce titre porte la marque de ces conditions de rédaction ? Il a été rédigé, nous rapporte-t-on, par emprunt très direct au traité des *Loix civiles dans leur ordre naturel* de Jean Domat, pour être adopté par le Corps législatif la veille de la promulgation du code. Or il se trouve, nous assure-t-on aussi, que Domat n'avait pas particulièrement travaillé sur ce thème de la transaction et, en tout cas, qu'il s'était éloigné des positions héritées du droit romain, notamment du droit de Justinien. Ainsi, considérait-il que la transaction était valide sans que l'on eût rien à donner ou promettre. Voilà pourquoi la définition de l'article 2044, dont on déduit bien naturellement une règle de qualification, ne fait aucune place à ce qui est pourtant considéré, depuis un siècle et demi, comme l'une des conditions de la qualification de « transaction » (et non seulement de sa validité) : l'existence de concessions réciproques. Dès les premières décennies du XIXe siècle — puisqu'on signale un arrêt de la cour d'appel de Toulouse de 1818 —, des tribunaux ont logé cette condition de concessions réciproques empruntée au droit romain, mais négligée et même écartée par Domat, puis par Bigot de Préameneu dans son rapport au Corps législatif. Le premier arrêt de la Cour de cassation prenant le même parti date de 1883.

La transaction fait donc l'objet de dispositions que les civilistes qualifient volontiers de « lacunaires » et d'« empiriques ». Certaines d'entre elles sont même assez alambiquées. Songeons, par exemple, aux articles 2049 ou 2050. À propos de l'élégante et assez fameuse formule de l'article 2052, alinéa 1er — « Les transactions ont, entre les parties, l'autorité de la chose jugée en dernier ressort » — les spécialistes de procédure civile jugent l'expression « en dernier ressort » particulièrement mal venue (il ne faudrait pas croire qu'elle peut être critiquée par un pourvoi en cassation !). Bref, les textes ne sont pas très heureusement rédigés et s'avèrent lacunaires, puisque la condition cardinale de la qualification est absente de l'énoncé définitoire. Ces dispositions du Titre quinzième du Livre troisième sont pourtant

3. Alimentant ainsi l'observation, de quelques mois antérieure, du tribun Sédillez : « Il n'y a pas une disposition du Code civil qui ne tente de rapprocher les citoyens les uns des autres » (cité par X. Martin, « Fondements politiques du Code Napoléon », *RTD civ.* 2003. 247).

inchangées et n'ont pas été surchargées depuis 1804. Ce qui n'est pas exceptionnel mais vaut quand même d'être souligné.

2. – Est notamment remarquable, dans cette série de textes d'une belle stabilité, l'alinéa 1er de l'article 2052 évoqué à l'instant. Et c'est à sa hauteur que surgit le deuxième motif d'étonnement à l'égard de la transaction.

Certes, la règle en question ne signifie pas que la transaction ait la valeur d'un jugement, mais qu'elle opère comme un jugement : elle rend irrecevable toute demande en justice portant sur l'objet de la transaction, un objet que le Code définit assez strictement. Il est toutefois remarquable qu'un contrat produise des effets en partie analogues à ceux d'un jugement.

Pourtant, cette autorité de chose jugée n'exclut pas que la validité ou la portée de cet acte de prévention ou règlement d'un différend soit contestée en justice, par voie de demande principale ou en réaction à une fin de non-recevoir opposée par le défendeur invoquant une transaction. Et c'est là que certains chantres des modes non juridictionnels de règlement des différends — « modes alternatifs de règlements des conflits », selon l'appellation consacrée mais discutable — trahis sans doute par une insuffisante connaissance du droit, se méprennent en croyant ou professant qu'accepter une transaction c'est éviter le procès. À considérer la cohorte d'arrêts de la Cour de cassation, notamment de sa chambre sociale, intéressant des transactions, le nombre de procès donnant lieu à contestation sur l'existence ou la validité d'une transaction n'est pas négligeable. La réalisation d'un acte baptisé « transaction » ne ferait donc pas sûrement obstacle à la saisine de la justice ! Les occasions ne manqueront sûrement pas, au cours de ce colloque, de rappeler qu'on peut venir devant un tribunal soit pour contester la validité de la transaction, soit en formant une demande sur ce qui a fait l'objet d'une transaction dont on plaidera la nullité ou la disqualification pour réagir à ce qu'on appelle « l'exception de transaction ». Il est donc douteux, ou au moins discutable, qu'un « bon accord » soit toujours préférable à un procès. On se souviendra qu'en son temps, Bertrand d'Argentré tenait la transaction pour « matière à dispute ». La réalité se situe sans doute entre cette opinion et celle d'un Bigot de Préameneu parlant d'un des « moyens les plus heureux » de mettre fin aux différends.

3. – Étudiant, il y a quelque quarante ans, dans cette Faculté de droit lyonnaise, je n'ai pas souvenir d'avoir entendu traiter de la transaction, que ce soit dans un cours de contrats spéciaux ou dans un cours de procédure civile. Les juristes qui ont découvert le droit de ce pays dans les années 1960-70 pouvaient rester dans l'ignorance de cet acte tant que le hasard, la nécessité ou une saine curiosité ne les poussait pas à le découvrir par leurs propres moyens. Ce n'est pas dire que ce contrat soit un assez long temps resté ignoré ou négligé. Nul ne peut savoir ce qu'était exactement sa place dans les pratiques juridiques, et il était à coup sûr pratiqué par des acteurs soucieux d'apaisement et de rapidité dans le règlement de leurs différends. Mais il sollicitait peu l'attention des gens de doctrine, à l'exception de quelques auteurs d'articles de répertoires ou de jeunes auteurs de thèse. Chacun se souvient évidemment, ou a

entendu parlé au moins, de la thèse soutenue en 1947 par Louis Boyer[4] et qui a longtemps constitué la principale référence doctrinale en matière de transaction.

On nous assure, depuis près d'un quart de siècle, que ce « petit contrat » connaît un renouveau, un heureux renouveau. Si le nombre de décisions de justice traitant ou parlant de transaction fonde l'hypothèse raisonnable que les transactions ne sont pas rares, on ne peut rien connaître ni du nombre de transactions conclues, ni du nombre d'affaires judiciaires portant sur des transactions ou donnant lieu à débat sur une transaction. En effet, les instruments de la statistique judiciaire informant sur les objets de demande[5] ne permettent pas de saisir directement la présence, au cœur d'une affaire, d'une question de droit déterminée ; donc d'une question de droit touchant à la validité ou la qualification d'une transaction.

Constatons seulement que la pratique de ce contrat progresse sans doute et que cet acte retient davantage l'attention des juristes depuis une vingtaine d'années. Qui s'intéresse au droit du travail est particulièrement sensible à ces données. Jusqu'à la fin des années 1970, les spécialistes ne parlaient guère de la transaction dans les rapports de travail et les arrêts de la Cour de cassation à son sujet restaient rares. Certes, la Cour avait admis qu'une transaction pouvait servir de règlement des suites d'une rupture du contrat de travail, alternatif au reçu pour solde de tout compte, à l'époque où ce document, délivré par le salarié à l'employeur en fin de rapport, possédait un effet libératoire et non seulement probatoire. En dehors de cet usage, il n'était pas question de transaction dans le domaine des relations du travail salarié. C'est avec une réelle perplexité que nombre de juristes, professeurs de droit du travail compris, ont vu surgir la transaction en contexte de rupture du contrat, parfois comme procédé de réalisation même de cette rupture. Que venait faire, dans les rapports entre employeurs et salariés, cet acte réglé par le Code civil ? La disposition, issue d'une loi de 1891 et logée depuis 1973 en tête de l'article L. 121-1 du Code du travail — « Le contrat de travail est soumis aux règles du droit commun » — pouvait-elle légitimer l'usage de cet autre contrat spécial, à la périphérie du contrat de travail lui-même ? Et qu'était ou opérait exactement ce contrat un peu oublié ? Il a fallu quelque temps à certains pour comprendre que cet acte, utilisé pour rompre un contrat de travail à durée indéterminée en tentant d'éviter les aléas d'un licenciement exposé à contestation en justice, produisait d'autres effets qu'une « résiliation amiable » ! Une fois découverte l'autorité de chose jugée attachée à cette transaction, d'aucuns ont peiné un peu à réaliser, en sens inverse, que ce n'était pas tout à fait la même chose que la force exécutoire réservée au jugement d'une juridiction étatique. Que ce contrat soit doté par la loi d'une autorité analogue à celle d'un jugement passé en force de chose jugée posait alors des problèmes singuliers et impensés par la doctrine travailliste. En effet, l'accord de rupture au régime le plus robuste, de prime abord le plus résistant à la contestation en justice, était suspecté, dès lors

4. *La notion de transaction*, Thèse Toulouse, 1947.

5. La nomenclature de la nature des affaires civiles, utilisée par les secrétariats-greffes des juridictions.

que l'employeur avait pris l'initiative de le proposer, de franchir l'incertaine frontière séparant l'habilité licite de l'habileté illicite, c'est-à-dire la fraude à la loi. La fraude, en l'occurrence, à un régime d'ordre public du licenciement censé protéger le salarié. Ainsi, les directions des ressources humaines des entreprises ont-elles beaucoup œuvré au développement de la pratique de la transaction autour des années 1980.

4. – Cette extension de la pratique dans certains secteurs de la vie sociale a été, pour ainsi dire, accompagnée et encouragée par le législateur, qui a manifesté une réelle faveur pour cet instrument là. Voilà un autre motif d'étonnement. Mais cette faveur, manifestée par le législateur, par les praticiens aussi, et plus largement par tous ceux qui s'intéressent aux modes alternatifs de règlement des différends ou des litiges[6], s'inscrit dans un contexte d'exaltation des vertus du contrat. Au fond, la transaction est le modèle ou le type du contrat négocié. Illustration de ce qu'on appellera peut-être « le paradigme contractuel » !

L'intérêt, voire la sympathie, du législateur ou du pouvoir réglementaire se sont manifestés par l'adoption de dispositions que l'on connaît bien. À commencer, en 1985, par la loi relative à la réparation des dommages subis par les victimes des accidents de la circulation, avec une obligation imposée à l'assureur d'adresser une offre d'indemnisation qui est une offre de transaction ; si la victime accepte, il y a transaction. Un mécanisme analogue a été créé en 1986 pour les victimes d'actes de terrorisme. Puis, les réformes de la procédure de décembre 1998 ont introduit deux dispositions hautement significatives de cette faveur pour le règlement transactionnel : l'une ouvre l'accès à l'aide juridictionnelle pour des pourparlers en vue d'obtenir une transaction avant procès, l'autre permet à toute partie à une transaction de saisir, par requête, le président du tribunal de grande instance afin que cet acte privé et contractuel de règlement d'un différend avéré ou éventuel obtienne force exécutoire.

Il y a plus. On sait qu'avant ces réformes l'arrangement transactionnel avait un rôle à jouer en matière fiscale et même dans le champ pénal, pour éteindre parfois l'action publique exercée par certaines administrations. Et, en 1995, une circulaire très remarquée du Premier ministre, inspirée par une étude du Conseil d'État, a invité les administrations à recourir plus systématiquement à la conciliation ou à la transaction[7]. D'ailleurs, on peut dire d'une manière générale que toutes les procédures de « conciliation » ou « médiation », prévues par la loi ou nées de la pratique, visent à obtenir un acte de règlement, qui n'est pas nécessairement une transaction des articles 2044 et suivants du Code civil, mais dans lequel on retrouve le modèle de la transaction. Cette donnée ne devrait pas cesser d'étonner encore.

---

6. Plutôt que « des conflits ». Sur les raisons de distinguer « conflits » et « litiges », voire « différends », et de douter que les « modes » en question permettent véritablement de « régler un conflit », nous nous permettons de renvoyer à notre article « Conflit, différend, litige », *in* S. Rials et D. Alland (dir.), *Dictionnaire de la culture juridique*, PUF-Lamy, 2003.

7. S. Lopez, « Le cas de la juridiction administrative », in *Le juridictionnel et le conventionnel dans le règlement des différends*, *préc.*, p. 83.

5. – En effet, la transaction et la faveur du droit étatique pour cet acte ont quelque chose de paradoxal dans un ordre juridique conçu sur le modèle de cet État de droit que notre temps valorise et dont nul ne doute plus qu'il ait des implications dans les rapports privés et non seulement dans la sphère du droit public[8].

Certes, on trouve aisément des vertus à ce type d'accord. Des vertus philosophiques a-t-on dit, ou plutôt des vertus civiques : les parties se rendent justice elles-mêmes. Loin que chacun se fasse « à soi-même justice », les protagonistes redeviennent partenaires en convenant, en quelque sorte, de se rendre mutuellement justice au lieu de recourir à un tribunal. Voilà qui séduit bien naturellement les partisans d'une majoration du rôle de la « société civile », au sens trivial que l'on donne aujourd'hui à cette expression, au détriment de l'État. Par ailleurs, il est vrai que la médiation, même si tel n'est pas son effet nécessaire, et la transaction favorisée par une médiation, peuvent offrir, au-delà du règlement du différend (solution de l'opposition de prétentions), un apaisement du conflit préexistant, sous-jacent ou alimenté par la dispute sur les droits de chacun.

Alors que l'on tente d'acclimater et de faire acquérir légitimité à l'analyse économique du droit développée aux États-Unis, cette faveur pour la transaction peut aussi trouver d'autres raisons. Dans la mouvance des courants d'une « économie du droit »[9] qui prônent l'interprétation, l'évaluation, voire la sélection des règles juridiques à l'aune de leur efficacité économique (selon des critères tirés de la théorie économique orthodoxe, encore dominante), certains cultivent l'évaluation de la diversité des modes de règlement des disputes, et cette approche commence à se pratiquer en France[10]. Cette orientation de recherche à visée d'évaluation des dispositifs juridiques conduit à s'interroger sur les mérites respectifs de l'arrangement conventionnel et de la saisine d'un tribunal en vue de jugement tranchant le litige. Les modèles microéconomiques reposant sur l'hypothèse de l'acteur rationnel — chaque acteur est parfaitement rationnel et éclairé sur l'ensemble des variables qui entourent son action — permettraient, à la fois, de comprendre la vogue du recours à la transaction et de fournir des modèles de calcul de l'opportunité de rechercher une transaction au lieu de saisir un tribunal. Toute cette thématique est en train de conquérir sa place dans les débats sur les rapports entre droit et économie.

Or, quelles que soient les raisons du goût pour l'approche des règles et pratiques

---

8. Le juriste de droit du travail, comme le spécialiste du droit des personnes et de la famille, sera plus spécialement sensible à cette dimension du modèle de l'État de droit. Ainsi a-t-on pu interpréter certains aspects des réformes des années 1982-1985 (éclairées par le rapport Auroux de septembre 1981) comme un effort pour conformer à ce modèle les rapports entre employeurs et salariés au sein de l'entreprise (A. Jeammaud et A. Lyon-Caen, « France », in *Droit du travail, démocratie et crise en Europe occidentale et en Amérique*, Actes Sud — Hubert Nyssen, 1986, p. 19 et s.).

9. V. l'ouvrage de référence de Th. Kirat, *L'Économie du droit*, La Découverte, coll. « Repères », 1999, spéc. p. 98 et s. ; du même auteur, v. « Économie de la justice », *in Dictionnaire de la Justice*, L. *Cadiet (dir.)*, PUF, 2004.

10. Du côté, notamment, des économistes de l'Université de Nancy II, avec les travaux animés par B. Deffains.

juridiques en termes d'efficience économique, ou les vertus civiques de la transaction, une manière d'antinomie doit être relevée entre le modèle de l'État de droit et la signification de cet arrangement sur les règles de droit que recèle la transaction. Cet État de droit, en effet, n'est pas seulement une forme d'organisation sociale dans laquelle le pouvoir public est soumis à des règles dont il n'a pas la totale maîtrise, des règles largement hétéronomes et dont l'élaboration ou la révision résultent d'un minimum de débat démocratique. La figure comporte aussi la dimension de règne de la règle de droit dans les rapports privés, une forme de « régulation » de ces rapports telle que chacun puisse prétendre voir sa situation, ses prétentions, ses querelles, réglées ou résolues conformément aux règles de droit valides et pertinentes. Il y a un peu plus d'une vingtaine d'années, au sortir d'une période d'actif encouragement au développement des conciliateurs judiciaires, un ministre de la Justice — je crois me souvenir qu'il s'agissait de Robert Badinter, au lendemain de son entrée en fonctions, dans une réponse à la question d'un parlementaire sur la politique qu'il entendait suivre en ce domaine — avait rappelé que recourir à un conciliateur présentait certes quelques mérites, mais que, dans un État réputé « de droit », chacun devait pouvoir obtenir que sa situation et ses différends soient réglés conformément aux règles juridiques en vigueur.

Il y a donc là motif de s'interroger. Non pour contester sans relâche la légitimité et les mérites de la transaction, en chaussant les bottes d'un Rudolf von Jhering héraut d'un « combat pour le droit » qui incomberait chaque jour à chacun (devoir pour chacun de faire valoir ses droits, en faisant au besoin procès) afin de contribuer à la « réalisation du Droit », avec un slogan du genre « transaction égale désertion ! ». Mais pour conserver l'esprit d'étonnement à l'égard de la transaction et ne pas oublier qu'elle est, potentiellement sinon toujours, manière d'arranger les choses autrement qu'elles le seraient par l'application combinée des règles substantielles et des procédurales valides. S'émerveiller, sans doute, des vertus du contrat pacificateur et de l'aptitude de porteurs d'intérêts opposés à s'entendre pour surmonter leur dispute, mais ne pas trouver banal que notre système de droit, réputé « légaliste », se complaise à favoriser par maintes dispositions — la transaction du Code civil n'est pas seule en cause[11] — des arrangements sur d'autres de ses règles.

Reprendre, à frais nouveaux, la réflexion sur la transaction et le tableau de son traitement par le droit étatique ou le droit privé des milieux professionnels requiert que l'on balance par l'évocation de ce léger paradoxe l'engouement qu'encourage tel fameux aphorisme — « Mauvais arrangement mieux vaut que bon procès » ou « Accord vaut mieux que plaid »[12] — porté au crédit de la sagesse populaire.

---

11. En particulier dans le domaine des relations du travail, où l'attention à la place et à la légitimité des « modes alternatifs » dans un champ de règles d'ordre public reste grande. V., J. Pélissier, A. Supiot et A. Jeammaud, *Droit du travail*, 22ᵉ éd., Dalloz, 2004, nº 1077, et les références; M.-C. Rivier, « Les modes alternatifs de règlement des conflits en droit du travail », *Justices* 1997. 33, nº 8.

12. Sur cet aphorisme : H. Roland et L. Boyer, *Adages du droit français*, Litec, 3ᵉ éd., 1992, nº 206.

Transaction et autres contrats relatifs aux litiges

Thomas Clay
Professeur à l'Université de Versailles-Saint-Quentin, vice-doyen de la Faculté de droit et de science politique

1. – « Ne comparer que ce qui est comparable » commande le bon sens. La transaction peut-elle être raisonnablement comparée aux autres modes de résolution non judiciaire des litiges ? La transaction a-t-elle à voir avec la convention d'arbitrage, la médiation ou la conciliation ? Évolue-t-on là dans des registres analogues, ou les différences sont telles que la confrontation sera stérile ? Telle est bien la question posée par les organisateurs de ce colloque qui veulent éprouver l'autonomie de la transaction par rapport aux autres contrats, ce qui les amène logiquement à distinguer entre les contrats du droit civil pur[1] et les contrats relatifs aux litiges, fortement imprégnés d'une composante juridictionnelle. Cette seule composante autorise à rapprocher la transaction des autres contrats ayant eux aussi pour base l'existence d'un litige. La convention d'arbitrage, la médiation et la conciliation sont de ceux-là. Si « comparaison n'est pas raison », celle-ci peut être tentée.

2. – « Accord vaut mieux que plaid » dit l'adage. Plus connue sous la formule « Mauvais arrangement vaut mieux que bon procès » depuis que Balzac l'a faite sienne dans *Les Illusions perdues*[2], l'empruntant lui-même à son auteur, l'avocat du XVIIe siècle Géraud de Maynard[3], cette maxime a surtout pour origine la sagesse populaire[4]. L'idée est simple et elle est résumée ainsi par Boncenne : le procès est source

---

1. V. la contribution, dans le présent ouvrage, de H. Kenfack, « Transaction et autres risques de confusion (partage, résiliation amiable, cession de droits) ».
2. H. de Balzac, *La comédie humaine*, spéc. Tome V, Gallimard, coll. « La Pléiade », 1977, p. 123, spéc p. 730.
3. G. de Maynard, *Notables et singulières questions de droist escrit décidées et jugées par arrests mémorables de la Cour souveraine du Parlement de Tholose*, Fouet, 1608, spéc. titre Ier, liv. 5, chap. 63.
4. H. Roland et L. Boyer, *Adages du droit français*, 4e éd., Litec, 1999, spéc. n° 218.

« d'inquiétudes, de longueurs et de frais qui affligent les plaideurs »[5], il faut donc mieux l'éviter pour obtenir justice.

C'est un singulier paradoxe que d'estimer que la meilleure manière pour que la justice soit rendue consiste précisément à éviter le palais de justice. Telle est pourtant l'approche que défend dans des pages mémorables ce grand processualiste qu'était Boncenne, l'un des premiers à commenter le droit de la procédure civile issu des codifications napoléoniennes[6]. Ses mots sont cinglants : « Notre âge est devenu trop fertile en artifices, l'erreur a trop de subtilités (...)[7]. « On est à peu près convenu d'appeler les officiers de justice les suppôts de la chicane, la forme l'hydre de la chicane, et le palais l'antre de la chicane »[8]. Mais qui pourrait dire que ces phrases sont d'un autre temps ? Ne sonnent-elles pas au contraire cruellement juste à l'égard de la justice contemporaine ? De juriste, Boncenne se fait alors presque prophète, et on en vient à regretter que sa plume acérée ne pointe pas les dérives actuelles, lesquelles n'ont qu'amplifié ce qu'il décrivait. Deux siècles ont passé et rien n'a changé : la justice civile a toujours intérêt à éviter le procès !

3. – « Le procès n'est pas le mode normal de résolution des litiges » ont d'ailleurs écrit deux éminents spécialistes[9]. Le meilleur moyen pour éviter le procès est plutôt le contrat. La perspective de pouvoir échapper aux méandres du procès par la seule rencontre des volontés a de quoi séduire. Tel est l'objet des contrats relatifs aux litiges dont la transaction est le meilleur représentant.

Ce n'est pourtant pas un contrat récent : elle plonge ses racines dans le droit romain comme en attestent les dispositions du Code Justinien[10] et du *Digeste*[11] qui lui sont consacrées, lesquelles se réfèrent beaucoup aux sentences antérieures d'Ulpien[12]. On la repère aussi dans les Code Théodosien et Hermogénien, puis à toutes les périodes de l'Ancien droit; et l'un des post-glossateurs, Bartole (XIVe siècle), disait même que la transaction était, entre tous les contrats, l'un des plus utiles[13]. Longuement décrite par Domat[14] — quoique de manière approximative[15] — on la retrouve encore à l'heure de l'élaboration du Code civil.

---

5. P. Boncenne, *Théorie de la procédure civile. Précédée d'une introduction*, Catineau, spéc. Tome Ier (1828), p. 7.
6. P. Boncenne, *Théorie de la procédure civile*, *op. cit.*, spéc. Tome Ier, p. 7-13.
7. P. Boncenne, *Théorie de la procédure civile*, *op. cit.*, spéc. Tome Ier, p. 7.
8. P. Boncenne, *Théorie de la procédure civile*, *op. cit.*, spéc. Tome Ier, p. 9.
9. G. Cornu et J. Foyer, *Procédure civile*, 3e éd., PUF, coll. « Thémis droit privé », 1996, spéc. p. 54.
10. Code justinien, Livre II, Titre IV, « De transactionibus ».
11. *Digeste*, Livre II, Titre XV, « De transactionibus ».
12. Pour une étude de ce que la transaction emprunte au droit romain, v. P.-Y. Gautier, « Sous le Code civil des Français : Rome (l'origine du droit des contrats) », in *1804-2004. Le Code civil. Un passé, un présent, un avenir*, Dalloz, 2004, p. 51, spéc. p. 21-26. *Adde* C. Accarias, *De la transaction en droit romain et en droit français*, Thèse Paris, 1863.
13. Bartole, *In primam Codicis partem. Commentaria. Augustae Tavrinorum*, 1589, spéc. vol. 1er, p. 63 « De transactionibus », *lex prima*, § 1er.
14. J. Domat, *Les loix civiles dans leur ordre naturel, le droit public* et *Legum delectus*, Coignard, 1689, spéc. Tome Ier, livre I, titre XIII.
15. Th. Clay, « Transaction », *in* L. Cadiet (dir.), *Dictionnaire de la justice*, PUF, 2004, *hoc verbo*.

4. – « De tous les moyens de mettre fin aux différends que font naître entre les hommes leurs rapports variés et multipliés à l'infini, le plus heureux dans tous ses effets est la transaction, ce contrat par lequel sont terminées les contestations existantes, ou par lequel on prévient les contestations à naître » énonça Bigot de Préameneu à la tribune du Corps législatif quelques jours avant l'adoption du Code civil[16]. Cette faveur pour la transaction n'empêchera pas qu'elle ait été longtemps rangée parmi les « petits contrats »[17]. Classification qui ne correspond plus à la réalité car la transaction a désormais envahi presque toutes les branches du droit; de « petit contrat », la transaction est devenue le modèle de pacification entre litigants[18]. En tant qu'unique moyen existant en droit positif permettant d'écarter définitivement le procès, la transaction est une sorte de prototype de ces contrats relatifs aux litiges. Il n'est donc pas inintéressant de la confronter aux autres membres de cette famille de contrats. L'opération oscille entre deux types de réactions : on a envie de rapprocher les différents modèles pour les regrouper dans une catégorie unique, mais dans le même temps on ne parvient pas à faire l'économie de ce qui les éloigne les uns des autres. Il convient donc de scruter ce qui les rapproche pour éviter qu'ils ne s'éloignent (I) avant de mesurer leur éloignement pour tenter de les rapprocher (II).

I. RAPPROCHEMENT

La nature est ainsi faite qu'il existe principalement deux types de liens forts : les liens affectifs et les liens physiques. Dans son rapport avec les autres modes alternatifs de règlement des litiges, la transaction obéit à cet ordre immanent : les liens sont d'ordre soit affectif (A), soit physique (B).

A. Liens affectifs

5. – Existe-t-il lien affectif plus fort que celui qui règne au sein d'une même famille ? Or la famille des contrats relatifs aux litiges est une réalité incontestable. Cette catégorie de contrats est déjà ancienne, mais ses contours ne sont maîtrisés que depuis une quinzaine d'années, sous l'impulsion des travaux du professeur Loïc Cadiet[19]. En

16. P. A. Fenet, *Recueil complet des travaux préparatoires du Code civil*, Videcoq, 1836, spéc. Tome XV, p. 103.

17. J. Carbonnier, *Flexible droit. Pour une sociologie du droit sans rigueur*, 10e éd., LGDJ, 2001, spéc. p. 339.

18. Th. Clay, « Le modèle pour éviter le procès », in *Code civil et modèles. Des modèles du Code au Code comme modèle*, LGDJ, coll. « Bibliothèque de l'Institut André Tunc », 2005, p. 51 ; Ch. Jarrosson, « La transaction comme modèle », *in* P. Ancel et M.-Cl. Rivier (dir.), *Le conventionnel et le juridictionnel dans le règlement des différends*, colloque *préc.*, 2001, p. 58.

19. L. Cadiet, « Les clauses contractuelles relatives à l'action en justice », in *Les principales clauses des contrats conclus entre professionnels*, avant-propos de J. Mestre, colloque de l'Institut de droit des

outre, cet auteur a bien montré que l'identification de cette catégorie de contrats s'inscrivait dans une évolution plus générale due à la fois à l'hybridation de plus en plus fréquente des figures juridiques[20] et à la mutation en cours d'un ordre juridique imposé vers un ordre juridique négocié, c'est-à-dire vers une régulation conventionnelle de la société[21].

6. – Cette famille de contrats repose sur une évidence qui a pourtant mis longtemps à apparaître : « contrat et procès ne doivent pas s'exclure, mais se combiner »[22], ils se conjuguent ensemble et s'appellent mutuellement[23] ; on ne saurait y voir une « mésalliance »[24]. Cette « compénétration » du contrat et du procès est le point commun entre tous ces contrats relatifs aux litiges, c'est la marque de fabrique de cette famille.

7. – Si le cœur de la famille est constitué de la transaction, de la convention d'arbitrage, de la conciliation et de la médiation, elle connaît aussi des contrats cousins : les aménagements conventionnels des procès judiciaires. Plus réfractaire en principe à la volonté contractuelle, le procès judiciaire peut en effet faire l'objet de plus en plus d'accords entre les parties qui s'imposeront au juge judiciaire. Et ces modifications conventionnelles concernent tant l'action, que l'instance, ou encore la preuve[25]. Contrairement à ce que l'on croit trop souvent, l'ordre public est ici assez mince et les possibilités offertes aux parties d'adapter leur propre procès sont nombreuses.

---

affaires d'Aix en Provence, 17-18 mai 1990, PUAM, Faculté de droit et de science politique, 1990, p. 193 ; *Découvrir la justice*, Dalloz, 1997, spéc. p. 65-68 ; « Clauses relatives aux litiges », *Juris-Cl. Contrats-Distribution*, fasc. 190 (novembre 2003) ; « Solution judiciaire et règlement amiable des litiges : de la contradiction à la conciliation », in *Le droit de l'entreprise dans ses relations externes à la fin du XXe siècle. Mélanges Claude Champaud*, Dalloz, 1997, p. 123 ; « Les accords de la juridiction dans le procès », *in* P. Ancel et M.-Cl. Rivier (dir.), *Le conventionnel et le juridictionnel dans le règlement des différends*, colloque Saint-Étienne, 11-12 décembre 1998, Économica, coll. « Études juridiques », 2001, p. 34 ; « Les jeux du contrat et du procès : esquisse », in *Philosophie du droit et droit économique. Quel dialogue ? Mélanges Gérard Farjat*, Frison-Roche, 1999, p. 23 ; « Liberté des conventions et clauses relatives au règlement des litiges », *in* L. Aynès (dir.), « Le contrat : questions d'actualité », Rencontres Petites Affiches, Paris, 1er février 2000, *Petites affiches* 2000, n° 90, p. 30 ; « Une justice contractuelle, l'autre », in *Études offertes à Jacques Ghestin. Le contrat au début du XXIe siècle*, LGDJ, 2001, p. 177. *Adde* L. Cadiet et E. Jeuland, *Droit judiciaire privé*, 4e éd., Litec, 2004, spéc. n° 506-519 ; E. Loquin, « Clauses dissuasives des litiges », *Juris-Cl. Contrats-Distribution*, fasc. 135 (février 1989, mise à jour octobre 2003) ; Ch. Jarrosson, « Médiation et droit des contrats », *in* L. Cadiet (dir.), Th. Clay et E. Jeuland (ouvrage collectif), *Médiation et arbitrage. Alternative Dispute Resolution. Justice alternative ou alternative à la justice ? Perspectives comparatives*, LexisNexis, coll. « Pratique professionnelle », 2005, p. 33.

20. H. Muir Watt, « La rencontre dans l'espace de figures hybrides (variations autour du conflit international de décisions) », *RGDP* 1998.711 et 1999. 291, spéc. n° 1.

21. L. Cadiet, « Solution judiciaire et règlement amiable des litiges : de la contradiction à la conciliation », *op. cit.*, spéc. n° 1 ; L. Cadiet, « Les jeux du contrat et du procès : esquisse », *op. cit.*, spéc. n° 3.

22. L. Cadiet, « Solution judiciaire et règlement amiable des litiges : de la contradiction à la conciliation », *op. cit.*, spéc. n° 29.

23. En ce sens, v. aussi S. Ousmanou, *Les conventions relatives au procès. Contribution à l'étude de la contractualisation de la justice*, Thèse Rennes I, sous la direction de L. Cadiet, dact., 1996.

24. Y. Muller, *Le contrat judiciaire en droit privé*, Thèse Paris I, sous la direction de G. Viney, dact., soutenue le 30 mai 1995, spéc. n° 4.

25. L. Cadiet, « Clauses relatives aux litiges », *op. cit.* ; L. Cadiet et E. Jeuland, *Droit judiciaire privé, op. cit., loc. cit.* ; Y. Muller, *Le contrat judiciaire en droit privé, op. cit.*

8. – Mais cette catégorie particulière de contrats relatifs aux litiges se distingue de celle qui nous occupe non seulement en ce qu'elle est avant tout inscrite dans le judiciaire, mais aussi parce qu'on n'y retrouve pas les caractéristiques principales des contrats relatifs aux modes alternatifs de règlement des litiges.

Cette famille s'incarne autour de quelques grands principes qui, parce qu'ils sont communs à tous ces contrats, permettent de l'identifier, en même temps qu'ils servent de guides d'interprétation du régime juridique en voie d'affinement de ces contrats.

9. – On observe d'abord un détachement de la clause de litige du contrat qui la contient. On sait que tel est le cas — et depuis longtemps — de la clause compromissoire, tant en matière internationale[26] qu'interne[27].

C'est cette même autonomie que l'on retrouve désormais pour la clause de conciliation ou de médiation, telle qu'elle a été affirmée dans l'arrêt rendu par une chambre mixte de la Cour de cassation le 14 février 2003[28].

10. – Ne nous y trompons pas : l'arrêt *Saint Valentin* marque la consécration de la spécificité des clauses relatives aux litiges puisque la Cour de cassation énonce clairement qu'elles ne sont pas des clauses comme les autres au sein d'un même contrat, qu'elles doivent être analysées isolément, et qu'elles produisent leur effet indépendamment du sort du contrat principal. Deux logiques s'affrontaient avant cette décision :

– celle de la première chambre civile qui voyait les différentes clauses d'un même *instrumentum* comme formant un tout, obéissant toutes au même régime[29],

---

26. Civ. 1re, 7 mai 1963, *Bull. civ.* I, n° 246; *D.* 1963. 545, note J. Robert; *Rev. crit. DIP* 1963. 615, note H. Motulsky; *JDI* 1964. 83, note J.-D. Bredin; *JCP* 1963. II. 13405, note B. Goldman; *Rev. arb.* 1963. 60, note Ph. Francescakis.

27. Civ. 2e, 4 avril 2002, *Barbot*, *Bull. civ.* II, n° 68; *Rapport annuel de la Cour cassation* 2002, La Documentation française; *D.* 2003. 1117, note L. Degos; *Rev. arb.* 2003. 103, note P. Didier; *D.* 2003. somm. 2470, obs. Th. Clay; *JCP* 2002. II. 10154, note S. Reifegerste; *JCP* 2003. I. 105, § 2, obs. Ch. Seraglini; *Procédures* 2002. 112, note R. Perrot; *Procédures* 2002. 162, note H. Croze; *D.* 2002. IR. 1402, obs. V. Avéna-Robardet; *JCP* 2002. IV. 1872 ; Com. 9 avril 2002, *D. Toulousy*, *Bull. civ.* IV, n° 69; *D.* 2003. 1117, note L. Degos; *Rev. arb.* 2003. 103, note P. Didier; *D.* 2003. somm. 2470, obs. Th. Clay; *JCP* 2002. II. 10154, note S. Reifegerste; *JCP* 2003. I. 105, § 2, obs. Ch. Seraglini; *Procédures* 2002. 162, note H. Croze; *D.* 2002. IR. 1402, obs. V. Avéna-Robardet; Civ. 2e, 20 mars 2003, *Parisot*, *Bull civ.* II, n° 68; *D.* 2003. somm. 2470, obs. Th. Clay; *JCP* 2003. IV. 1881.

28. Ch. mixte 14 février 2003, *Bull. ch. mixte*, n° 1; *BICC* n° 576, concl. A. Benmakhlouf et rapport cons. P. Bailly; *Petites affiches* 2003, n° 51, p. 13, note L. Bernheim; *Rev. contrats* 2003. 182, obs. L. Cadiet et p. 189, obs. X. Lagarde; *JCP* 2003. I. 128, § 17, obs. L. Cadiet, et n° 142, § 13, obs. G. Virassamy; *Rev. arb.* 2003. 403, note Ch. Jarrosson; *D.* 2003. 1386, note P. Ancel et M. Cottin, et p. 2480, obs. Th. Clay; *RTD civ.* 2003. 294, obs. J. Mestre et B. Fages, et p. 349, obs. R. Perrot; *Contrats Conc. Consom.* 2003, n° 84, note L. Leveneur; *Procédures* 2003, n° 93, note H. Croze; *Gaz. Pal.* 5-6 novembre 2003, obs. E. Teynier et A. Mourre ; *Procédures* 2003. 93, note H. Croze ; *Gaz. Pal.* 30 mars-1er avril 2003. doctr. 8, obs. Th. Monteran; *Les Échos* 28-29 mars 2003, obs. M.-A. Frison-Roche.

29. Civ. 1re, 23 janvier 2001, *Bull. civ.* I, n° 11 ; *Rev arb.* 2001. 749 (2e esp.), note Ch. Jarrosson ; *RTD civ.* 2001. 359, obs. J. Mestre et B. Fages; *D.* 2001. somm. 3088, obs. J. Penneau; Civ. 1re, 6 mars 2001, *Bull. civ.* I, n° 58; *Rev. arb.* 2001. 749 (3e esp.), note Ch. Jarrosson; *D.* 2001. 1868, note B. Edelman; *JCP E* 2001. 1050, note Ch. Caron; *JCP* 2002. II. 10014, note F. Pollaud-Dulian; *JCP E* 2001. 1382, note F. Sardain.

– et celle de la deuxième chambre civile pour qui la clause de litige est différente des autres clauses du même contrat car elle a précisément pour objet de résoudre les difficultés nées de ces autres clauses[30].

Chacune de ces chambres avait d'ailleurs rallié la jurisprudence d'une autre chambre, la sociale pour la première chambre[31], et la commerciale pour la deuxième chambre[32].

À bien y regarder, cette opposition n'est pas tellement étonnante quand on se souvient que la première chambre étant celle du contrat, elle raisonne le contrat comme un tout, alors que la deuxième chambre étant celle de la procédure, l'objet de la clause de litige suffit à dissocier celle-ci du reste du contrat. En adhérant à la position de la deuxième chambre civile et en rejetant celle de la première chambre civile, la chambre mixte consacre encore un peu plus cette catégorie si particulière de contrats que sont les contrats relatifs aux litiges ; elle autonomise le régime de ceux-ci quand ils prennent la forme d'une clause, et en fait de véritables contrats dans le contrat.

11. – Même si la question se pose différemment pour la transaction qui fait souvent l'objet d'un contrat *ad hoc*, le raisonnement est transposable. On le vérifie à trois égards :

– en premier lieu, la clause de conciliation ou de médiation est souvent le préalable de la transaction,

– en second lieu, une clause qui obligerait à tenter une transaction doit être également détachable du contrat qui la contient,

– enfin, rien n'empêche de penser qu'un acte qui aurait plusieurs objets, dont une transaction, suivrait un régime différent pour cette partie de l'acte, laquelle serait autonome du reste contrat.

12. – Parmi les principes communs à cette famille de contrats relatifs aux litiges, on en trouve encore d'autres comme par exemple le fait qu'elle réunit les deux types de loyautés : la loyauté contractuelle[33] et la loyauté processuelle[34]. Dès lors qu'il s'agit de contrats à objet processuel, les deux loyautés trouvent à s'appliquer cumulativement pour le plus grand bien de ces clauses.

13. – On en verra une illustration dans l'interprétation systématiquement *in favorem* que les tribunaux font de ces clauses afin soit de les immuniser contre ce qui pourrait les annuler, soit d'en étendre les effets le plus possible, les distinguant ainsi du

---

30. Civ. 2e, 6 juillet 2000, *Rev. arb.* 2001. 749 (1re esp.), note Ch. Jarrosson ; *Contrats Conc. Consom.* 2001.2, note L. Leveneur ; *RTD civ.* 2001. 359, obs. J. Mestre et B. Fages.

31. Soc. 26 janvier 1994, *Bull. civ.* V, no 32.

32. Com. 28 novembre 1995, *Rev. arb.* 1996. 613, note Ch. Jarrosson ; *RGDP* 1998. 166, obs. Ch. Jarrosson.

33. L. Aynès, « L'obligation de loyauté », *in* « L'obligation », *Archives Phil. dr.* 2000, vol. XLIV, p. 195.

34. M.-E. Boursier, *Le principe de loyauté en droit processuel*, préface de S. Guinchard, Dalloz, coll. « Nouvelle bibliothèque de thèses », 2003, no 23.

reste des clauses contractuelles. C'est un autre principe commun entre ces différents contrats relatifs aux litiges.

14. – L'explication de ce régime favorable tient à la nature processuel de l'objet de ces contrats, à la fois commun à tous et différent du reste du contrat. Il s'agit donc bien d'une même famille, avec des caractéristiques identiques, unie par les liens non seulement affectifs, mais encore physiques.

B. Liens physiques

15. – Il convient de préciser immédiatement que le rapprochement physique porte le nom bien peu poétique d'*instrumentum*. Une transaction peut en effet fort bien se trouver liée à une clause de conciliation, ou à une clause d'arbitrage, parce qu'elles figurent dans le même *instrumentum*. On sait que les contrats relatifs aux litiges prennent souvent la forme d'une clause insérée dans un *instrumentum* desquels ils sont en réalité autonomes. Un même *instrumentum* contient alors plusieurs *negotia*, lesquels peuvent eux aussi se démultiplier à l'infini. Il existe trois types de combinaisons possibles susceptibles de lier physiquement la transaction et les autres contrats relatifs aux litiges.

16. – En premier lieu, on peut imaginer qu'une transaction contienne une clause de conciliation ou de médiation. Rien en effet n'empêche que les parties signataires de la transaction prévoient qu'un désaccord entre elles devra être résolu par la voie de la conciliation ou de la médiation. Il existe bien sûr un risque que la combinaison se reproduise et que la conciliation parvienne à une nouvelle transaction, laquelle contiendrait une nouvelle clause de conciliation qui aboutirait à une nouvelle transaction, et ainsi de suite jusqu'à l'infini, comme des poupées gigognes[35].

17. – En deuxième lieu, dans le même ordre d'idées, on peut envisager qu'une transaction contienne une clause, non plus de conciliation ou de médiation, mais d'arbitrage. Il ne s'agit pas là d'une hypothèse d'école puisque les juridictions du fond ont déjà été confrontées à quatre reprises à cette situation[36]. Un tel enchevêtrement pose plusieurs questions.

Premièrement, l'homologation de la transaction entre-t-elle dans le champ d'application de la clause compromissoire ou demeure-t-elle l'apanage du président du tribunal de grande instance au sens de l'article 1441-4 du Nouveau Code de procédure civile malgré la conclusion de la clause compromissoire ? La cour d'appel de Paris a logiquement choisi cette dernière réponse[37] puisque, d'une part, l'arbitre n'a pas de pouvoir pour homologuer la transaction et, d'autre part, l'homologation n'implique pas de litige entrant dans le champ de la convention d'arbitrage.

---

35. Th. Clay, « Les contrats gigognes », note sous Paris 27 octobre 2005, *D.* 2006. 697.

36. Paris 26 septembre 2003, *D.* 2004. 1042, note H. Kenfack ; Aix en Provence 24 février 2005, *D.* 2005. 3068, note L. Weiller ; Paris 27 octobre 2005, *D.* 2006. 697, note Th. Clay ; Paris 19 janvier 2006, rép. gén. 04/14896, inédit.

37. Paris 26 septembre 2003, *préc.*

Deuxièmement, si l'homologation de la transaction est accordée à tort, le recours doit-il être formé devant un tribunal arbitral ou devant un tribunal judiciaire ? C'est la cour d'appel d'Aix en Provence qui a récemment admis un « référé-rétractation » contre ce type d'ordonnance[38]. Là encore la solution doit être approuvée.

Troisièmement, si une sentence arbitrale est rendue sur le fondement de la clause compromissoire insérée dans la transaction, comment vont s'articuler l'autorité de la chose jugée de la transaction et celle de la sentence, qui ne sont pas de même nature bien qu'elles soient relativement proches ? Pire : si la sentence arbitrale est attaquée par la voie de l'appel-réformation devant par la cour d'appel, quelles sont les limites du pouvoir juridictionnel de celle-ci ? Pour être complexe, cette question est précisément celle qui a été posée à la cour d'appel de Paris le 27 octobre 2005[39]. L'arrêt a décidé que l'effet dévolutif de l'appel-réformation ne heurtait pas l'autorité de la chose jugée de la sentence arbitrale. En revanche, la cour d'appel ainsi saisie voit son pouvoir juridictionnel doublement limité : d'une part, conformément à l'article 1485 du Nouveau Code de procédure civile, elle ne peut statuer que dans la limite de la mission de l'arbitre. D'autre part, et surtout, l'autorité de la chose jugée de la transaction (art. 2052 C. civ.) produit ses effets. En conséquence, contrairement à ce que l'on pouvait penser de prime abord, c'est bien cette seconde autorité de la chose jugée qui va s'imposer au juge d'appel et non celle de la sentence. Par l'effet dévolutif de l'appel-réformation, la sentence arbitrale interne a effectivement disparu. En revanche, la transaction, dès lors qu'elle n'est pas annulée, conserve son autorité de chose jugée qui, pour ne porter que sur l'objet du premier litige, n'en est pas moins réelle. Elle s'impose donc au juge d'appel, comme elle s'est imposée à l'arbitre, juge de première instance. En d'autres termes, l'objet du litige initial n'est soumis ni aux arbitres ni à la cour d'appel puisqu'il a l'autorité de la chose transigée. Ce n'est pas le moindre des paradoxes de relever que, parfois, la transaction a plus de force que la sentence arbitrale.

18. – Enfin, en troisième lieu, la dernière combinaison possible entre ces différents contrats n'est autre que leur fusion dans un acte qui est à la fois une transaction et une sentence arbitrale. C'est ce qu'on appelle la « sentence d'accord-parties »[40]. Il s'agit d'une transaction conclue par les parties qui prend la forme d'une sentence arbitrale rendue par un tribunal arbitral. Un tel acte reproduit le schéma du contrat judiciaire[41], mais se déroule dans le cadre d'un arbitrage.

Certes, il n'est de rapprochement plus réussi que celui qui mène à la fusion. Mais on peut également penser que si ces différents contrats figurent dans le même acte,

---

38. Aix en Provence 24 février 2005, *préc.*
39. Paris 27 octobre 2005, *préc.*
40. Sur ce point, v. Ch. Jarrosson, *La notion d'arbitrage*, préface de B. Oppetit, LGDJ, coll. « Bibliothèque de droit privé », Tome 198, 1987, spéc. n° 366-367 ; F. Dessemontet, « L'instance arbitrale et la transaction », in *Études de procédure et d'arbitrage. Mélanges Jean-François Poudret*, Faculté de droit de Lausanne, 1999, p. 367, spéc. n° 10-16.
41. Y. Muller, *Le contrat judiciaire en droit privé*, *op. cit.*

c'est qu'ils sont complémentaires, et que s'ils sont complémentaires, c'est qu'ils sont différents. Au-delà donc de ce qui les rapproche, on doit s'interroger sur ce qui les éloigne.

II. ÉLOIGNEMENT

Que les contrats relatifs aux litiges partagent des caractéristiques communes est désormais une certitude, mais qu'ils doivent se rapprocher au point de perdre leur spécificité constitue un risque. C'est parce que ces contrats, bien qu'obéissant à des logiques propres, sont différents qu'ils sont tous utiles. Il faut donc bien les distinguer pour éviter qu'ils ne se dissolvent les uns dans les autres. Le modèle de la transaction et celui de l'arbitrage recoupent des réalités différentes, éloignées les unes des autres. Un éloignement qui tient à des différences conceptuelles (A) et à un décalage dans le temps (B).

A. Un éloignement conceptuel

19. – Une comparaison, qu'elle quelle soit, est un parti pris ; elle est déjà signifiante. Lorsqu'on accole convention d'arbitrage, conciliation, médiation et transaction, on sous-entend que ces actes présentent suffisamment de points de parenté pour pouvoir être rapprochés. Assimilerait-on la convention d'arbitrage au contrat d'entreprise, que ce serait dépouiller l'arbitre de son statut de juge. La confronterait-on au contrat de mandat, que ce serait lui dénier son indépendance à l'égard des parties.

20. – Dès lors tenter la comparaison entre transaction, convention d'arbitrage, conciliation et médiation engendre-t-il des conséquences particulières ? À l'évidence, s'il n'y a là que des contrats relatifs aux litiges issus de la même famille, celle des modes alternatifs de règlements des différends, ils obéissent à des logiques très différentes, et ces différences sont précisément ce qui fait leur spécificité.

La conciliation, la médiation et la transaction sont principalement des processus qui visent à rapprocher les parties qui s'opposent, alors que l'arbitrage est avant tout une justice qui tranche le litige sans rechercher l'assentiment des parties. Les premières n'aboutissent que si tout le monde est d'accord, le second existe même si toutes les parties sont en désaccord. Les premières tendent au « compromis », le second à la décision.

Même si, au départ, il y a toujours un accord de volontés qui impulse le mécanisme, les parties qui choisissent de tenter de s'entendre n'ont rien à voir avec celles qui optent pour l'affrontement — quel que soit l'accord sur les modalités de l'affrontement.

21. – En rapprochant l'arbitre du médiateur ou du conciliateur, on privilégie la dimension contractuelle de l'arbitre sur sa mission de juge. C'est pourtant avec celui-ci qu'il faut comparer l'arbitre, et non avec le médiateur ou le conciliateur qui sont avant tout des facilitateurs — ce que n'est pas prioritairement l'arbitre. Pire : assimiler l'arbitre à ceux-ci, revient à nier la spécificité de sa mission juridictionnelle et donc à rogner ses pouvoirs. Il convient donc de refuser résolument cette comparaison qui minimise le rôle de l'arbitre. Les concepts d'arbitre, de médiateur et de conciliateur sont irréductiblement différents même s'ils ont une source commune : la volonté des parties qui concluent la clause de litige.

22. – Quant à la transaction, il est exact qu'elle est, comme la sentence arbitrale, dotée de l'autorité de chose jugée. Mais il s'agit d'une autorité diminuée, qu'on a d'ailleurs appelée « autorité de la chose transigée » pour bien la distinguer de celle qui procède d'une décision de justice[42]. En effet, si l'objet de la transaction devient, comme pour la chose jugée, immutable et intangible, la transaction, elle, n'a que la force obligatoire d'un contrat, et non celle d'un jugement.

Certes, la transaction peut être homologuée par le juge judiciaire[43]. Mais il ne faut pas se tromper sur les conséquences d'une telle homologation qui ne transforme pas la nature de la transaction : celle-ci demeure contractuelle et, si elle doit être contestée, elle le sera comme n'importe quel contrat[44].

Les logiques qui sous-tendent l'arbitrage d'un côté, la transaction, la conciliation et la médiation de l'autre, sont très différentes, et toute tentative d'assimilation doit non seulement être rejetée, mais même combattue car elle est contre-nature. Il est en effet important que les modèles de la transaction et de l'arbitrage demeurent parallèles, qu'ils ne fusionnent pas dans un hybride qui signerait la fin de l'un comme de l'autre[45]. L'opposition des concepts se constate également dans le moment où ces différents actes sont conclus.

B. Un éloignement diachronique

23. – La différence entre la convention d'arbitrage et la transaction, la conciliation et la médiation tient aussi au moment où les unes et les autres interviennent. La convention d'arbitrage est conclue avant la naissance du litige, la conciliation et la médiation se déroulent pendant le conflit, et la transaction met fin au différend. On notera d'ailleurs que la transaction signifie à la fois le processus qui mène à

---

42. G. Deharo, « L'autorité de chose transigée en matière civile », *Gaz. Pal.* 30 novembre-1er décembre 2005, p. 2.

43. Sur l'ensemble de cette question, v. Chr. Boillot, *La transaction et le juge*, préface de P. Le Cannu. LGDJ, 2003.

44. Ph. Malaurie, L. Aynès et P.-Y. Gautier, *Les contrats spéciaux*, 2e éd., Defrénois, coll. « Droit civil », 2005, spéc. no 1109-1110. *Adde* Chr. Boillot, *La transaction et le juge*, *op. cit.*, spéc. no 31-73.

45. Ch. Jarrosson, « La transaction comme modèle », *op. cit.*, spéc. p. 68.

l'accord, et l'acte qui constate l'accord. C'est pourquoi, souvent, la transaction est le résultat d'une conciliation ou d'une médiation.

Là encore ces contrats poursuivent des logiques différentes puisque la convention d'arbitrage est préventive, la médiation et la conciliation sont parallèles et la transaction est conclusive.

24. – Il convient cependant de nuancer l'opposition car le décalage diachronique dans le temps n'est pas si absolu. On le remarque à trois titres :

– premièrement, si la convention d'arbitrage prend le plus souvent la forme d'une clause compromissoire, il arrive aussi qu'elle emprunte celle du compromis d'arbitrage. Or celui-ci a comme principale caractéristique d'être conclu une fois le litige né, à l'inverse de la clause compromissoire. Cependant, il intervient nécessairement à l'entame du litige. La dimension préventive de l'acte demeure donc, même si celui-ci est reporté dans le temps par rapport à la clause compromissoire ;

– deuxièmement, la conciliation et la médiation peuvent, comme l'arbitrage, être décidées lors de la conclusion du contrat principal et faire l'objet d'une clause insérée dans le contrat. Elles seront alors, elles aussi, conclues à titre préventif ;

– troisièmement, la conciliation et la médiation ne sont bien souvent que des périodes dont la finalité est de parvenir à un accord, lequel prend le nom de « procès-verbal de conciliation », ou, pire, de « protocole », et dont la qualification juridique exacte est bien la transaction. Il faut donc relativiser l'opposition dans le temps car il arrive que les modèles se mélangent.

25. – Il n'en demeure pas moins que ces différents modèles de contrats relatifs aux litiges recoupent des réalités différentes car, s'ils poursuivent tous la finalité d'éviter le procès judiciaire par le recours au contrat, ils le font de manière variée. Cette variété prend sa source dans l'imagination des parties qui disposent désormais de nombreux moyens pour éviter le contentieux judiciaire, et qui savent de mieux en mieux en user — quitte d'ailleurs à panacher les modèles. La vitalité contractuelle trouve dans ces modes alternatifs de résolution des litiges une manière renouvelée de s'exprimer, qui n'est autre d'ailleurs que la redécouverte de procédés très employés à l'époque romaine. Les contrats relatifs aux litiges étaient bien mieux appréhendés en droit romain qu'ils ne le sont aujourd'hui. Leur logique et leur utilisation étaient même beaucoup plus naturelles. Si bien que l'on pourrait voir dans l'attrait qu'ils suscitent actuellement une autre illustration de ce que Bruno Oppetit a appelé si justement « les tendances régressives du droit contemporain »[46]. Comme dit l'adage : « Tout a été écrit, et l'on vient trop tard ».

46. B. Oppetit, « Les tendances régressives dans l'évolution du droit contemporain », in *Mélanges Dominique Holleaux*, Litec, 1990, p. 317 ; publié aussi *in* B. Oppetit, *Droit et modernité*, PUF, coll. « Doctrine juridique », 1998, p. 113.

Transaction et autres risques de confusion (Partage, résiliation amiable, désistement d'instance, remise de dette, reçu pour solde de tout compte...)

Hugues Kenfack
Professeur à l'Université Toulouse I, directeur du Master contrats et responsabilité des professionnels

1. – La transaction est assurément le contrat sur le contentieux qui suscite le plus de risque de confusion. Si on s'en tient à une image d'animaux dans la savane d'Afrique, elle peut être comparée à un zèbre. Chacun semble reconnaître l'animal même s'il est difficile de le décrire. En effet, si une de ses caractéristiques est qu'il a des rayures, tous les animaux qui ont des rayures ne sont pas des zèbres. De même, si dans la mer des Caraïbes et spécialement les eaux martiniquaises, le vivaneau est un poisson de couleur rouge, tous les poissons rouges n'en sont pas. La comparaison avec la transaction est évidente. D'après l'article 2044 du Code civil tel que complété par la jurisprudence, « la transaction est un contrat par lequel les parties terminent une contestation née ou préviennent une contestation à naître » moyennant des concessions réciproques. Trois éléments sont ainsi caractéristiques de la transaction : c'est un contrat. Elle suppose une contestation (un litige) et elle nécessite des concessions réciproques. Chacun de ces éléments entraîne un risque de confusion, toute formule comportant un de ces trois éléments n'étant pas une transaction

2. – Au préalable, une question se pose : quel est l'intérêt de distinguer la transaction de notions voisines ? Historiquement déjà, en raison de ses nombreux avantages, on admettait qu'elle devait être accueillie favorablement[1]. Elle permet d'éviter l'encombrement des tribunaux, l'acharnement des plaideurs, l'incertitude et la lenteur des procès. Le contrat de transaction reste une force positive de règlement

1. Code de Justinien, Livre II, Titre IV.

du contentieux. Il est en cela supérieur aux forces négatives qu'avait dénoncées le Doyen Carbonnier, le litige se perdant dans les sables de la résignation, de l'inertie et finalement de la prescription extinctive[2]. Ce sont ces intérêts qui justifient le régime de faveur spécifique de la transaction et surtout la question qui est au centre de nos préoccupations : comment distinguer la transaction de notions voisines ?

3. – Le plus simple pour répondre à la question posée est encore de partir des trois éléments constitutifs : contrat, litige ou contestation et concessions réciproques. Or, la notion de litige est floue et la caractérisation des concessions réciproques n'est pas aisée. Même la plus facile des trois en apparence, celle de contrat peut soulever des difficultés. Tout cela rend complexe l'identification de la transaction et comme dans la savane d'Afrique, des zones d'ombre subsistent à côté des zones ensoleillées. Trois risques majeurs de confusion existent :

— les uns sont liés à sa nature conventionnelle (I),
— les autres sont relatifs à l'existence d'une contestation (II),
— les autres enfin concernent la présence de concessions réciproques (III).

I. LES RISQUES LIÉS À LA NATURE CONVENTIONNELLE DE LA TRANSACTION

4. – La transaction est un contrat (article 2044 du Code civil). Cette idée permet de tenter de différencier la transaction du *désistement*, de *l'acquiescement* (A) et du *jugement*, même si la question du contrat judiciaire reste discutée (B)

A. TRANSACTION, DÉSISTEMENT ET ACQUIESCEMENT

5. – Certaines formules ont le même objectif mais pas la même nature que la transaction, par exemple, le *désistement d'action* ou même le *désistement d'instance* et *l'acquiescement.*

En effet, le *désistement d'action* (article 384 NCPC) est la reconnaissance par le demandeur qu'il n'a pas de droit. Un plaideur qui se désiste de l'action en revendication abandonne le droit de propriété sur la chose qu'il revendiquait. Il emporte renonciation à l'action et une nouvelle demande est désormais irrecevable. Un tel acte n'a rien de conventionnel car il n'a pas en principe à être accepté par l'adversaire qui n'a d'intérêt qu'à la clôture définitive du contentieux. Il est donc en principe un acte unilatéral sauf lorsque l'adversaire a formé une demande reconventionnelle[3].

2. J. Carbonnier, *Sociologie juridique*, PUF, 1978, p. 171.
3. V., J. Vincent et S. Guinchard, *Procédure civile*, 27ᵉ éd., Dalloz, 2003, nᵒ 817.

N'est pas non plus conventionnel le *désistement d'instance*, acte par lequel le demandeur abandonne sa demande principale ou incidente, ou même un recours, et qui éteint l'instance considérée mais non pas en général l'action[4]. Cette distinction doit être nuancée dans la mesure où conformément à l'article 395 alinéa 1 NCPC, le *désistement* requiert l'acceptation, sauf dans les cas prévus par l'alinéa 2 du même texte.

L'absence du caractère conventionnel permet également de distinguer la transaction de *l'acquiescement*, acte par lequel une partie reconnaît le bien-fondé de la prétention de l'autre[5]. Ici, ce n'est pas une convention qui éteint le droit d'action mais simplement une décision unilatérale, même s'il n'est pas exclu que l'acquiescement soit une conséquence procédurale d'une transaction, s'il trouve une contrepartie mais là sont en cause les concessions réciproques[6].

6. – Toutefois — et là commencent les zones d'ombre —, la distinction entre transaction et désistement peut être malaisée lorsque plusieurs prétentions sont comprises dans une même demande et qu'il est satisfait à l'une d'elle sans être satisfait aux autres. En cas d'abandon des poursuites, comment convient-il d'analyser la situation ? Tout dépend de la volonté des parties[7]. Si, dans un esprit de concession, le demandeur préfère se contenter de ce qu'il a reçu pour finir avec le procès, il peut y avoir transaction. En revanche, si sa renonciation se limite au chef de demande pour lequel il a obtenu satisfaction, il n'y a pas transaction, mais tout au plus un désistement d'action relatif à ce chef de demande et un désistement d'instance pour le surplus. S'il s'est simplement désisté sans autres précisions, la jurisprudence semble décider qu'il s'agit d'un simple désistement d'instance qui laisse intact le droit d'agir.

B. Transaction et jugement : le « contrat judiciaire »

7. – La nature conventionnelle devrait également permettre de bien distinguer la transaction d'un *jugement* car il n'est pas un accord des parties. Toutefois, la frontière est beaucoup moins nette lorsqu'un acte juridique ayant pour objet de mettre fin à un litige combine convention et intervention judiciaire. Ainsi, que penser des jugements qui ne font que consacrer un accord des parties ?

L'hypothèse est celle des parties à un litige qui, en cours d'instance, concluent un accord mettant fin à ce litige et demandent une consécration judiciaire de cet acte : c'est le « contrat judiciaire »[8]. S'agit-il d'une simple transaction — conven-

---

4. G. Cornu. (dir.), Association Henri Capitant, *Vocabulaire juridique*, PUF, coll. « Quadrige », 2005.

5. L'acquiescement au jugement est l'acte par lequel une des parties renonce à exercer des voies de recours.

6. V. *infra* n° 12 et s.

7. R. Perrot, obs. sous Soc. 12 janvier 1993, *RTD civ.* 1993. 887, n° 6.

8. Sur cette question V. notamment Y. Muller, *Le contrat judiciaire en droit privé*, thèse Paris I, 1955, spéc. p. 90.

tionnelle — ou d'un jugement ? Le contractuel l'emporte-t-il sur le juridictionnel ou l'inverse ? La distinction présente de nombreux intérêts. En effet, le caractère authentique, la force exécutoire, l'hypothèque judiciaire, les voies de recours etc., sont réservés au jugement.

La réponse à cette question dépend de la nature de l'intervention du juge[9]. S'il ne fait que constater l'existence d'un accord des parties, la nature conventionnelle l'emporte. Le constat du juge ne fait que conférer un caractère authentique à l'acte et la force exécutoire[10]. En revanche, si malgré l'accord des parties, le juge rend une décision qui intègre ce dernier mais en même temps tranche le litige, le jugement, dit d'expédient ou convenu, est traité comme une décision contentieuse, avec tous les attributs d'un jugement.

L'idée à retenir ici est qu'il n'y a pas de transaction sans contrat, c'est-à-dire sans accord des parties.

II. LES RISQUES LIÉS À LA NOTION DE LITIGE

8. – L'article 2044 du Code civil exige pour la qualification de transaction qu'il y ait une contestation née ou à naître. La nécessité d'une situation litigieuse est la matière première de la transaction[11]. Mais, dès lors que l'on est en présence d'un droit subjectif en principe susceptible d'un litige, doit-on en conclure qu'il peut y avoir transaction ? La réalité est beaucoup plus complexe. Encore faut-il que l'objectif visé par le contrat soit, conformément à l'article 2044 du Code civil, de prévenir ou de terminer une contestation[12]. L'hypothèse la plus simple est celle d'une transaction judiciaire lorsque le procès est déjà en cours. La transaction a pour objet d'y mettre fin. C'est d'ailleurs le principe en droit administratif. Il n'est cependant pas indispensable que le procès soit en cours pour retenir la transaction et les risques de confusion naissent immédiatement. Doivent être clairement distingués de la transaction le *partage amiable* (A) et la *rupture amiable* (B).

---

9. A. Tissier, note au S. 1909. I. 305 ; P. Hébraud, *RTD civ.* 1955. 359 ; L. Boyer, *La notion de transaction, Contribution à l'étude des concepts de cause et d'acte déclaratif*, thèse Toulouse, 1947, n° 1100 ; P.-Y. Gautier, *RTD civ.* 1994. 634.

10. Civ. 2e, 27 mars 2004, *Bull. civ.* II, n° 253, *RDC* 2004. 1036, obs. X. Lagarde.

11. L. Boyer, *Rép. Civ.*, v. « Transaction », n° 9.

12. V. Com. 7 janvier 2004, n° 02-12903 (inédit), à propos d'un protocole transactionnel qui décide « ... ces stipulations ne terminaient pas une contestation et, loin de prévenir une contestation à naître, comportaient en germe tous les éléments d'une future contestation et ne traduisaient pas l'intention des parties de mettre fin au litige ». Il ne s'agit donc pas d'une transaction.

A. Transaction et partage amiable

9. – *A priori*, cette distinction est facile. Le partage amiable est une convention par laquelle les indivisaires décident de mettre un terme à l'indivision en attribuant à chacun d'eux un droit exclusif sur un bien qui composait la masse indivise. Il est différent du partage judiciaire. Il a des points communs avec la transaction car il évite le recours au juge et il a un effet déclaratif. Il se borne à conforter et à « libérer » des droits qui existaient antérieurement[13]. L'attributaire était déjà un propriétaire dont les droits subissaient la concurrence de ses co indivisaires avant le partage. Le partage efface cette cause du litige.

Il ne faut cependant pas conclure que tout partage est une transaction. Contrairement à cette dernière, il ne nécessite pas forcément la présence d'un litige car il peut être paisible. En effet, la vocation des indivisaires, la formation de la masse indivise et le mode de répartition peuvent être paisibles. La répartition elle-même — l'allotissement[14] — est une affaire d'arithmétique et non de droit[15].

10. – Toutefois — et le soleil est caché par les nuages —, il est possible que le partage intervienne entre des indivisaires alors même qu'un litige existe entre eux, qu'il soit antérieur[16] ou non[17] à l'allotissement, ce qui n'arrange pas les efforts de clarification. En effet, dans une telle hypothèse, en même temps qu'il met fin à l'indivision, le partage peut parfaitement résoudre un conflit. Le rapprochement avec la transaction est alors évident et on parle d'ailleurs de transaction-partage si en plus il comporte des concessions réciproques. Quelle qualification doit alors l'emporter ? Le cumul de qualification est possible et dans ce cas, la Cour de cassation semble pencher en faveur de celle de partage, essentiellement pour ouvrir la voie de la rescision pour cause de lésion[18]. Ce cumul soulève pourtant des difficultés quant à la recevabilité de l'action en rescision pour cause de lésion, l'article 888 alinéa 1 semblant contredire l'article 2052 alinéa 2 du Code civil. En réalité, elle est recevable contre une transaction dès lors qu'elle a pour effet de faire cesser une indivision (article 888 alinéa 1 Code civil)[19]. En revanche, après le partage, une telle action est fermée contre une transaction sur ses difficultés réelles. (art. 888 alinéa 2

---

13. Ph. Malaurie, L. Aynes, P.-Y. Gautier, *Droit civil. Contrats spéciaux*, 2e éd., Defrénois, 2004, n° 1107.

14. C'est l'équivalence entre la valeur des biens reçus et la vocation théorique de chacun : elle n'est pas susceptible de transaction car c'est une donnée économique qui s'impose à la volonté (Ph. Malaurie, L. Aynes, P.-Y. Gautier, *préc.*, n° 1108).

15. Ph. Malaurie, L. Aynes, P.-Y. Gautier, *préc.*, n° 1107.

16. Par exemple, la vocation d'un indivisaire est contestée par les autres dans son principe ou simplement son étendue. Il peut s'agir notamment d'une contestation de la validité d'un testament. En outre, la composition de la masse partageable peut également être l'objet d'une contestation.

17. Un des copartageants peut être évincé de son lot.

18. Civ. 3e, 6 juillet 1982, *Bull. civ.* III, n° 250; *Defrénois* 1983, article 33104, n° 71, obs. G. Champenois; Civ. 1re, 5 décembre 1978, *Bull. civ.* I, n° 376, *Defrénois* 1979, article 31956, note A. Ponsard.

19. Civ. 1re, 25 janvier 2005, n° 02-19161, inédit.

Code civil). Cette nuance n'est pas évidente, d'autant plus que la jurisprudence admet la validité de la transaction sur les éléments antérieurs ou postérieurs au partage lui-même[20].

B. Transaction et rupture amiable

11. – Un autre risque de confusion encore plus important est celui entre la transaction et la *rupture amiable*.

La distinction a été présentée de fort belle manière en droit du travail[21], domaine dans lequel elle est très délicate[22]. La question, certes générale, présente surtout un particularisme en droit du travail lorsque la transaction est consécutive à la rupture du contrat de travail. Il convient d'avoir à l'esprit des décisions remarquées de la chambre sociale de la Cour de cassation dont une en date du 29 mai 1996[23] : « si les parties à un contrat de travail décident d'y mettre fin, elles se bornent à organiser les conditions de la cessation de leurs relations de travail, tandis que la transaction, consécutive à une rupture du contrat par l'une ou l'autre des parties, a pour objet de mettre fin, par des concessions réciproques, à toute contestation née ou à naître résultant de cette rupture ». Elle ajoute : « il s'ensuit que la transaction ayant pour objet de mettre fin au litige résultant d'un licenciement, ne peut valablement être conclue qu'une fois la rupture intervenue et définitive. Tel est le cas de l'accord signé par les parties qui n'est pas destiné à mettre fin au contrat de travail, mais à régler les conséquences d'un licenciement, accord conclu avant la réception par le salarié de la lettre de licenciement ».

Il ressort de la jurisprudence de la chambre sociale deux éléments importants. D'une part, une certaine chronologie qui apparaît comme limitée au droit du travail et justifiée par ses spécificités. Il semble bien qu'en cas de transaction consécutive à une rupture du contrat de travail, la Cour exige que la date de l'échange des consentements, que matérialise la transaction, soit bien postérieure à celle du licenciement. Cette exigence devrait avoir des conséquences sur la qualification mais aussi la validité de la transaction. D'autre part, et restant dans le cadre de notre mission de clarification, la distinction entre les deux opérations se trouve dans leur

20. V. les deux arrêts ci-dessus cités à la note 18.

21. J.-M. Sportouch, « Transaction, rupture amiable et chronologie », in *Mélanges J. Pélissier*, Dalloz, 2004, p. 511 ; C. Radé, « L'autonomie du droit du licenciement, Brefs propos sur les accords de rupture amiable du contrat de travail et les transactions », *Dr. soc.* 2000. 178. ; A. Arseguel, « Rupture d'un commun accord et transaction, une interaction fructueuse », in *Mélanges L. Boyer*, Université Toulouse, 1996, p. 1 et s.

22. V., H. Blaise, « Rupture amiable et transaction : une distinction délicate en droit du travail », *Dr. soc.* 1996. 33 ; J. Savatier, « Résiliation amiable du contrat de travail et transaction », *Dr. soc.* 1996. 687 et s.

23. Soc. 29 mai 1996, *Purier*, *Bull. civ.* V, n° 215. Jurisprudence constante, par exemple Soc. 16 juillet 1997, *Bull. civ.* V, n° 278 ; *adde* Soc. 16 mai 2000, *Bull. civ.* V, n° 179, *D.* 2001. 273, note C. Puigelier ; Soc. 9 juillet 2003, n° 01-41202.

finalité respective : la transaction n'a pour objet que de régler les conséquences conflictuelles de la rupture alors que la résiliation amiable se borne à organiser les conditions de la cessation des relations contractuelles[24]. Un arrêt la résume ainsi : « un accord de rupture d'un accord commun du contrat de travail suppose l'absence d'un litige sur la rupture du contrat de travail (...) une transaction si elle implique un désaccord entre les parties, ne peut avoir pour objet la rupture du contrat de travail (...) »[25]. En théorie, la distinction semble claire même si elle ne l'est pas vraiment en pratique. En effet, que décider s'il y a simultanéité entre litige et rupture amiable ? Dans ce cas, le juge doit-il requalifier la rupture amiable en transaction et l'annuler faute de concessions réciproques ou pour n'avoir pas été précédé d'un licenciement notifié conformément à la loi ?[26] Il arrive même qu'un acte de « séparation » mal rédigé ne soit ni une *rupture d'un commun accord*, ni une transaction[27]. Ces mêmes difficultés se retrouvent en ce qui concerne les concessions réciproques.

III. LES RISQUES LIÉS À LA PRÉSENCE DE CONCESSIONS RÉCIPROQUES

12. – Une jurisprudence, déjà centenaire, insiste sur le fait que transaction est synonyme de concessions réciproques[28]. Ce raccourci peut laisser à tort penser que ce critère ne soulève aucune difficulté[29]. Cet important élément de qualification — ou de validité — permet de ne pas confondre la transaction avec le *reçu pour solde de tout compte* (A), la *remise de dette* ou encore la *donation* (B).

A. Transaction et reçu pour solde de tout compte

13. – Pratique qui existe en toute matière[30], le *reçu pour solde de tout compte* se rencontre principalement en droit du travail[31], spécialement entre employés et

24. P.-H. Antonmattei et J. Raynard, *Contrats spéciaux*, 4ᵉ éd., Litec, 2004, nº 545.
25. Soc. 13 juillet 2004, nº 02-43804, inédit.
26. Soc. 16 février 2005, nº 02-43502, inédit.
27. Soc. 5 juillet 2005, nº 03-40757, inédit.
28. V. déjà Civ. 3 janvier 1883, *DP* 1883. I. 457 ; Civ. 13 mars 1922, *DP* 1925. I. 139 et récemment Civ. 1ʳᵉ, 21 juin 2005, nº 03-20497, inédit.
29. Ce qui n'est pas vrai, comme l'a illustré récemment un jugement du Conseil des Prud'hommes de Gueret du 5 décembre 2005 opposant la poste à un de ses employés. Sur l'ensemble de la question v. C. Jarrosson, « Les concessions réciproques dans la transaction », *D.* 1997. 267 ; L. Poulet, *Transaction et protection des parties*, LGDJ, coll. « Bibliothèque de droit privé », tome 452, 2005, spéc. nº 363 et s.
30. Pour un exemple en dehors du droit du travail, Com. 22 novembre 1988, *Bull. civ.* IV, nº 320
31. Sur l'ensemble de la question en droit social J. Pélissier, A. Supiot et A. Jeammaud, *Droit du travail*, 22ᵉ éd., Dalloz, nº 518.

employeurs à l'occasion de la cessation des relations de travail où il règle les indemnités. Il s'agit d'un acte par lequel une partie se déclare remplie de ses droits et renonce à toute réclamation ultérieure.

En théorie, la distinction est facile avec la transaction. En effet, non seulement un tel reçu n'intervient pas toujours à l'occasion d'un litige né ou à naître, mais en plus, il ne s'accompagne pas forcément de concessions réciproques. En principe, malgré ses termes, il n'emporte pas autorité de la chose transigée et ne fait pas obstacle à des réclamations futures. La jurisprudence décide que la signature d'un reçu pour solde de tout compte, rédigé en termes généraux, ne peut valoir renonciation du salarié au droit de contester le bien-fondé du licenciement : seule une transaction, signée après le licenciement et comportant des concessions réciproques — précisions inutiles — peut l'empêcher[32]. Pendant longtemps, un tel reçu a eu un effet libératoire le rapprochant de la transaction. Désormais, par l'effet de la jurisprudence et de l'article L. 122-17 du Code de travail, il n'a plus que la valeur d'un simple reçu des sommes qui y figurent.

En pratique, si depuis cette neutralisation des effets du reçu sa coexistence avec la transaction ne semble plus soulever de difficultés quant à ses conséquences, la question demeure posée en ce qui concerne la qualification : comment doit-on qualifier un document intitulé par les parties « reçu pour solde de tout compte », accord intervenu entre elles qui comportent des concessions réciproques ? Si, exceptionnellement, les deux autres éléments de la transaction sont présents, cette dernière qualification peut être retenue. Parions toutefois que pour permettre au salarié d'effectuer une nouvelle demande après signature d'un tel reçu, la jurisprudence sociale limitera les cas de requalification. En outre, la jurisprudence semble n'admettre la qualification de transaction que si l'acte porte renonciation à des droits qui sont déjà en litige[33].

B. Transaction, remise de dette et donation

14. – La *remise de dette* et la *donation* sont caractérisées par une intention libérale qui est étrangère à la transaction. La distinction devrait en être facilitée. La jurisprudence a même décidé que si des concessions existent, mais sont si déséquilibrées au point où l'une d'entre elles paraît dérisoire, elles cessent d'être réciproques[34]. Dans la *donation* et la *remise de dette*, cette réciprocité n'existe pas.

Cependant, et pour ne pas faciliter notre mission, même si la remise de dette a un caractère gratuit, elle peut être consentie lors d'une transaction[35] et même constituer un élément déterminant de la transaction.

32. Soc. 30 juin 1998, *Bull. civ.* V, n° 145 ; Soc. 4 janvier 2000, *Bull civ.* V, n° 8 ; *adde* Soc. 19 janvier 1999, *Bull. civ.* V, n° 232 ; Soc. 18 décembre 2001, *Bull. civ.* V, n° 390; Soc. 12 octobre 2005, n° 03-45486, inédit.

33. Soc. 5 novembre 1987, *Bull. civ.* V, n° 619.

34. Soc. 28 novembre 2000, *Bull. civ.* V, n° 399.

35. Com. 2 octobre 2001, *D.* 2001. AJ. 3119, obs. A. Lienhard.

15. – Toute conclusion est difficile et nécessairement partielle ou partiale[36]. Celui qui la rédige s'expose notamment à deux risques, soit de n'avoir pas rempli la mission qui lui a été assignée, soit de n'avoir pas su étayer, convaincre par sa démonstration de telle manière que des idées maîtresses s'imposent naturellement[37]. La mission était de donner des pistes dans la savane d'Afrique pour reconnaître le zèbre ou dans les eaux des Caraïbes pour ne pas confondre le vivaneau. Une telle mission ne peut être entièrement remplie par ces quelques lignes, une visite dans les endroits cités étant le meilleur guide. Le rapport avec la transaction est qu'il existe d'autres risques de confusion qui n'ont pas été envisagés, notamment celui avec la cession de droits litigieux. C'est une variété de « cession de créances » affectée d'un aléa, par laquelle le cédant transmet au cessionnaire un droit ou une action à l'encontre d'un cédé, qui conteste sa dette[38]. Elle est réglementée par les articles 1699 du code civil et est en principe rare[39]. Même si elle emprunte certains éléments à la transaction et qu'une cession de droits litigieux peut intervenir à l'occasion d'une transaction[40], elle en est cependant distincte, notamment en ce qu'elle est translative de droit alors qu'en principe la transaction n'a qu'un effet déclaratif.

L'auteur de ces lignes, qui remercie vivement les organisateurs de ce beau colloque de l'avoir invité à y participer, espère avoir tenté de remplir sa mission, du moins avoir donné envie de visiter l'Afrique et les Antilles, spécialement la Martinique. Dans sa présentation du Code civil au corps législatif, Bigot de Préameneau a indiqué « dans la transaction, tout était incertain avant que la volonté des parties l'eût réglée »[41]. Pour le paraphraser, pensez-vous que tout était flou avant ces quelques lignes ?

---

36. Y. Guyon, *Droit des affaires*, T. 1, 12e éd., Économica, no 938.

37. Comp. B. Beignier, *L'honneur et le droit*, LGDJ, 1995, p. 616.

38. Sur l'ensemble de la question, v. notamment E. Savaux, *Rép. Civ.*, v. « Cession de droits litigieux », 2003, spéc. no 48 ; F. Collart-Dutilleul et P. Delebecque, *Les contrats spéciaux*, 6e éd., Dalloz, 2004 , no 40 ; Paris 5 décembre 1997, *D.* 1998. IR. 27, *RTD civ.* 1998. 694, note P.-Y. Gautier.

39. V. cependant récemment Civ. 1re, 12 juillet 2005, *D.* 2005. IR. 2242, *RTD civ.* 2005. 793, obs. P.Y. Gautier.

40. Cass. req. 22 juillet 1851, *DP* 1851. I. 265 ; Colmar 2 juillet 1974, *JCP* 1976. II. 18241, note J.-J. Burst.

41. Livre III, Ire Partie.

Vices et transaction

Blandine Mallet-Bricout
Professeur à l'Université Jean Moulin (Lyon III)

1. – Si l'on s'intéresse à la question de la validité de la transaction, il faut bien reconnaître que c'est plutôt sur le thème des concessions réciproques, que sur celui des vices, que la doctrine a concentré son attention[1]. Peut-être la raison en est-elle que les concessions réciproques ne sont pas une condition de validité expressément visée par le Code civil et qu'il a donc paru nécessaire de s'attarder sur cette « découverte jurisprudentielle » plutôt que de s'intéresser à la question des vices qui, elle, est au contraire largement réglementée par le Code. Toujours est-il qu'aucune contribution doctrinale n'est consacrée à la question des vices dans la transaction, alors que celle-ci occupe tout de même fréquemment les tribunaux[2]. Comme le soulignait déjà Paul Pont à la fin du XIXe siècle, la transaction peut, en certaines circonstances être inique... Et pas moins de 7 dispositions sur les 15 constitutives du titre XV « Des transactions », sont consacrées à la question de la nullité de cette convention toute particulière. Pour certains auteurs[3], ce n'est pas un hasard : « L'impression est nette : les rédacteurs du Code ont particulièrement craint en ces matières les dols et les surprises (...) Leur méfiance était justifiée. Souvent, les litigants n'abandonnent leur esprit de contention que pour tomber dans la rouerie ou la mauvaise foi et l'espoir de tromper son adversaire est le secret de leur apparente bonne volonté ». Triste tableau en vérité ! Mais encore faut-il circonvenir notre thème car toute cause de nullité ne résulte pas forcément d'un vice et il faut s'entendre en outre sur la notion même de « vice ». Les vices dont la transaction peut être entachée seront entendus strictement comme les vices du consentement[4], ceux qui, classiquement, peuvent entraî-

---

1. V., B. Fages, « Équilibre et transaction », dans le présent ouvrage.
2. On observe qu'au cours des années 2004-2005, la moitié des arrêts de la Cour de cassation publiés sur le site « Legifrance » et relatifs à la transaction discutent un aspect lié à la question des vices.
3. P. Rodière et A. Percerou, « Contrats civils divers », *in* R. Beudant et P. Lerebours-Pigeonnière, *Cours de droit civil français*, tome 12, par. 1947, n° 364.
4. Dans son acception la plus large, le vice est « un défaut affectant un acte ou une situation juridique dans sa formation ou son origine », mais nous excluons la question des vices de forme pour

ner la nullité de toute convention, mais sur lesquels le législateur de 1804 a cru bon de revenir dans le cas particulier de la transaction, signe sans aucun doute que le contrat de transaction est un contrat tellement spécial qu'il mérite quelques aménagements dans ce domaine.

2. – Deux dispositions du Code civil sont principalement consacrées au thème des vices du consentement : l'article 2052 al 2 C. civ., qui traite de la question négativement en excluant l'erreur de droit et la lésion comme causes de nullité de la transaction, et l'article 2053 C. civ. qui affirme au contraire positivement que la transaction peut-être « rescindée » (nous reviendrons sur ce terme) lorsqu'il y a erreur dans la personne, erreur sur l'objet de la contestation, dol ou violence. D'autres causes de nullité de la transaction sont ensuite abordées dans les articles 2054 à 2057 C. civ., mais certaines se rattachent en réalité aux vices précédemment évoqués. La série de dispositions consacrées à cette question se termine d'ailleurs positivement et sur un point de détail puisqu'il est affirmé à l'article 2058 C. civ., qui clôt le Titre XV, que « l'erreur de calcul dans une transaction doit être réparée ». La profusion de textes peut étonner; elle est d'ailleurs critiquée, Planiol, Ripert et Boulanger par exemple, n'hésitant pas à relever que la rédaction des articles qui règlent cette matière est « extrêmement obscure »[5]...

3. – À la profusion et à l'obscurité des textes, il faut ajouter un élément non négligeable et classique en droit français : l'action des juges. La question des vices dans le contrat de transaction a en effet été modelée avec le temps, non par le législateur qui n'est jamais intervenu depuis 1804 pour modifier les dispositions que l'on vient d'évoquer, mais par la jurisprudence, qui a dû se plier à l'exercice difficile d'une application des textes dans des domaines parfois très spécifiques et qui a su parfois faire œuvre créative[6]. Délicate mission, donc, que celle d'exposer de manière générale la question des vices du consentement dans la transaction, tant les droits spéciaux (en particulier le droit de l'indemnisation[7] et le droit du travail[8]) ont contribué à la construction du droit positif en ce domaine et aux interrogations que suscite ce thème ! Mais l'on peut toutefois tenter l'aventure, d'autant plus que celle-ci est sans aucun doute légitime : malgré la diversité de ses applications, le traitement des vices du consentement dans la transaction reste largement unitaire, du moins est-ce ainsi que le législateur le conçoit, se refusant à poser des règles spéciales en ce domaine.

---

ne retenir que les vices du consentement, entendus largement c'est-à-dire incluant la lésion (sur ces définitions, v. G. Cornu, Association Henri Capitant, *Vocabulaire juridique*, 7e éd., PUF, coll. « Quadrige », 2005).

5. *Traité élémentaire de droit civil*, tome 2, 4e éd., LGDJ, 1952, no 3230.

6. V. notamment, la jurisprudence novatrice relative à la violence économique, *infra* no 15.

7. V. *infra* no 17, la subtile distinction entre erreur sur la lésion subie et erreur sur le préjudice.

8. V. *infra* no 9, la jurisprudence Soc. 24 novembre 1998, qui a créé le trouble en ce qui concerne l'erreur de droit.

4. – Il apparaît ainsi que la théorie classique des vices du consentement a fait l'objet de certains aménagements en ce qui concerne le contrat de transaction (I). Aménagement de l'admissibilité même des vices pouvant entraîner la nullité, ainsi que les textes l'affirment sans détour. Aménagement des vices eux-mêmes, considérés intrinsèquement : c'est là l'œuvre de la jurisprudence plutôt que de la loi. Aménagement, peut-être également, de la sanction des vices en question ? Au contraire, en dépit de la rédaction douteuse de certains textes et de la tentation, peut-être, de diversifier les sanctions, c'est plutôt l'unicité de la sanction applicable qui doit être soulignée (II).

I. LES AMÉNAGEMENTS RELATIFS AUX VICES DU CONSENTEMENT

5. – Un aspect de l'originalité de la transaction réside donc dans le traitement qui est réservé aux vices du consentement dans ce contrat : les vices classiques du consentement ne sont pas tous admissibles, l'erreur de droit et la lésion étant expressément exclues des causes de nullité de la transaction (art. 2052 al. 2 C. civ.). En revanche, « l'erreur dans la personne », « l'erreur sur l'objet de la contestation », le dol et la violence sont expressément reconnus comme cause de rescision du contrat de transaction (art. 2053 C. civ.), aux côtés d'autres causes de nullité plus secondaires et très précises, décrites aux articles 2054 à 2057 du Code civil.

Pourquoi de tels aménagements, dans un sens *a priori* restrictif si l'on s'en tient aux textes ?

La transaction, on l'a compris, est un acte juridique qui a pour but premier d'éviter une procédure judiciaire et de favoriser le règlement amiable des conflits. Les parties ont choisi ce mode de résolution contractuel de leur litige et ne doivent donc pas pouvoir, ensuite, remettre en cause trop facilement le contrat conclu dans cette perspective. Telle est du moins la position du législateur en 1804, qui décida de restreindre le domaine d'admissibilité des vices du consentement envisagés par le droit commun des contrats (A). Mais l'originalité de la transaction ne s'arrête pas là : les caractères intrinsèques des vices admissibles ont également évolué, cette fois par l'action de la jurisprudence (B).

A. L'AMÉNAGEMENT LÉGAL DE L'ADMISSIBILITÉ DES VICES

6. – Le régime juridique de la transaction prévoit deux cas dans lesquels la nullité fondée sur un vice est exclue : l'erreur de droit et la lésion.

7. – L'exclusion de la lésion ne pose pas de difficultés particulières, la lésion étant classiquement écartée des causes de nullité des conventions, sauf dans des cas spéci-

fiques prévus par la loi. L'article 2052 alinéa 2 est donc quelque peu redondant par rapport à l'article 1118 du Code civil, mais le législateur a certainement voulu, par cette disposition spéciale négative, insister sur le particularisme de la transaction qui vise essentiellement à résoudre une contestation et non à établir un équilibre qui pourrait être contrôlé par le juge[9]. L'équilibre de la transaction est celui que les parties ont voulu définir, il ne saurait être objectivement évalué.

Toutefois, la condition de validité des transactions que constituent les concessions réciproques (ajoutée à la loi par la jurisprudence), peut démentir quelque peu cette analyse volontariste : un déséquilibre flagrant dans la transaction peut être pris en considération par le biais du caractère dérisoire des concessions[10]. La lésion peut également être prise en compte indirectement comme indice d'un vice du consentement tel que le dol, car le déséquilibre manifeste peut révéler que l'une des parties a profité de sa position de force[11]. En outre, il faut rappeler qu'en vertu de l'article 888 du Code civil, l'action en rescision pour lésion peut être admise contre tout acte qui a pour objet de faire cesser l'indivision entre cohéritiers, cette disposition s'appliquant à la transaction[12].

8. – L'exclusion de l'erreur de droit comme cause de nullité est, quant à elle, plus inattendue. Elle constitue sans aucun doute un réel aménagement légal de l'admissibilité des vices du consentement par rapport au droit commun des contrats[13]. Or, cette exclusion s'explique d'abord... par une erreur : celle de Bigot de Préameneu, qui affirme sans ambiguïté lors des travaux préparatoires du Code civil qu'« en général, les erreurs de droit ne s'excusent point »[14]. L'article 2052 alinéa 2 serait donc le fruit d'une magistrale erreur de droit de la part d'un grand jurisconlte, ce qui n'est guère satisfaisant juridiquement, d'autant plus que nul indice dans l'Ancien Droit ou chez les inspirateurs du Code civil ne laissait présager une telle position[15]. Mais il faut bien se contenter de cette solution et, malgré l'absence de « raison bien décisive pour déroger au droit commun »[16], on peut tenter d'expliquer l'exclusion de l'erreur de droit comme cause de nullité de la transaction par l'idée suivante : en pratique,

9. L'erreur de calcul, en revanche, « doit être réparée », selon l'article 2058 C. civ.

10. V., C. Boillot, thèse, *préc.*, n° 828 et s. ; B. Fages, *préc.*

11. V. Soc. 19 mars 1980, *Bull. civ.* V, n° 272 ; Civ. 1re, 13 janvier 1969, *Bull. civ.* I, n° 21.

12. En revanche, l'alinéa 2 précise qu'après le partage, l'action en rescision n'est plus admissible contre la transaction faite sur les difficultés réelles que présentait le premier acte. La doctrine souligne le risque d'une simulation de difficultés, qui peut être organisée afin d'échapper à la rescision (v. H., L., J. Mazeaud, *Leçons de droit civil*, tome 3, vol. 2, *Principaux contrats*, 4e éd., par M. de Juglart, n° 1647).

13. V., R. Decottignies, « L'erreur de droit », *RTD civ.* 1951. 309 ; J. Ghestin, *La notion d'erreur dans le droit positif actuel*, préface J. Boulanger, LGDJ, 1963, n° 52 et s. ; E.-I. Froimesco, *De l'erreur dans la transaction*, thèse Paris, 1923.

14. Séance du 24 Ventôse an XII, Locré, Tome XV, p. 422. V. le détail des réactions de la doctrine postérieure au Code civil dans les observations de P.-Y. Gautier, *RTD civ.* 2001. 382.

15. V., C. Accarias, *Étude sur la transaction en droit romain et en droit français*, thèse Paris, 1863.

16. M. Planiol, G. Ripert et J. Boulanger, *préc.*, n° 3231 ; dans le même sens, P. Rodière et A. Percerou, « Contrats civils divers », *in* R. Beudant et P. Lerebours-Pigeonnière, *préc.*, n° 365.

de nombreuses transactions sont conclues sur des fondements juridiques incertains et si l'une des parties était certaine de gagner le procès, elle ne s'engagerait pas dans une transaction, à moins qu'elle ne souhaite simplement régler rapidement le litige, même éventuellement au détriment de ses intérêts (« une mauvaise transaction vaut mieux qu'un bon procès »). Il faut donc convenir que, bien souvent, le litige objet de la transaction repose sur une situation juridique douteuse[17]. Et si l'on acceptait la possibilité d'attaquer une transaction sur le fondement de l'erreur de droit, un risque élevé de nullité en découlerait, les parties à une transaction cherchant avant tout à régler un contentieux né ou à naître, non à suivre forcément la position du droit applicable à leur espèce. Elles acceptent donc de prendre un risque[18], celui de fonder la résolution amiable du litige sur un mauvais fondement juridique : « les parties ne peuvent, après coup, invoquer que la solution eût été différente par l'application du droit, puisqu'elles ont décidé de fixer leur propre norme. Si elles avaient voulu connaître véritablement l'étendue de leurs droits, elles auraient saisi le juge »[19]. La Cour de cassation rappelle parfois la règle de l'article 2052 alinéa 2 du Code civil[20], qu'un auteur[21] considère comme une « bizarrerie juridique » au regard du droit commun des contrats[22].

9. – On peut en outre insister sur le fait que l'application de la règle posée à l'article 2052 alinéa 2 semble stricte en jurisprudence. On a certes cru à une dérive de la Cour de cassation à la fin des années 1990, sur le fondement d'un arrêt de la chambre sociale du 24 novembre 1998, mais cette position est restée isolée (et très critiquée en doctrine)[23]. Dans le contentieux de l'indemnisation, la distinction

---

17. Sur le débat doctrinal relatif à la place du doute dans la situation juridique pré-transactionnelle, v. L. Poulet, *Transaction et protection des parties*, préface Y. Lequette, LGDJ, 2005, n° 43, 211 et s. Plus généralement sur « le doute », J.-F. Cesaro, *Le doute en droit privé*, préface B. Teyssié, éd. Panthéon-Assas, diff. LGDJ, 2003.

18. Sur le lien entre la transaction et la prise de risque des parties, v. en particulier X. Lagarde, « Les spécificités de la transaction consécutive à un licenciement », *JCP* 2001. I. 337 ; L. Cadiet et X. Lagarde, « Actualité de la transaction », *RDC* octobre 2004. 1032 et s. ; P. Antonmattei et J. Raynard, *Droit civil. Contrats spéciaux*, 3e éd., Litec, 2002, n° 551 ; L. Boyer, *La notion de transaction*, thèse Toulouse, Sirey, 1947, n° 1100. Certains auteurs rattachent l'idée de « risque » à la qualification de « contrat aléatoire » que devrait supporter la transaction, mais cette question est fort controversée en doctrine (v. C. Boillot, *La transaction et le juge*, préface P. Le Cannu, Université d'Auvergne-LGDJ, 2003, n° 669).

19. C. Boillot, thèse *préc.*, n° 670 *in fine*.

20. La jurisprudence récente est rare sur cette question. V. par exemple, Civ. 1re, 19 décembre 2000, *Bull. civ.* I, n° 334 ; *RTD civ.* 2001. 381, obs. Gautier. La règle de l'article 2052 al. 2 est étendue par la jurisprudence aux domaines respectifs des articles 2054 et s. (v. par exemple req. 19 décembre 1865, *DP* 1866. 1, n° 182 ; Com. 26 novembre 1957, *Bull. civ.* III, n° 326 ; Versailles 17 janvier 1995, *D.* 1995. IR. 116).

21. P.-Y. Gautier, *RTD civ.* 2001. 380, *préc.*

22. On peut toutefois souligner que le droit commun des contrats n'admet en réalité l'erreur de droit que restrictivement, excluant de son domaine l'erreur sur la portée de l'acte conclu et l'erreur sur un point de droit controversé. V. les obs. à ce sujet de C. Boillot, thèse *préc.*, n° 662 et s.

23. Soc. 24 novembre 1998, *Bull. civ.* V, n° 515 ; *D.* 1999. 174. Également, A. Jeammaud, « Retour sur une transaction en quête de stabilité », *Dr. soc.* 1999. 351 : action en nullité de la transaction conclue entre un salarié licencié et son employeur, au motif

entre erreur de fait et erreur de droit semble correctement appliquée. De même, par un arrêt de la première chambre civile du 19 décembre 2000, la Cour de cassation est revenue à une conception rigoureuse de l'erreur de droit dans l'hypothèse d'une transaction conclue entre une caution et une banque créancière du remboursement d'un prêt bancaire[24].

Il semble donc que, sur la question de l'erreur de droit, la Cour de cassation n'ait aucunement l'intention d'ouvrir la porte à la nullité. Il faut donc relativiser la position d'une partie de la doctrine qui défend l'idée que la jurisprudence récente tend de plus en plus à admettre l'erreur de droit comme cause de nullité de la transaction, sans toutefois le dire expressément[25].

10. – Au final, l'erreur de droit est celle qui porte sur l'existence d'une norme (de quelque nature qu'elle soit) ou sur sa portée et qui a déterminé la conclusion de la convention pour la partie qui l'invoque. Elle doit être *la* source du vice pour pouvoir être exclue du domaine de la nullité de la transaction. La frontière entre erreur de droit et erreur de fait n'est cependant pas toujours facile à déterminer — et l'on peut d'ailleurs s'interroger sur la notion même d'erreur de droit, relativement peu étudiée en doctrine[26]. Par exemple, la transaction portant sur le règlement d'une créance par une partie qui pensait être débitrice alors qu'elle était en réalité créancière, peut être annulée sur le fondement de l'erreur de fait (erreur sur l'objet de la contestation, art. 2053 C. civ.)[27]. De même, la transaction conclue entre une banque et une caution portant sur une créance en réalité éteinte (car celle-ci n'avait pas été déclarée par le créancier à la procédure de redressement judiciaire déjà ouverte lors de la conclusion

---

que le salarié (demandeur) n'a reçu qu'une indemnité légale de licenciement alors qu'il avait droit à une indemnité conventionnelle. La cour d'appel considère, certainement avec raison, que le salarié a commis une erreur de droit, non susceptible d'entraîner la nullité de la transaction. La chambre sociale, au visa des articles 2044 et 2053 C. civ., considère que « l'erreur commise portait sur l'objet même de la contestation, en sorte qu'elle affectait la validité de la transaction », analyse pour le moins extensive d'une telle erreur.

24. Civ. 1re, 19 décembre 2000, *Bull. civ.* I, n° 334; *D.* 2001. AJ. 629, note V. Avena-Robardet et p. 2193, note Ph. Soustelle; *RTD civ.* 2001. 380, note P.-Y. Gautier; *JCP* 2001. I. 356, n° 9, obs. Ph. Simler; *Banque et droit* mai-juin 2001. 46, obs. A. Jacob : le débiteur principal d'un prêt ne pouvant rembourser sa dette, la banque se retourne contre la caution solidaire et obtient un jugement de condamnation à payer du débiteur et de la caution. Entre temps, une liquidation judiciaire est ouverte à l'égard du débiteur principal, dans l'ignorance du créancier et de la caution. À la suite du jugement, le créancier et la caution concluent une transaction fixant le montant de la créance et les modalités de remboursement. Mais lorsque la caution, après avoir payé la banque, se retourne contre le débiteur, l'extinction de la créance lui est opposée, la créance n'ayant pas été déclarée à la procédure. La caution, tentant alors d'obtenir la nullité de la transaction, se voit opposer l'exclusion de l'erreur de droit comme cause de nullité du contrat : selon la Cour de cassation, l'ignorance de la caution relative à l'extinction de la créance non déclarée est en effet le résultat d'une erreur de droit.

25. V. en particulier X. Lagarde, « Les spécificités de la transaction consécutive à un licenciement », *JCP* 2001. I. 337, pour qui l'admission de l'erreur sur la qualification du motif de licenciement en droit du travail peut être assimilée à celle d'une erreur de droit.

26. Une question en particulier doit attirer l'attention, celle de la confrontation de l'erreur de droit à la maxime *nemo censetur ignorare legem* (v. notamment M. Fabre-Magnan, *Les obligations*, 1re éd., PUF, coll. « Thémis », 2004, n° 109, p. 280).

27. Civ. 1re, 13 décembre 1972, *Bull. civ.* I, n° 290.

de la transaction), a pu être annulée sur le fondement de l'erreur de fait[28], alors même que par un autre arrêt déjà cité de la première chambre civile[29], dans une espèce fort similaire à celle-ci, les juges avaient au contraire rejeté la demande en nullité de la transaction sur le fondement de l'article 2052 alinéa 2. Incohérence jurisprudentielle à quelques mois d'intervalle ? Au contraire : dans l'espèce du 19 décembre 2000, la transaction avait été conclue entre le créancier et la caution sur le fondement d'un jugement de condamnation du débiteur principal et de la caution à payer la banque créancière. L'existence de ce jugement antérieur à la transaction est déterminante dans la solution de la Cour de cassation, la transaction portant sur les modalités d'exécution de ce jugement, alors que dans l'espèce du 29 mai 2001, la caution n'avait pas été préalablement condamnée par jugement à rembourser la banque. Dans le premier cas, on a pu retenir l'erreur de droit car l'ignorance de l'extinction de la créance succédait à un jugement condamnant la caution à rembourser[30]. Dans le second cas, l'erreur de fait pouvait être admise car elle était fondée uniquement sur le défaut de connaissance de l'ouverture de la procédure de redressement judiciaire ayant entraîné l'absence de déclaration de la créance[31]. Il faut cependant convenir que la distinction est subtile, qu'elle manque de lisibilité pour la caution concernée et que l'on peut se demander si dans l'affaire du 29 mai 2001, la caution n'avait pas elle aussi commis une erreur de droit en ignorant que la créance était éteinte par défaut de déclaration et que, pour cette raison très juridique, son obligation de caution était elle-même anéantie. On soulignera toutefois que ce débat ne devrait plus se reproduire de manière identique à l'avenir puisque la loi de sauvegarde des entreprises du 26 juillet 2005 prévoit que le défaut de déclaration de la créance n'entraîne plus son extinction (suppression de l'alinéa 4 de l'ancien article L. 621-46 C. com.)[32]. La caution ne saurait donc désormais invoquer l'extinction de la créance pour obtenir l'annulation de la transaction conclue avec le créancier sur le fondement d'une erreur de fait.

---

28. Civ. 1re, 29 mai 2001, *D.* 2001. AJ. 1944, note V. Avena-Robardet et p. 2193, note Ph. Soustelle ; *JCP* 2001. I. 356, n° 9, obs. Ph. Simler ; *Banque et droit* juillet-août 2001. 55, obs. Jacob ; *RTD civ.* 2001. 909, obs. P.-Y. Gautier : selon la décision, « la transaction était nulle faute d'objet ».

29. Civ. 1re, 19 décembre 2000.

30. « La transaction avait pour cause le jugement (qui) constituait le droit au paiement de la banque et ne pouvait être considéré comme un titre nul (...) L'ignorance de la caution de ce que la créance de la banque non déclarée était éteinte, était le résultat d'une erreur de droit ». Il est singulier d'observer que, finalement, c'est l'existence d'un jugement lui-même erroné (puisque condamnant le débiteur et la caution à rembourser une créance éteinte faute d'avoir été déclarée à la procédure) qui empêche la caution de se prévaloir de la nullité de la transaction conclue avec le créancier. Ce jugement constitue selon la Cour de cassation un titre valable, quoiqu'erroné sur le fond, ce qui justifie la reconnaissance d'une erreur de droit commise par la caution : celle-ci, en effet, s'est trompée « sur la portée du jugement qui, contrairement aux apparences, n'établissait nullement l'existence de la créance principale » (Ph. Soustelle, *préc.*)... Le jugement est donc la source de l'erreur : en ses qualités d'acte juridique valable quoique erroné, il fonde une erreur de droit, non de fait, et ferme ainsi la voie de la nullité (rappr. M.-A. Frison-Roche, « L'erreur du juge », *RTD civ.* 2001. 819).

31. V. les analyses de C. Boillot, thèse *préc.*, n° 681 et 688 ; P.-Y. Gautier, *RTD civ.* 2001. 909 (qui y voit un revirement par rapport à l'arrêt du 19 décembre 2000) ; Ph. Soustelle, *D.* 2001. AJ. 2193.

32. V., P.-M. Le Corre, « Premiers regards sur la loi de sauvegarde des entreprises », *D.* 2005, cahier spécial, suppl. au n° 33, spéc. n° 68.

Il reste que la notion d'erreur de droit est assez incertaine et que l'exclusion exceptionnelle de la nullité fondée sur celle-ci par l'article 2052 alinéa 2 du Code civil ne contribue pas à clarifier la question des vices du consentement dans la transaction, car elle oblige à opérer des distinctions délicates qui présentent des enjeux remarquables.

B. Aménagements jurisprudentiels des caractères intrinsèques des vices admissibles

11. – Les juges n'ont pas hésité à prendre le relais de la loi pour aménager, eux aussi, les règles relatives aux vices du consentement dans la transaction. C'est l'article 2053 C. civ. qui se trouve cette fois au cœur du débat :
« Néanmoins, une transaction peut être rescindée, lorsqu'il y a erreur dans la personne ou sur l'objet de la contestation.
Elle peut l'être dans tous les cas où il y a dol ou violence ».

Ce texte, assez clair dans l'ensemble, semble renvoyer à des concepts connus, ce qui ne laisse présager *a priori* aucune difficulté particulière d'interprétation. Pourtant, un aménagement des caractères intrinsèques de certains de ces vices admissibles a eu lieu, ces dernières décennies, sous l'impulsion de la jurisprudence.

12. – Qu'en est-il du dol, en premier lieu ? Celui-ci ne présente pas de particularisme véritable par rapport au droit commun des contrats[33]. Il semble d'ailleurs tout à fait logique que le dol soit sanctionné dans la transaction car il manifeste un excès[34] inadmissible. La conclusion de tout contrat, quel qu'il soit, obtenue par suite de manœuvres déloyales doit pouvoir être remise en cause : on ne peut raisonnablement admettre que le fondement même d'une relation contractuelle repose sur une déloyauté, ce qui serait d'ailleurs d'autant plus choquant dans l'hypothèse de la transaction qui présente un « lien de parenté » avec le jugement.

13. – Les décisions qui discutent l'existence d'un dol concernent plus souvent des hypothèses de réticence dolosive que de manœuvres dolosives positives[35]. Les juges déterminent alors avec circonspection si l'information retenue par l'une des parties, ou son mensonge[36], a bien déterminé l'engagement de l'autre partie. On imagine aisément quelles difficultés peuvent se poser en jurisprudence, ce type de dol étant en lien étroit avec l'obligation d'information pesant sur les parties, alors même que le contexte de la transaction, ne l'oublions pas, est une contestation... ce qui encou-

33. Au point qu'il arrive fréquemment que la jurisprudence se réfère plutôt à l'article 1116 qu'à la disposition spéciale de l'article 2053 al. 2 C. civ. !

34. Sur la notion d'« excès » de manière générale : D. Bakouche, *L'excès en droit civil*, préface M. Gobert, LGDJ, 2005.

35. V. cependant, Com. 28 juin 2005, n° 03-40598, inédit.

36. Pour un cas de mensonge du salarié, non sanctionné par la nullité de la transaction : Soc. 12 février 1997, *Defrénois* 1997. 1077, note A. Bénabent; *Dr. soc.* 1997. 421, note G. Couturier; *RTD civ.* 1997. 693, obs. P.-Y. Gautier.

rageait plutôt les parties à faire « naturellement » preuve de « prudence » dans la délivrance des informations qu'elles détiennent. Mais de la prudence à la réticence dolosive, il y a un pas qu'elles ne doivent pas franchir, à peine de voir la transaction anéantie si l'une d'elles le demande. Dans ce contexte, les juges apprécient le degré de connaissance de chaque partie et sa diligence pour rechercher l'information utile qui lui est accessible. Le dol sera ainsi plus facilement sanctionné lorsque la transaction est négociée entre deux parties dont l'une est dans une situation de faiblesse manifeste par rapport à l'autre. Ce peut être le cas, en particulier, dans le contentieux relatif à l'indemnisation de la victime d'un accident de la circulation[37].

14. – En deuxième lieu, l'admission de la violence comme cause de nullité de la transaction repose sur le même fondement que le dol. Celle-ci est rarement invoquée par les parties et en règle générale, il s'agit d'une violence par contrainte morale[38] plutôt que physique[39].

La transaction en droit du travail ou en droit de l'indemnisation est sans aucun doute un domaine juridique dans lequel il peut être tentant de faire pression sur la partie affaiblie par son état ou par l'annonce d'un licenciement futur. En droit du travail toutefois, le faible n'est pas toujours celui que l'on croit[40]...

Précisons également que, classiquement, « la menace, lors de la négociation, d'utiliser une voie de droit si la transaction n'est pas conclue » ne saurait constituer une violence, à moins que cette menace ne s'exprime par une contrainte particulière sur l'autre partie (intimidation, vexation...)[41].

15. – Moins classiquement, la question de la violence dans la transaction a permis de consacrer une évolution remarquable qui touche plus largement le droit commun des contrats : la doctrine a ainsi souligné l'importance d'un arrêt de la Première chambre civile du 30 mai 2000, qui affirme que « la transaction peut être attaquée dans tous les cas où il y a violence, et la contrainte économique se rattache à la vio-

---

37. V. par exemple, Civ. 1re, 17 juillet 1967, *Bull. civ.* I, n° 263 ; Civ. 1re, 13 janvier 1969, *Bull. civ.* I, n° 21 : le conseil de la victime avait écrit un courrier à l'assureur lui indiquant qu'une transaction semblait difficile à conclure alors même que les blessures de la victime n'étaient pas consolidées; mais l'assureur décida malgré tout de créer une relation directe avec la victime, faisant pression sur elle alors que celle-ci étant dans un état psychique déficient et obtint la conclusion d'une transaction désastreuse pour la victime. Le dol est caractérisé selon la Cour de cassation.

38. V. par exemple, Soc. 29 octobre 2003, n° 01-44755, inédit : menace de l'expert salarié licencié de ne pas restituer plusieurs dossiers.

39. On peut toutefois signaler un arrêt de la chambre sociale du 7 janvier 2003, n° 00-46471, inédit : dans cette affaire, un salarié demandait l'annulation de la transaction conclue avec son employeur sur le fondement du « vice de son consentement, qui résulterait de la contrainte, ayant signé cette transaction en état d'ivresse ». L'arrêt ne précise pas si l'employeur avait effectivement contraint le salarié à boire plus que de raison et se contente de rejeter la demande de ce dernier assise sur ce fondement.

40. On trouve plusieurs arrêts dans lesquels la violence ou le dol sont reprochés au salarié, non à l'employeur (v. par exemple, Soc. 29 octobre 2003, *préc.*). Sur la violence et le dol en droit du travail en matière de transaction, v. C. Pizzio-Delaporte, « De la transaction prévue par le Code civil à la transaction utilisée en droit du travail : réflexions sur une règle en dérive », in *1804-2004 : Le Code civil, un passé, un présent, un avenir*, Dalloz, 2004, spéc. p. 602 et s., et les nombreux exemples jurisprudentiels cités.

41. V., C. Boillot, thèse *préc.*, n° 702.

lence et non à la lésion ». Faut-il voir là le signe du « charisme de la transaction »[42] sur le vice de violence ?

Cet arrêt n'innove pas autant qu'on pourrait le croire au premier abord : la violence par contrainte économique avait déjà été admise précédemment hors du contexte particulier de la transaction[43] et la Cour de cassation se garde bien d'affirmer que toute contrainte économique constitue une violence. La position inverse reviendrait en effet à ouvrir la boîte de Pandore, surtout en droit social où il est évident que le salarié est économiquement dépendant de son employeur. Il faut caractériser la contrainte, et c'est certainement cet élément, éminemment subjectif, qui permet de rattacher la contrainte économique à la violence plutôt qu'à la lésion, celle-ci représentant un déséquilibre économique objectif. La question reste toutefois délicate car, par cette formule, la Cour de cassation crée un lien mal déterminé entre lésion et violence[44].

Il semble toutefois que ce type de violence puisse être retenu lorsqu'est caractérisé l'abus, par l'une des parties, de la situation de faiblesse de l'autre partie, cela créant un déséquilibre contractuel illégitime au profit de l'une d'elles seulement[45].

Cette tendance jurisprudentielle est d'ailleurs conforme à l'évolution actuelle de la réflexion doctrinale sur la théorie des vices du consentement : l'avant-projet de réforme du droit des obligations et du droit de la prescription, remis au Garde des Sceaux en septembre 2005, prône la création d'un article 1114-3 dans le Code civil consacrant « l'idée d'exploitation abusive d'une situation de faiblesse provoquée par un état de nécessité ou de dépendance »[46].

Le concept de « violence économique » reste toutefois vague en droit positif et on a pu craindre que cela engendre un contentieux important. Mais depuis cet arrêt

---

42. Expression reprise de J. Carbonnier, *Sociologie juridique, Le procès et le jugement*, 1961-62, p. 204, cité par L. Poulet.

43. V. par exemple, Com. 20 mai 1980, *Bull. civ.* IV, n° 212 (contrat de concession exclusive de vente).

44. V. les nombreux commentaires de la doctrine pour décrypter cette formule et la portée exacte de l'arrêt, parmi lesquels : *RTD civ.* 2000. 827, obs. J. Mestre et B. Fages, et 863, obs. Gautier; *Dr et patrimoine* 2000, n° 86, p. 101, note Chauvel; *JCP*. 2001. II. 10461, note G. Loiseau; Contrats Conc. Consom. 2000, n° 142, obs. L. Leveneur; *JCP E*. 2001. 571, note R. Secnazi; J.-P. Chazal, « La contrainte économique, violence ou lésion ? », *D*. 2000. 879. Également, C. Nourissat, « La violence économique, vice du consentement : beaucoup de bruit pour rien ? », *D*. 2000. chron. 369.

45. V. en particulier la position de G. Loiseau, « L'application des vices du consentement au contrat de travail », in *Le contrat au début du XXIe siècle. Études J. Ghestin*, LGDJ, 2001, p. 579.

46. Art. 1114-3 projeté : « Il y a également violence lorsqu'une partie s'engage sous l'empire d'un état de nécessité ou de dépendance, si l'autre partie exploite cette situation de faiblesse en retirant de la convention un avantage manifestement excessif.

La situation de faiblesse s'apprécie d'après l'ensemble des circonstances en tenant compte, notamment, de la vulnérabilité de la partie qui la subit, de l'existence de relations antérieures entre les parties ou de leur inégalité économique ». V. également la thèse de C. Ouerdane-Aubert de Vincelles, *Altération du consentement et efficacité des sanctions contractuelles*, préface Y. Lequette, Dalloz, coll. « Nouvelle Bibliothèque de Thèses », 2002, n° 438 et s., qui défend l'idée d'une restructuration de la théorie des vices du consentement autour des notions d'erreur et de faiblesse.

du 30 mai 2000, une recrudescence du contentieux relatif à la violence dans la transaction ne peut aucunement être soulignée. La violence économique reste un vice marginal (tout comme la violence classique d'ailleurs) ; on ne peut que se féliciter de ce constat.

16. – En troisième lieu, le dernier type de vice du consentement admis dans le cadre de la transaction est l'erreur, sous deux formes distinctes : erreur dans la personne et erreur sur l'objet de la contestation. L'erreur dans la personne ne présentant aucun particularisme par rapport au droit commun, il faut plutôt s'attarder sur le second type d'erreur, l'erreur sur l'objet de la contestation.

Il s'agit là d'un type d'erreur bien spécifique, qui ne se confond pas avec l'erreur de droit commun, qui porte sur la substance de la chose objet du contrat[47], même si, on l'a vu, les domaines respectifs de ces deux types d'erreur ne sont pas toujours aisément identifiables[48]. L'objet de la contestation ne se confond pas non plus avec les concessions réciproques que se font les parties à la transaction. L'objet de la contestation réglée par la transaction est bien plutôt ce sur quoi les parties négocient, le droit subjectif contesté[49]. Par exemple, les parties ont commis une erreur sur l'existence de la créance qui se situe au cœur de la négociation[50], ou bien sur l'étendue exacte des droits à indemnité du salarié qui conclut la transaction[51], ou encore elles ont commis une erreur sur l'importance exacte des travaux devant être réalisés pour réhabiliter une maison ayant subi des malfaçons[52].

L'erreur sur l'objet de la contestation peut porter également sur l'existence même du litige, le litige étant la cause de la transaction[53]. Certains cas spécifiques sont recensés par le Code civil lui-même aux articles 2054 (transaction faite en exécution d'un titre nul), 2056 (transaction sur un procès terminé par un jugement passé en force de chose jugée, dont l'une des parties au moins n'avait pas connaissance), 2057 (transaction conclue entre les parties alors qu'on découvre par la suite des titres qui démontrent que l'une des parties n'avait en réalité aucun droit à négocier)[54]. Il

---

47. V. Civ. 3e, 20 juin 1978, *Bull. civ.* III, n° 256.

48. V. *supra* n° 8 et s.

49. En ce sens, Ph. Malaurie, L. Aynès, P.-Y. Gautier, *Droit civil. Les contrats spéciaux*, 2e éd., Defrénois, 2005, n° 1121.

50. Civ. 1re, 29 mai 2001 *préc.* ; Civ. 1re, 13 décembre 1972, *Gaz. Pal.* 1973. 1. 293, note A. P.

51. Soc. 24 novembre 1998, *Bull. civ.* V, n° 515 ; *Dr. soc.* 1999. 351, note A. Jeammaud ; *JCP E.* 1999. 870, note F. Taquet ; *D.* 1999. somm. 174, obs. P. Fadeuilhe : les parties avaient la croyance commune que seule l'indemnité légale de licencicement pouvait être réclamée par le salarié.

52. Civ. 3e, 24 mai 1978, *Bull. civ.* III, n° 221 : sur le fondement d'une expertise, les parties avaient conclu une transaction prévoyant la réfection de l'immeuble, alors que par la suite, il s'est avéré que la maison devait être démolie et reconstruite.

53. V., C. Boillot, thèse *préc.*, n° 711 et 723 et s. ; Ph. Malaurie, L. Aynès, P.-Y. Gautier, *Droit civil. Les contrats spéciaux*, 2e éd., Defrénois, 2005, n° 1123.

54. Il faut préciser que la doctrine est depuis longtemps divisée sur le fondement juridique des ces dispositions : application de la théorie des vices du consentement ou de celle de la cause ? Les enjeux sont importants : admission ou exclusion de l'erreur de droit (v. note suivante), nullité relative ou absolue. Sur ce débat, v. C. Boillot, thèse *préc.*, n° 736 et s. P. Rodière et A. Percerou, « Contrats civils divers », *in* R. Beudant et P. Lerebours-Pigeonnière, *préc.*, n° 367, qui voient plutôt dans les dispositions 2054, 2055 et 2057 du Code civil trois cas d'erreur sur les motifs.

faut cependant se garder de toute dérive vers l'erreur de droit qui, on le sait, n'est pas admise en matière de transaction[55].

17. – Certaines espèces relatives à l'erreur sur l'objet de la contestation sont incontestables : il est en effet légitime d'autoriser l'annulation d'une transaction qui porte sur un objet faussé alors que les parties l'ignoraient, car c'est la contestation elle-même qui doit être reformulée[56].

Mais les juges ne sont pas toujours rigoureux dans l'application de ce vice du consentement et certains auteurs ont pu parler à ce sujet de « forçage de l'erreur »[57]. C'est le cas en particulier en matière d'indemnisation des victimes d'accident : à la demande des victimes, les juges ont à plusieurs reprises annulé des transactions sur le fondement de la découverte ultérieure de nouvelles lésions qui n'étaient pas apparentes lors de la transaction (et ce, même lorsque la transaction portait expressément sur les conséquences présentes et à venir de l'accident[58]).

Cette position est parfois critiquée en doctrine, car on peut y voir une dérive de l'erreur sur l'objet de la contestation, le droit objet de la contestation (l'indemnisation) n'étant pas remis en cause, mais seulement l'étendue de celui-ci. Ni l'existence ni la nature du droit contesté ne sont en effet discutées par la victime dans cette hypothèse[59]. Mais la Cour de cassation a souhaité établir ainsi une distinction utile entre l'hypothèse de l'aggravation du préjudice (erreur sur la gravité des lésions, qui n'est pas prise en considération) et l'hypothèse de l'apparition de lésions nouvelles ultérieures (erreur sur l'existence même des lésions subies, prise en considération sous l'appellation d'erreur sur l'objet de la contestation bien que cela puisse être discuté). Certaines lois spéciales ont néanmoins amélioré le droit applicable, en permettant à la victime de demander un supplément d'indemnisation en cas d'aggravation du dommage initialement prouvé[60].

18. – À nouveau, il faut relever l'existence de difficultés manifestes lors de la manipulation par les juges des dérivés de l'erreur que l'on rencontre dans le titre du Code civil consacré à la transaction.

---

55. Ce peut être le cas lorsque l'ignorance de la nullité du titre ou l'ignorance de l'efficacité des titres découverts résulte d'une erreur de droit commise par les parties. V. par exemple, Com. 26 novembre 1957, *Bull. civ.* III, n° 326.

56. V. par exemple, Soc. 7 janvier 2003, n° 00-46471 : nullité de la transaction conclue entre un employeur et son salarié portant sur la rupture du contrat de travail alors même qu'aucune procédure de licenciement n'a été préalablement mise en œuvre (l'arrêt relève ainsi « l'absence de licenciement »).

57. Ph. Malaurie, L. Aynès, P.-Y. Gautier, *Droit civil. Les contrats spéciaux*, n° 1121. Sur cette question, v. également les développements approfondis de C. Boillot, thèse *préc.*, n° 712 et s.

58. Civ. 1re, 10 juin 1986, *Bull. civ.* I, n° 164.

59. V. toutefois l'opinion de S. Porchy-Simon, « Transaction et droit de l'indemnisation », *infra*, n° 10, qui considère que la Cour de cassation admet l'erreur sur l'objet de la contestation de façon restrictive en droit de l'indemnisation. Également, H., L., J. Mazeaud, *préc.*, *Principaux contrats*, n° 1646, qui retrace l'évolution jurisprudentielle en ce domaine.

60. V. art. L. 211-19 (victimes d'accidents de la circulation) et L. 422-2 C. assur. (victimes de terrorisme).

Ne serait-il pas plus judicieux de simplifier la question ? : inscrire dans le Code civil une disposition unique admettant l'erreur comme cause de nullité de la transaction, sans plus de distinctions, car celles-ci ne font qu'obscurcir la matière, sans forcément renforcer la Justice, tout en favorisant une conception utilitariste « des erreurs » par la jurisprudence... La question mériterait d'être posée, afin de déterminer si le particularisme de la transaction justifie réellement une telle complexité du régime de l'erreur.

Après ce panorama critique sur les aménagements apportés à la théorie des vices du consentement en matière de transaction, il faut s'intéresser, plus brièvement, à la sanction de ces vices.

II. L'UNICITÉ DE LA SANCTION APPLICABLE AUX VICES

19. – Classiquement, la sanction des vices du consentement est la nullité. La transaction ne déroge pas *a priori* à cet état du droit, mais on relèvera une difficulté terminologique dans les dispositions du Code civil relatives à la transaction (A), avant de s'interroger sur l'adéquation de la sanction choisie par le législateur au domaine spécifique de la transaction (B).

A. La difficulté terminologique

20. – Il est curieux de constater que le Code civil ne fait pas preuve de la plus grande rigueur lorsqu'il évoque la sanction des vices dans la transaction. À l'article 2053, il affirme que la transaction peut être « rescindée » lorsqu'il y a erreur dans la personne ou sur l'objet de la contestation. Cette expression est reprise à l'article 2054 à propos de la transaction faite en exécution d'un titre nul. En revanche, les articles 2055 à 2057 préfèrent évoquer la « nullité » à propos d'autres causes d'anéantissement de la transaction que sont la transaction faite sur pièces qui depuis ont été reconnues fausses, la transaction sur un procès terminé dont les parties n'avaient pas connaissance ou encore la transaction portant sur un objet sur lequel il est constaté par la suite que l'une des parties n'avait aucun droit.

Que déduire de cette différenciation de vocabulaire ? Et d'abord, y-a-t-il lieu de déduire quelque chose de cet état de fait ? La rescision n'est, on le sait, qu'une forme de nullité, applicable à l'hypothèse de la lésion. Or, la lésion n'est évoquée par les textes du Code civil relatifs à la transaction que pour être privée de tout effet. Parfois, il est vrai, le législateur use cependant du terme « rescision » comme synonyme de la nullité dans l'hypothèse de causes d'annulation autres que la lésion[61].

61. V. art. 887 C. civ. sur le partage. Également, G. Cornu, *Vocabulaire juridique*, *préc.*, v. « Rescision ».

C'est bien ainsi qu'il faut entendre l'utilisation de ce terme dans les dispositions relatives à la transaction.

Il faut donc convenir que la *nullité* est l'unique sanction applicable en cas de vices dans un contrat de transaction, malgré les quelques doutes que peut susciter l'emploi d'un vocabulaire flou par le Code civil. Les juges ne semblent d'ailleurs pas se soucier de cette distinction et emploient alternativement les termes de « rescision » et de « nullité » sans forcément coller au vocabulaire employé par les textes[62].

B. L'ADÉQUATION DE LA SANCTION APPLICABLE

21. – Quant à la nullité elle-même, est-elle bien *la sanction adéquate* du vice dans l'hypothèse du contrat de transaction ? La question peut surprendre, la nullité étant la sanction « naturelle » des vices du consentement. Nullité relative dans l'hypothèse du véritable vice d'un consentement existant[63], à distinguer de la nullité absolue qui serait certainement retenue dans l'hypothèse d'une absence totale de consentement (comme cela a encore été admis récemment par la Cour de cassation dans un domaine étranger à la transaction[64], mais le particularisme du contrat de transaction ne justifie pas une solution différente sur ce point précis).

On peut toutefois se demander si la nullité est bien la sanction la plus efficace en ce qui concerne le contrat de transaction : elle entraîne en effet la disparition du lien contractuel, ce qui ne correspond pas toujours à l'intérêt de la victime du vice. Il est donc légitime de se demander si celle-ci n'aurait pas intérêt, dans certains cas, à obtenir du juge une autre sanction ou bien une nullité « réduite », partielle[65], laissant subsister la transaction tout en lui ôtant ses vices et en permettant de surcroît d'éviter ou d'atténuer la délicate question des restitutions par application de la rétroactivité de la nullité[66]. La nullité totale, en effet, « n'est efficace que si elle rétablit la victime dans la situation qui aurait été la sienne si la violation

---

62. Comp. Civ. 1re, 13 décembre 1972, *Gaz. Pal.* 1973. 1. 293, note A. P. (nullité de la transaction sur le fondement de l'erreur sur l'existence même de la créance invoquée ; rappr. art. 2053 C. civ.) ; Civ. 2e, 1er avril 1998, *Bull. civ.* II, n° 120 (rescision de l'art. 2053 C. civ. évoquée dans l'arrêt).

63. La prescription de l'action est donc quinquennale, en l'absence de règle particulière propre au contrat de transaction (rappr. Civ. 1re, 11 janvier 2005, *D.* 2005. 1207, note A.-L. Thomat-Raynaud ; *AJ fam.* 2005. 146, obs. F. Bicheron ; *Dr. fam.* 2005, n° 63, note B. Beignier : « la prescription abrégée de l'article 1304 du code civil, qui constitue dans tous les cas où l'action n'est pas limitée à un moindre temps par une disposition particulière, la règle de droit commun en matière d'action en nullité relative pour vice du consentement... »).

64. Civ. 1re, 9 novembre 2004, *Bull. civ.* I, n° 255 ; *D.* 2004. AJ. 3136 ; *D.* 2005. 723, note G. Ahouandogbo.

65. V., Ph. Simler, *La nullité partielle des actes juridiques*, préface A. Weill, thèse Strasbourg, LGDJ, 1969 ; F. Terré, Ph. Simler, Y. Lequette, *Droit civil. Les obligations*, 9e éd., 2005, n° 420 et s. ; D. Mazeaud, « La réduction des obligations contractuelles », *Dr. et patrimoine* mars 1998. 58 et s.

66. V., C. Guelfucci-Thibierge, *Nullité, restitutions et responsabilité*, thèse Paris I, 1992.

n'avait pas eu lieu, c'est-à-dire que la victime n'aurait pas conclu de contrat avec ce cocontractant si son consentement avait été libre et éclairé »[67].

Qu'en est-il dans le domaine de la transaction ? La transaction étant éminemment fondée sur la recherche d'un équilibre[68] (entre des concessions réciproques), il faut admettre que l'existence d'une manœuvre dolosive, d'une violence caractérisée ou d'une erreur, par exemple sur l'objet de la contestation, va venir perturber l'équilibre qui est censé avoir été réalisé par la transaction et profondément entamer le consentement vicié. Il est dès lors difficile d'imaginer une transaction « partielle », comportant une clause réputée non écrite[69] par le juge. En effet, pour qu'une nullité partielle puisse être prononcée, il faut que la clause ainsi annulée n'ait pas été déterminante dans l'intention des parties. Or, on l'a dit, la transaction forme *a priori* un tout équilibré et l'on peut difficilement imaginer que la disparition d'une clause viciée ne porte aucunement atteinte à l'équilibre de l'ensemble.

La doctrine a en outre soulevé un argument textuel pour affirmer un principe d'indivisibilité de la transaction : l'article 2055 du Code civil, en effet, dispose que « la transaction faite sur pièces qui depuis ont été reconnues fausses est *entièrement nulle* ». Planiol, Ripert et Boulanger notamment, ont interprété cette formule comme manifestant l'idée que « l'annulation n'en peut pas être partielle, la transaction étant une opération indivisible »[70]. Cette interprétation est toutefois contestable, l'expression contenue dans l'article 2055 ne pouvant être généralisée à toutes les hypothèses de transaction et surtout celle-ci ne manifestant pas forcément une autre règle que celle qui prévaut en droit commun de la nullité et que l'on vient de rappeler[71]. Là encore, on ne peut que regretter l'obscurité de la formulation législative. On peut souligner, par ailleurs, que les juges ne semblent pas se considérer comme tenus de prononcer une nullité forcément totale, ainsi qu'en témoigne un arrêt de la Première chambre civile de 1985[72] qui semble bien admettre la nullité partielle d'une transaction. Celle-ci est donc rare, mais pas exclue.

22. – Suivant cette tendance à l'unicité de la sanction par la nullité, la Cour de cassation a rappelé assez récemment que la nullité du contrat était effectivement

---

67. C. Ouerdane-Aubert de Vincelles, *Altération du consentement et efficacité des sanctions contractuelles*, préface Y. Lequette, Dalloz, coll. « Nouvelle Bibliothèque de Thèses », 2002, n° 539.

68. Sur l'équilibre dans le contrat, v. M.-A. Pérot-Morel, *De l'équilibre des prestations dans la conclusion du contrat*, thèse Grenoble, Dalloz, 1961 ; L. Fin-Langer, *L'équilibre contractuel*, préface C. Thibierge, LGDJ, 2002 (qui ne s'intéresse toutefois pas au contrat de transaction).

69. Sur cette notion, v. S. Gaudemet, *La clause réputée non écrite*, thèse Paris II, 2004.

70. *Préc.*, n° 3232, citant à l'appui de cette position un arrêt de la chambre sociale du 14 décembre 1950, *D.* 1950. 171.

71. En ce sens, H., L., J. Mazeaud, *préc.*, *Principaux contrats*, n° 1649 ; R. Beudant et P. Lerebours-Pigeonnière, *préc.*, n° 368 (qui relèvent une présomption simple d'indivisibilité) ; v. aussi Civ. 5 mars 1912, *D.* 1914. 1. 117 (« Vu les articles 2055 et 2057 du Code civil ; Attendu que de ces articles il ressort que les transactions forment, en principe, un tout indivisible ; que si, en cas d'annulation, certaines de leurs dispositions peuvent être maintenues, ce n'est donc qu'autant qu'elles doivent être considérées comme étant indépendantes de celles qui sont annulées »).

72. Civ. 1re, 29 mai 1985, *Bull. civ.* I, n° 167 (nullité partielle d'une transaction portant atteinte à l'ordre public dans une partie seulement de ses dispositions).

la seule sanction envisageable, dans l'hypothèse d'un consentement vicié par le dol, alors que les juges du fond avaient cru bon de s'octroyer le pouvoir de modifier les termes mêmes de la transaction[73]. Vaine tentative d'entorse à la règle, traditionnelle en France, que le juge n'a pas à s'immiscer dans le contrat ! Et l'on ne peut qu'approuver cette position dans le cadre de la transaction, contrat qui vise justement à éviter toute approche judiciarisée du litige... En l'absence de disposition spéciale en ce sens, la réfaction du contrat par le juge est donc exclue.

23. – Un auteur[74] souligne toutefois que le juge pourrait néanmoins accorder des dommages et intérêts à la victime d'un dol, comme cela est généralement admis en droit commun des contrats[75] et a été admis par un arrêt de la Chambre sociale en 1995 à propos d'une transaction[76]. Le dol étant aussi une faute, celui-ci peut être sanctionné par des dommages et intérêts sur le fondement de la responsabilité délictuelle, la victime du dol pouvant demander à la fois une réparation par équivalent et la nullité du contrat ou bien l'un *ou* l'autre exclusivement. Si la victime du vice a un intérêt à voir le contrat se poursuivre tout en obtenant réparation du préjudice subi du fait du vice, cette solution peut sembler tout à fait acceptable, mais elle sera probablement rarement opportune dans le domaine de la transaction.

*

* *

24. – Au final, que penser de l'application de la théorie des vices du consentement au contrat de transaction ? Car il s'agit bien seulement d'une application spécifique, aucunement d'une rénovation de la théorie des vices dans ce contrat particulier : les vices envisagés pour la transaction, qu'ils soient exclus ou admis, sont des vices classiques ; simplement, la jurisprudence a dû les adapter au contexte particulier de la transaction.

Il faut reconnaître que cela engendre des difficultés, des insatisfactions juridiques. En outre, la théorie des vices du consentement vient ici se heurter à des matières bien spécifiques telles que le droit social ou le droit de l'indemnisation. On cumule donc les difficultés : au particularisme du contrat de transaction, il faut ajouter celui des branches du droit le plus souvent concernées par un tel contrat[77]. De plus, la théorie classique des vices du consentement présente elle-même plusieurs insuffisances ou imperfections avec lesquelles il faut compter dans le domaine particulier de la transaction. Finalement, la question des vices du consentement dans la transaction est approchée par les juges de manière très casuistique, voire utilitariste :

---

73. Civ. 1re, 17 décembre 2002, *Bull. civ.* I, n° 309 ; *RTD civ.* 2003. 313, obs. P.-Y. Gautier ; *JCP* 2003. II. 10081, note H. Kenfack.

74. L. Poulet, thèse *préc.*, n° 476.

75. V. à ce sujet F. Terré, Ph. Simler, Y. Lequette, *Droit civil. Les obligations*, 9e éd., Dalloz, 2005, n° 240.

76. Soc. 7 juin 1995, *Dr. soc.* 1995. 936.

77. Très nette en ce sens, à propos du droit du travail, C. Pizzio-Delaporte, *préc.*

des considérations d'équité viennent parfois troubler le jeu de l'erreur sur l'objet de la contestation (v. la question de l'indemnisation des victimes d'accident), la lésion réapparaît discrètement derrière la notion de violence économique, l'erreur de droit présente des frontières parfois extensibles (v. l'arrêt de la chambre sociale du 24 novembre 1998) et en tous les cas incertaines, la faiblesse de l'une des parties encourage la reconnaissance du dol... Bref, ce panorama n'est pas exempt de critiques, jusque dans la sanction des vices — la nullité totale — qui mériterait probablement quelque attention de la part de la doctrine.

Les parties ne s'y trompent pas et n'hésitent pas à agir sur le fondement des différents vices du consentement afin d'obtenir la nullité de la transaction conclue. Le contentieux n'est pas si rare, ce qui tend à démontrer que les plaideurs considèrent qu'au regard de la jurisprudence parfois incertaine, il peut exister un intérêt à tenter une telle action[78].

Les juges ont donc tout intérêt à clarifier les contours de l'erreur de droit et de l'erreur de fait, ainsi que les conditions de reconnaissance d'une « contrainte économique » pouvant aboutir à la nullité du contrat de transaction, ou encore les obligations d'information et de renseignement pesant sur les parties, ce qui permettrait d'affiner la notion de réticence dolosive dans le domaine de la transaction. Quant à l'erreur sur l'objet de la contestation, elle mérite probablement encore plus d'attention et de rigueur, notamment dans le contentieux de l'indemnisation, car c'est certainement ce vice qui présente le plus grand particularisme et le plus grand risque de dérives.

À moins que le législateur ne s'attelle un jour à la refonte du Titre XV du Livre III du Code civil et qu'il s'appuie sur l'expérience bicentenaire d'application des textes pour écarter le bon grain de l'ivraie et rendre une cohérence d'ensemble à ce contrat si courant dans la pratique. Ce serait probablement l'occasion de reformuler, tout en les réduisant, les 7 articles consacrés aux vices et, plus ambitieusement, d'améliorer la lisibilité du droit positif en ce domaine.

---

78. V. l'affaire significative jugée par la chambre sociale le 18 février 2003, n° 01-40682 : une salariée demandait la nullité de la transaction conclue avec son employeur sur les modalités de son licenciement pour motif économique au motif, notamment, qu'elle n'avait pas « consenti de manière libre et éclairée en application des articles 1108 et suivant du Code civil » car lors de la signature de la transaction, elle suivait un traitement en raison de sa dépression nerveuse. On observera que la salariée ne se fonde pas sur les dispositions du Code civil propres à la transaction... et ne précise pas quel vice pourrait fonder sa demande en nullité.

Équilibre et transaction : l'exigence de concessions réciproques

Bertrand Fages
Professeur à l'Université Paris XII

D'emblée, une observation s'impose sur le titre de mon intervention. Blandine Mallet Bricout et Cyril Nourissat doivent être remerciés de la prudente exactitude qui les a conduits à placer mes propos sous le titre très neutre d'« Équilibre *et* transaction ». Et, de fait, il m'aurait été bien difficile de parler de l'« Équilibre *dans* la transaction » ou, pire, de « l'Équilibre *de* la transaction ». La transaction, dès lors qu'elle réunit tous ses éléments constitutifs, et en particulier l'existence de concessions réciproques, peut parfaitement déployer ses multiples effets sans qu'il soit nécessaire d'en vérifier l'équilibre. C'est un point que personne n'ignore.

En la matière, y a-t-il d'ailleurs beaucoup de choses à dire qui ne soient encore ignorées de personne ? Cela n'est pas sûr. La question des concessions réciproques est suivie de près par les meilleurs chroniqueurs et c'est ainsi que Pierre-Yves Gautier, sous la présidence duquel je suis heureux de m'exprimer, lui a consacré de très belles pages à la *Revue trimestrielle de droit civil*[1]. Aujourd'hui, tout le monde sait que non seulement il n'y a pas de transaction sans concessions réciproques, mais aussi que les juges ne contrôlent pas l'équivalence de ces concessions. Inutile, donc, de ménager un faux suspens. Ce sont là des solutions bien acquises que je me contenterai de rappeler (I) avant de m'attarder sur certaines questions plus incertaines (II) et de signaler quelques aspects rarement évoqués (III).

I. SOLUTIONS BIEN ACQUISES

Ces solutions, les voici : il faut des concessions réciproques (A), mais peu importe que ces concessions ne soient pas équivalentes (B).

1. V. en particulier, *RTD civ*. 1992. 783 ; *adde* X. Lagarde, *RDC* 2004. 1028 ; *RDC* 2005. 413 ; C. Jarrosson, « Les concessions réciproques dans la transaction », *D*. 1997. chron. 267.

A. Il faut des concessions réciproques

Il faut que l'un et l'autre, voire l'ensemble des intéressés, si la transaction est multipartite, se consentent mutuellement des concessions. Disons quelques mots de cette exigence qui constitue le cœur de la transaction.

Absente du Code civil mais introduite par la jurisprudence, l'exigence de concessions réciproques est partagée par de nombreux droits étrangers. Elle se retrouve à l'identique, pour ne pas dire littéralement, dans le BGB, au § 779 (*gegenseitigen Nachgeben*). En France, elle reçoit l'assentiment quasi unanime des auteurs contemporains et donne lieu régulièrement à plusieurs piqûres de rappel de la part de la Cour de cassation. L'une des plus énergiques est celle administrée par un arrêt de la première chambre civile du 30 mai 2000[2]. Sous le visa de l'article 2044, la Cour de cassation reproche à une cour d'appel d'avoir donné effet à une prétendue transaction résultant d'un procès-verbal de conciliation intervenu en présence du président de la section locale de l'Ordre des médecins, « sans avoir relevé l'existence de concessions réciproques des parties à l'acte ». Où l'on voit que la conciliation, si elle veut se muer en transaction, doit en remplir les conditions propres. Où l'on voit surtout que l'existence de concessions réciproques est exigée et contrôlée par la Cour de cassation ; ce qui signifie qu'elle doit être relevée par les juges du fond, et ceci, est-on tenté de rajouter, d'office. Du reste, cette existence de concessions réciproques doit aussi être vérifiée par le professionnel qui rédige l'acte (notaire ou avocat), sous peine d'engager sa responsabilité[3]. En pratique, l'exigence de concessions réciproques permet ainsi de distinguer la transaction du reçu pour solde de tout compte[4] ou, comme l'a fait un arrêt non publié rendu en 2003, du simple « apurement de comptes »[5].

L'air de rien, cette exigence de concessions réciproques peut aussi, lorsqu'elle est satisfaite, conduire à regarder comme un tout indivisible les différents engagements souscrits par les parties. Un arrêt de la troisième chambre civile en a tiré la conséquence en considérant que la promesse unilatérale de vente consentie par un promettant dans une transaction, dès lors qu'elle a pour contrepartie une concession du bénéficiaire, en l'occurrence son désistement d'une instance, perd en quelque sorte son caractère unilatéral et échappe, du coup, à la formalité de l'enregistrement de l'article 1840 A du Code général des impôts[6] (aujourd'hui devenu article 1589 du Code civil).

Cette solution vient d'être solennellement confortée par un arrêt d'Assemblée plénière rendu sous le triple visa des articles 1840 A du Code général des impôts et 2044 et 2052 du Code civil : « La transaction est une convention ayant entre les parties autorité de la chose jugée, stipulant des engagements réciproques interdépen-

---

2. *Bull. civ.* I, n° 130.
3. Civ. 3e, 4 février 1976, *Bull. civ.* III, n° 50.
4. V. *supra*, H. Kenfack, dans le présent ouvrage.
5. Civ. 1re, 25 mars 2003, n° 00-20.772, inédit.
6. Civ. 3e, 26 mars 2003, *RTD civ.* 2003. 496, obs. J. Mestre et B. Fages.

dants, dont la promesse de vente n'est qu'un élément, de sorte que l'article 1840 A du Code général des impôts est sans application »[7].

En exagérant quelque peu le trait (car la solution doit beaucoup, en l'espèce, à la volonté d'éviter la nullité édictée par le texte fiscal), tout se passe donc ici comme si la réciprocité des concessions venait d'une certaine façon bilatéraliser un engagement qui, en lui-même, est marqué par un fort caractère unilatéral. D'où l'expression « engagements réciproques interdépendants » qu'utilise ici l'Assemblée plénière. On retrouvera cette idée tout à l'heure lorsqu'il sera question de la remise de dette incluse dans la transaction.

Ces arrêts de 2003 et 2006 sont également intéressants sur un point. Ici, la promesse consentie par le promettant-transigeant l'avait été sous condition suspensive. Or peut-on accepter une concession... sous condition suspensive ? Rappelons, et c'est un point important, que les concessions s'apprécient au jour de la signature de la transaction. On peut donc estimer, en cas de concession soumise à condition suspensive, qu'une défaillance ultérieure de la condition devrait demeurer sans conséquence sur les effets contractuels et judiciaires de la transaction. Un même raisonnement pourrait être tenu en cas de concession... sous condition résolutoire dans le cas où l'événement érigé en condition viendrait à se réaliser. Pour résumer, les concessions conditionnelles doivent être tenues pour valables. Il ne faut simplement pas qu'elles soient potestatives.

Mais revenons à nos concessions. Il faut, donc, des concessions réciproques. Mais peu importe, et c'est le second aspect, qu'elles ne soient pas équivalentes.

B. Mais peu importe qu'elles ne soient pas équivalentes

La solution là aussi est bien acquise : pour la jurisprudence, il suffit que la transaction comporte des concessions réciproques, « quelle que soit leur importance relative »[8]. En d'autres termes, « réciprocité » n'est pas nécessairement synonyme d'« équivalence ». Y compris en droit du travail. Les juges ne vont donc pas jusqu'à exiger un équilibre parfait entre les concessions de chacun, ce qui est une position aussi classique qu'heureuse.

Est-ce dire qu'aucun contrôle n'est opéré ? Non, car sans même reparler des vices du consentement, dont il a déjà été question[9] et qui peuvent conduire les juges à se pencher de près sur les concessions consenties par les parties — je renvoie en particulier à un arrêt de la cour d'appel de Pau du 6 juin 2005[10] qui vient d'annuler pour erreur obstacle une transaction prévoyant le versement par un assureur d'une indemnité exorbitante de 76 000 euros alors que, dans son esprit, et eu égard au préjudice, il ne pouvait s'agir que de francs — il est toujours possible de sanctionner le carac-

7. Ass. plén., 24 février 2006, n° 04-20.525, *RLDC* 2006/27, n° 5, note B. Mallet-Bricout.
8. Soc. 13 mai 1992, *RTD civ.* 1992. 783, obs. P.-Y. Gautier.
9. V. *supra*, B. Mallet-Bricout.

tère dérisoire d'une concession. On peut esquisser une analogie avec la vente, où le défaut d'équivalence entre les prestations n'est pas sanctionné, ce qui n'empêche pas de remettre en cause le contrat en cas de prix dérisoire.

Or, pour que ce contrôle minimal puisse s'opérer, encore faut-il que les concessions puissent être contrôlées par le juge. Cela ne signifie pas qu'elles doivent être nécessairement chiffrées ou chiffrables, mais qu'au moins, l'interprète puisse se faire une idée de leur consistance.

Tout autre contrôle est-il exclu ? Bien que ce point soit rarement souligné, il est certain que le juge a le pouvoir de contrôler la licéité des concessions que les parties se sont consenties. Ainsi, si l'une de ces concessions est contraire à l'ordre public, notamment économique, elle sera considérée comme nulle. Dans ce cas, on peut penser que le tribunal sera conduit à annuler l'ensemble de la transaction, surtout lorsque celle-ci, comme c'est souvent le cas en pratique, comporte une clause d'indivisibilité, stipulant que toutes les clauses sont déterminantes du consentement des intéressés et forment un tout indissociable. Toutefois, et même en présence d'une telle clause, la nullité n'est pas inéluctable. D'abord parce que le juge ou l'arbitre compétents pourront estimer que l'annulation de la concession litigieuse n'affecte pas l'équilibre d'ensemble de la transaction, notamment en présence d'une pluralité de concessions. Ensuite parce qu'ils pourront considérer, au nom de l'ordre public méconnu, que la meilleure sanction consiste dans le maintien impératif de la transaction, abstraction faite de toute considération tenant au caractère déterminant de la concession frappée de nullité.

De surcroît, il faut admettre que le juge peut contrôler la possibilité même de la concession. En effet, on ne peut concéder l'impossible. Et je ne parle pas, ici, de la disponibilité des droits litigieux, mais de la possibilité, de la disponibilité de la chose ou du droit concédés (rappr. art. 2045 C. civ.). Il n'est pas certain, par exemple, qu'une concession puisse porter sur un droit éventuel ou un droit indivis.

Voilà pour les solutions bien acquises. Passons à présent aux questions plus incertaines.

II. QUESTIONS PLUS INCERTAINES

Ces questions sont les suivantes : en quoi consistent exactement les concessions réciproques ? (A) À quel titre les concessions réciproques sont-elles exigées ? (B)

A. En quoi consistent exactement les concessions réciproques ?

Un bref retour sur l'histoire des concessions réciproques peut être à cet égard éclairant.

10. *JCP* 2005. IV. 3420.

Dans son principe, mais dans son principe seulement, et non dans sa formulation, l'exigence de concessions réciproques s'inscrit dans la tradition romaine, et en particulier dans le Code de Justinien dont la loi 38 disposait qu'« une transaction ne peut avoir lieu sans donner, retenir ou promettre quelque chose ». Or, on sait que Domat n'attachait pas une grande importance à ce texte. Pour lui : « ce qui est dit dans cette loi (...) ne doit pas être pris au pied de la lettre. Car on peut transiger sans rien donner ou sans rien promettre ou sans rien retenir »[11]. Mais, en disant cela, que récusait Domat ? L'exigence même de concessions réciproques, qui n'est apparue que plus tard sous cette formulation, ou le triptyque quelque peu réducteur « donner, retenir ou promettre quelque chose » qui, dans son style, n'est pas sans évoquer le « donner, faire ou ne pas faire » de l'article 1101 du Code civil, auquel la transaction, en tant que contrat, n'échappe de toutes les façons pas ? Même s'il faut se résoudre à admettre que Domat concevait qu'une transaction puisse exister en l'absence de concessions, ses critiques n'auront pas été inutiles. En effet, sachant tous les débats que la classification des obligations de l'article 1101 a provoqués en doctrine, on ne peut que se réjouir d'avoir échappé à un article 2044 qui, dans la lignée du droit romain, serait venu définir la transaction comme un « contrat par lequel les parties terminent une contestation née, ou préviennent une contestation à naître, en s'engageant à donner, retenir ou promettre quelque chose ». L'exigence de concessions réciproques, rajoutée par la suite, est beaucoup plus ouverte, beaucoup plus accueillante que ce « donner, retenir ou promettre ». Il y a de quoi, rétrospectivement, donner raison à Domat.

Ajoutons que l'expression « concessions réciproques » est également plus large que celle employée par la Cour de cassation dans son arrêt, souvent cité comme étant l'arrêt de principe, du 3 janvier 1883 qui exige « un abandon réciproque »[12]. Or, si le mot « concession » peut recouvrir l'« abandon », c'est-à-dire la renonciation par l'un et/ou l'autre des intéressés à une partie de ses prétentions, il permet également d'englober la stipulation d'*engagements* au contenu beaucoup plus positif, prenant la forme d'une ou plusieurs obligations nouvelles, que l'une et/ou l'autre des parties prend alors à sa charge, éventuellement au profit de tiers. Il n'est d'ailleurs pas anodin que l'arrêt d'Assemblée plénière, qui a été évoqué plus haut, parle d'« engagements réciproques »[13].

Cette existence d'engagements, plutôt que de concessions au sens propre du terme, se vérifie dans ces transactions d'un nouveau type, que l'on conclut devant une autorité de régulation, comme par exemple devant le Conseil de la concurrence où peuvent être pris des engagements de modification des tarifs et des conditions générales, de modification de locaux ou de dénonciation de certains contrats.

---

11. Pour ces considérations historiques, v. C. Jarrosson, art. *préc.*, n° 9 et s.
12. Civ. 3 janvier 1883, *DP* 1883. 1. 457.
13. Ass. plén., 24 février 2006, *préc.*

Elle se vérifie aussi dans les transactions soumises au droit commun, où il est très fréquent qu'une partie s'engage à verser une indemnité, à réaliser des investissements, à souscrire à une augmentation de capital, à rétrocéder un bien, à consentir la conclusion ou la prolongation d'un contrat, à accepter telle ou telle clause, etc. Une même transaction pouvant prévoir un grand nombre de concessions, une pluralité d'engagements réciproques. Du reste, il suffit d'examiner quelques accords transactionnels pour s'apercevoir qu'en pratique les transactions, en plus d'éteindre le litige, sont souvent l'occasion d'un nouveau départ contractuel. Elles font souvent naître plus d'obligations nouvelles qu'elles ne tranchent de contestations... Obligations nouvelles qui, à leur tour, pourront donner lieu à un différend. D'où la fréquence des clauses compromissoires dans les accords transactionnels[14].

En bref, les concessions réciproques peuvent être d'une grande diversité. Elles ont devant elle le vaste champ que leur ouvre la liberté contractuelle. Satisfaisons-nous, par conséquent, que la question de savoir en quoi consistent exactement les concessions réciproques soit laissée relativement ouverte. À trop théoriser la question, à trop vouloir limiter le registre des concessions envisageables, on risquerait de limiter la liberté transactionnelle. Conservons donc à cette notion toute sa souplesse.

B. À QUEL TITRE LES CONCESSIONS RÉCIPROQUES SONT-ELLES EXIGÉES ?

Une première solution pourrait être de considérer qu'elles le sont à titre de validité. D'où l'annulation de la transaction qui ne comporterait pas de concessions réciproques ou dont l'une des concessions apparaîtrait dérisoire. Si les cas de nullité sont nombreux en droit du travail, discipline qu'on laissera de côté dans la mesure où les causes d'annulation tiennent au problème particulier de l'articulation entre le licenciement et la transaction, l'optique du droit civil est différente : on n'y raisonne pas en termes de validité. Et pourtant, en cette matière, il serait très tentant de considérer que les concessions réciproques se servant mutuellement de cause, le défaut de l'une devrait entraîner l'absence de cause de l'autre et, partant, la nullité de l'ensemble. Or, tel n'est pas le sens de la jurisprudence.

Certes, un arrêt de la première chambre civile du 9 juillet 2003 a jeté le trouble. Il a fait grief à une cour d'appel de ne pas avoir recherché si l'action en annulation d'une transaction dont elle était saisie sur le fondement des vices du consentement « ne devait pas être requalifiée en annulation pour défaut de concessions réciproques »[15]. Mais l'arrêt est isolé au sein de la jurisprudence. Et il n'est pas en ligne avec le consensus doctrinal qui tend à écarter le jeu de la nullité.

En effet, le défaut de concessions réciproques a traditionnellement pour seule conséquence la requalification de l'accord, qui n'a donc plus la valeur d'une tran-

---

14. V. par exemple, Paris 27 octobre 2005, *D.* 2006. J. 697, note T. Clay, qui utile l'expression très parlante de « contrats gigognes ».

15. Civ. 1re, 9 juillet 2003, *Bull. civ.* I, n° 174, *RDC* 2004. 1033, obs. X. Lagarde.

saction[16]. La solution est incontestablement préférable à celle de l'annulation. Ne serait-ce que parce qu'elle permet de donner effet à l'accord conclu par les parties, qui, certes, se verra privé de ses conséquences juridictionnelles, mais pourra demeurer obligatoire.

En voici un exemple, tiré d'un arrêt de la première chambre civile[17]. M. X est créancier de Mme Y, qui lui doit 310000 francs. Ils concluent un accord prévoyant que cette dette sera éteinte par le versement effectif de la moitié de la somme, soit 155 000 francs, à provenir de la vente d'un bien immobilier qu'a Mme Y à l'étranger, étant précisé que le conseil de M. X interviendra à cet acte de vente et que l'argent attendu sera versé au compte CARPA du conseil de Mme Y. Ayant agi en justice en nullité de cet accord, M. X n'obtient pas gain de cause devant la cour d'appel qui retient l'existence d'une transaction comportant des concessions réciproques. Mais quelles concessions ? D'un côté, voici un créancier qui concède une réduction de moitié de sa créance. De l'autre, une débitrice qui ne fait que fournir une assurance de paiement en acceptant que la somme soit bel et bien payée par le double effet de l'intervention du conseil du créancier et de la consignation de la somme. C'est bien peu et c'est même dérisoire. D'où le pourvoi en cassation formé par M. X qui reproche à la cour d'appel d'avoir violé les articles 1131 (exigence de la cause) et 2044 (concessions réciproques) du Code civil, alors que, selon lui, le caractère inexistant ou dérisoire d'une contrepartie entraîne la nullité de la transaction. La Cour de cassation rejette ce pourvoi en procédant par substitution de motifs : « Mais attendu qu'aux termes des articles 1134 et 1234 du Code civil, la remise conventionnelle de dette éteint l'obligation ; que les constatations de l'arrêt font ressortir que M. X avait, de façon éclairée et libre, consenti à l'acte, dont les clauses, dénuées d'obscurité ou d'équivoque, emportaient renonciation causée au solde de sa créance ; que, par ce motif de pur droit, relevé d'office après avertissement donné aux parties, et substitué à ceux critiqués par le pourvoi, il se trouve légalement justifié ».

Ainsi, dans cet arrêt, la transaction n'est pas nulle, mais le seul acte qui s'est formé est l'acte de remise de dette qui contient en lui-même sa propre cause, et qui, partant, suffit à lui seul à éteindre l'obligation. On ne déduira pas de cet arrêt qu'une remise de dette ne peut jamais constituer une concession dans une transaction — un arrêt antérieur a admis le contraire[18] — mais que, lorsqu'en face d'elle aucune concession ne lui sert de contrepartie, aucun engagement ne la bilatéralise, elle reste valable à l'état isolé.

Y verra-t-on une illustration de ce qu'à défaut de concessions réciproques la transaction doit être disqualifiée et, si possible, requalifiée ? Probablement. Mais dans certains cas, on peut aussi se demander s'il n'est pas préférable de considérer que la transaction, en l'absence de concessions, ne s'est tout simplement pas formée. Les

---

16. Com. 22 novembre 1988, *Bull. civ.* IV, n° 320 ; Civ. 1re, 4 mai 1976, *Bull. civ.* I, n° 157.
17. Civ. 1re, 1er juillet 2003, n° 01-14.887, inédit.
18. Com. 2 octobre 2001, *Bull. civ.* IV, n° 154 : « la remise de dette, qui a un caractère gratuit et onéreux, peut être consentie lors d'une transaction ».

concessions réciproques sont l'élément essentiel de la transaction, l'élément sans lequel elle ne se forme pas, sans lequel elle est inexistante, ce qui n'empêche pas de laisser subsister, lorsqu'elle est elle-même valable et causée, la concession solitaire, la malheureuse concession unilatérale.

Examinons maintenant quelques aspects rarement évoqués.

III. ASPECTS RAREMENT ÉVOQUÉS

Arrêtons-nous sur deux aspects originaux, situés d'un bout à l'autre de la vie de la transaction : l'offre de transaction (A) et l'avenant à la transaction (B).

A. L'OFFRE DE TRANSACTION

Il est exceptionnel que l'on se penche sur l'offre de transaction. Il faut dire qu'en pratique la transaction fait presque toujours l'objet d'un écrit. Ce qui est évidemment opportun sur le plan de la preuve (rappelons que l'écrit exigé par l'article 2044, alinéa 2, du Code civil ne l'est pas à titre de validité) et explique que la question se pose rarement de savoir à partir de quel moment et sur la base de quels éléments la transaction s'est formée.

Toutefois, rien n'interdit de nous interroger sur l'offre de transaction. Que doit-elle contenir ? Comme toute offre, il importe qu'elle renferme les éléments essentiels du contrat, et donc ici les engagements réciproques des deux parties. Aussi bien, le document qui ne détaillerait que les concessions auxquelles serait disposé son auteur ne devrait être considéré que comme une simple invitation à transiger. Cette invitation à transiger pourra-t-elle être interprétée, le cas échéant, comme une reconnaissance de responsabilité ? La Cour de cassation, dans un arrêt récent, n'y semble guère favorable[19].

Puisque l'on en est au stade de la formation du contrat de transaction, indiquons que les pourparlers qui précèdent la transaction sont parfois longs et complexes. Leur rupture pourra être éventuellement source de responsabilité. Dans ce cas, la faute s'appréciera-t-elle plus strictement, au nom de la liberté supérieure de ne pas transiger ? Inclura-t-on dans le préjudice réparable les coûts et les conséquences du procès que la non-conclusion de la transaction a, d'une certaine façon, contribués à entraîner ?

---

19. Com. 30 mars 2005, *Bull. civ.* IV, n° 75, à propos d'une offre de transaction envoyée par fax par un manutentionnaire à un transporteur maritime.

B. L'AVENANT À LA TRANSACTION

Évoquons très brièvement plusieurs questions. Peut-on, par un avenant, compléter une transaction incomplète et lui donner après coup son efficacité en y introduisant la concession qui faisait défaut ? Cela serait dommage d'exclure cette possibilité. En effet, dès lors que l'on admet que le défaut de concession réciproque n'affecte pas la validité de l'accord, rien n'interdit de le modifier jusqu'à ce qu'il remplisse toutes les conditions nécessaires pour mériter la qualification de « transaction ».

Est-il possible qu'un simple avenant modifie une transaction qui, dès le départ, comportait un ensemble de concessions et d'engagements réciproques ? Tant que la transaction n'a qu'une nature conventionnelle et n'a pas été homologuée, on ne voit pas ce qui s'y oppose : la transaction est un contrat et, comme tout contrat, elle peut être modifiée. Mais même après l'homologation, et dès lors, naturellement, que l'avenant reçoit l'accord des deux parties, il est permis de croire, au nom de la liberté contractuelle, que cela demeure encore possible.

Ordre public et transaction

William Dross
Professeur à l'université Lumière (Lyon II)

S'il fallait répondre aux canons de l'introduction et définir les termes du sujet, alors jamais celle-ci (ni *a fortiori* les développements subséquents) n'aurait eu la moindre chance de voir le jour. Assurément, nul n'a jamais su ce qu'est l'ordre public et sans doute personne ne sait-il non plus exactement ce qu'est une transaction, à moins que ce colloque n'apporte des lumières définitives, pourquoi pas... Renonçant à définir les notions d'« ordre public » et de « transaction », reste heureusement le troisième terme du sujet, la conjonction de coordination « et », sur laquelle il est possible de s'arrêter. La question des liens unissant l'ordre public et la transaction peut être appréhendée sous deux aspects, celui de la technique juridique, dans laquelle se complaît souvent le juriste, et celui de la politique juridique où, assumant ouvertement une posture militante, il s'aventure plus rarement.

Au plan technique, envisager les rapports qu'entretiennent l'ordre public et la transaction poursuit un vieux rêve, celui d'assigner à ce contrat des domaines dans lesquels il pourrait prospérer sans entrave et d'autres dans lesquels il serait prohibé. Tracer une ligne claire afin que le juriste s'y retrouve avec facilité : d'un coté les matières d'ordre public, où il serait interdit de recourir à la transaction, de l'autre celles où les parties, ayant la libre disposition de leurs droits, pourraient en user sans modération. Ce rêve est une chimère, d'abord parce que l'idée est trop simple pour être exacte. L'ordre public de protection n'a jamais constitué un obstacle radical à la transaction, si bien qu'il faudrait distinguer entre les règles relevant de l'ordre public de protection et celles relevant de l'ordre public de direction, seules ces dernières chassant la transaction[1]. Une telle entreprise supposerait de pouvoir faire clairement le départ entre ces deux catégories d'ordre public, tâche ardue. Ensuite parce que,

1. Comparer, pour une tentative d'isolement de matières « absolument indisponibles » dans lesquelles le recours à la transaction, et plus largement, aux modes alternatifs de règlement des litiges, serait impossible, même sous le contrôle du juge, S. Guinchard *et alii*, *Droit processuel, Droit commun et comparé du procès*, Dalloz, 2005, n° 592.

même dans les matières qui paraissent relever assez nettement de l'ordre public de direction, la transaction n'est jamais totalement absente. Ainsi, l'état des personnes est hors commerce et l'on enseigne généralement que la transaction en est bannie. Rien n'interdit toutefois à un époux dont le mariage est entaché d'une cause de nullité relative de renoncer à solliciter l'annulation de son union en contrepartie d'un avantage quelconque : la transaction ainsi conclue affecte pourtant directement sa qualité d'époux. Pareillement, le droit des procédures collectives, qui tend à la sauvegarde des emplois et du tissu économique, concerne indubitablement l'intérêt général : loin d'en être exclue, la transaction est seulement soumise à autorisation judiciaire[2]. Quant à la matière pénale, bastion de l'ordre public, la transaction gagne chaque jour davantage de terrain, ce dont témoigne la consécration de la composition pénale. Sans multiplier les exemples, il faut renoncer à cette idée simple qui n'est en définitive que simpliste selon laquelle la transaction n'aurait pas droit de cité dans les matières d'ordre public et cela, même à cantonner l'interdiction au seul ordre public de direction.

C'est en vérité autrement que se dessinent les relations entre ordre public et transaction : sans l'interdire radicalement dans aucun domaine, il s'agit de vérifier au cas par cas si le contenu de la transaction respecte les impératifs de l'ordre public. Parce que l'article 2046 du Code civil en fait un contrat, elle est pleinement soumise à son article 6 interdisant de « déroger, par des conventions particulières, aux lois qui intéressent l'ordre public et les bonnes mœurs ». De ce point de vue, la question des relations entre ordre public et transaction se posera parfois de manière parfaitement classique : chaque fois qu'une partie souscrit une obligation nouvelle en contrepartie de la renonciation du cocontractant à exercer une action en justice à son encontre, le caractère illicite ou immoral de l'objet de cette obligation nouvelle entraînera la nullité de la transaction sur le fondement de l'article 6[3]. Mais, ce qui fait en réalité difficulté, c'est toujours l'autre versant de la transaction, c'est-à-dire la renonciation à saisir les juridictions étatiques afin qu'elles connaissent du différend. Le droit positif peut-il tolérer une telle renonciation ? On aura tendance à répondre négativement toutes les fois que l'intervention d'un juge paraît nécessaire à la protection soit de l'intérêt général, soit des intérêts légitimes d'un renonçant faisant figure de partie faible. Les présentations doctrinales de la jurisprudence donnant

2. Art. L. 622-7 al. 2 C. com. Certes, la Cour de cassation a pu décider que la transaction aux termes de laquelle le liquidateur avait renoncé à l'effet extinctif attaché au défaut de déclaration d'une créance était nulle. Mais le fondement en est que « l'article 158 de la loi du 25 janvier 1985 ne confère pas au liquidateur, même autorisé par le juge commissaire, le pouvoir de renoncer à l'extinction d'une créance par l'article 53 de ladite loi » (Com. 23 novembre 1999, *D.* 2000, cah. dr. aff., p. 14, obs. A. L.). La nullité est fondée sur un défaut de pouvoir seulement : les créanciers y auraient-ils tous consenti qu'elle aurait très certainement été validée.

3. On peut qualifier ce type de transaction, avec M. Planiol et G. Ripert, de transaction constitutive, par opposition aux transactions simplement déclaratives. Sur la distinction, M. Planiol et G. Ripert, *Traité théorique et pratique de droit civil français*, tome IX, par A. Rouast, R. Savatier, J. Lepargneur et A. Besson, LGDJ, 1954, n° 1590 et 1591.

quelques gages à cette manière de voir, l'ordre public semble restreindre fortement l'usage de la transaction.

Dès cet instant, purement technique, l'interrogation sur les rapports entre ordre public et transaction devient un enjeu de politique juridique : eu égard aux intérêts que présente ce mode de règlement amiable des litiges, n'est-il pas souhaitable d'atténuer la vigueur d'un ordre public qui l'étouffe[4] ? On peut lire alors que « sauf à vouloir réduire à l'excès le domaine de la transaction, mode de conclusion naturel des processus de résiliation amiable des litiges, il faut admettre un allégement des contraintes de l'ordre public pesant sur cette convention : la raison en est que celle-ci, bien qu'issue d'une initiative privée, répond cependant à un objectif d'intérêt général qui n'est autre que la pacification des relations sociales »[5]. Avant cependant que de s'associer à ces vœux et d'appeler au nécessaire cantonnement de l'ordre public, encore faut-il prendre l'exacte mesure des forces de cet ennemi désigné de la transaction. Or à un double point de vue, celui-ci est loin d'avoir la puissance qu'on lui prête.

Il est d'abord courant de voir dans l'ordre public la source d'annulations de transactions auxquelles il est en réalité étranger. L'ordre public est une notion dont le juriste déplore souvent l'incertitude mais dont, en définitive, il s'accommode fort bien : toutes les fois qu'une transaction est annulée par la jurisprudence sans que le *ratio decidendi* de l'arrêt apparaisse clairement, l'ordre public est immédiatement convoqué au soutien de la solution. C'est donc à un regard critique qu'il convient de se livrer afin de trier le bon grain de l'ivraie. La référence à l'ordre public afin d'expliquer certaines solutions jurisprudentielles invalidant des transactions, doit être écartée lorsque cette notion est hors de cause : la contrainte qu'il fait peser sur la transaction n'est ici que virtuelle (I).

Ce premier effort accompli, on peut ensuite envisager posément l'impact réel de l'ordre public sur la transaction. À bien y regarder, le combat qu'entendent mener les partisans des solutions négociées des litiges contre l'emprise d'un ordre public tentaculaire[6] ne paraîtra guère nécessaire. Contrairement à l'image couramment véhiculée, celui-ci est d'une grande faiblesse et ne s'oppose que fort peu à la validité des transactions. L'ordre public de protection est totalement impuissant à interdire la transaction; quant à l'ordre public de direction, il est loin d'y faire toujours obstacle. Que la transaction en ait atteint le cœur avec la composition pénale est significatif de ce que l'équilibre des forces opère nettement en faveur de la transaction : l'ordre public ne la contraint finalement que de façon résiduelle (II).

---

4. « Les bénéfices attendus des règlements amiables, à savoir la pacification des conflits, peuvent légitimement être mis en concurrence avec les finalités des règles d'ordre public ; que ces dernières, dans des conditions à définir, s'effacent au cas où les parties en conflit parviennent à s'entendre, il ne doit pas y avoir d'obstacle de principe » (S. Guinchard *et alii*, *op. cit.*, n° 593).

5. X. Lagarde, « Transaction et ordre public », *D.* 2000. 217 sq., n° 13.

6. Notamment en raison de « l'infini développement de l'ordre public de protection » (X. Lagarde, *op. cit.*, n° 1).

I. L'ORDRE PUBLIC, CONTRAINTE VIRTUELLE

L'idée de transaction est inséparable de celle de renonciation : opposer le caractère bilatéral de la première à l'unilatéralisme de la seconde ne suffit pas à rendre ces institutions étrangères l'une à l'autre. Transiger suppose de renoncer au procès qui avait été sinon intenté, du moins projeté; si bien que toute transaction véritable porte abandon définitif d'une action en justice. On ne s'étonnera pas alors que qui s'interroge sur le domaine de la transaction s'enquière d'une réponse dans l'étude du domaine de la renonciation. Chaque fois que la renonciation à un droit est interdite, la transaction, parce qu'elle induit de renoncer à l'action en justice qui le garantit, doit l'être pareillement. Il suffira donc de transposer à la transaction les hypothèses de prohibition de la renonciation pour en fixer le domaine, ce qui présente l'avantage, d'une part, de profiter d'un effort de réflexion déjà accompli ailleurs et, d'autre part, plus noblement, d'assurer la cohérence de solutions dont rien ne justifie *a priori* qu'elles puissent diverger.

Or, la notion d'ordre public joue un rôle clé quant à la détermination du domaine de la renonciation[7]. Alors qu'on aurait pu penser que toute renonciation à un droit qualifié d'ordre public serait par principe interdite, doctrine et jurisprudence se sont autrement prononcées, admettant une telle renonciation à la condition qu'il s'agisse d'un droit acquis. « S'il est interdit de renoncer par avance aux règles de protection établies par une loi d'ordre public, il est en revanche permis de renoncer aux effets acquis de telles règles »[8] énonce avec netteté la Cour de cassation, généralisant certaines dispositions éparses du Code civil, interdisant de renoncer tant à une succession non ouverte[9] qu'à une prescription non accomplie[10] ou encore à la révocation d'une donation pour survenance d'un enfant non venu[11]. Raisonnant *a pari*, la doctrine distingue fréquemment les transactions portant sur des droits acquis, dont la validité ne ferait pas de doute, des transactions relatives à des droits non acquis, que l'ordre public condamnerait.

---

7. Même si la jurisprudence se réfère parfois à l'idée de « droit dont les parties ont la libre disposition » plutôt qu'à la notion même d'ordre public pour départir les hypothèses où la renonciation est admise et celles où elle doit être inefficace (par ex. Com. 2 mars 1999, n° 97-12577, *Bull. civ.* IV, n° 52), emboîtant ainsi le pas au législateur (v. ainsi l'acquiescement à la demande admis « pour les droits dont les parties ont la libre disposition » : art. 408 NCPC). On a souligné cependant que la notion n'est guère plus précise que celle d'ordre public et qu'elle « témoigne davantage d'un changement de pied terminologique que notionnel » (D. Houtcieff, *Rép.* Civ., v. « Renonciation », 2004, n° 43), même si d'autres ont observé que « tandis que le critère de l'ordre public vise les règles de droit, celui de la libre disponibilité vise les droits qui naissent d'une situation juridique » (B. Fauvarque-Cosson, *Libre disponibilité des droits et conflits de lois*, LGDJ, 1996, n° 92).

8. Civ. 1re, 17 mars 1998, n° 96-13972, *Bull. civ.* I, n° 120; *JCP* 1998. II. 10148, note S. Piedelièvre. V. aussi Soc. 16 mars 1999, n° 96-44551, *Bull. civ.* V, n° 125; Soc. 5 février 2002, n° 99-45861, *Bull. civ.* V, n° 54.

9. Art. 1130 al. 2.

10. Art. 2220.

11. Art. 865.

Cette clé de lecture n'est cependant pas satisfaisante dans la mesure où elle conduit à rattacher à la problématique de l'ordre public des questions qui n'en révèlent pas véritablement et à étendre ainsi à l'excès l'emprise d'une notion insaisissable sur un contrat obscur. Revenir quelques instants tant sur la nature de la transaction (A) que sur sa portée (B) permet d'expliquer certaines solutions jurisprudentielles sans qu'il y ait lieu d'en appeler à la notion d'ordre public.

A. ORDRE PUBLIC ET NATURE DE LA TRANSACTION

Directement empruntée à la problématique des renonciations, la distinction entre droits d'ordre public acquis et non acquis est très fréquemment mobilisée en matière de transaction. Voici un père qui, transigeant avec son fils prodigue, accepte de lui verser un capital en contrepartie de sa renonciation à lui réclamer dans le futur des aliments pour le cas où il tomberait dans le besoin. Une telle transaction sera déclarée nulle parce qu'elle concerne un droit non acquis, autrement dit seulement éventuel, le fils n'étant pas encore dans le besoin. S'il est vrai que les tribunaux n'ont pas eu à connaître d'une telle espèce, ils ont en revanche annulé une transaction entre époux déterminant le montant d'une prestation compensatoire alors qu'aucune procédure de divorce n'avait été engagée[12], et celle qui, passée lors d'une séparation de corps, fixait le montant de la prestation compensatoire pour le cas où elle serait convertie en divorce[13]. Fut pareillement annulée la transaction par laquelle un salarié, dont le contrat de travail était en cours, renonçait à l'indemnité conventionnelle prévue en cas de licenciement, en contrepartie de l'attribution immédiate d'une compensation financière[14]. L'idée serait toujours que l'ordre public — ici de protection — s'oppose à ce qu'on puisse transiger sur un droit qu'il garantit, toutes les fois que celui-ci n'est pas encore né.

En dépit de sa large réception, on peut penser que cette analyse de la problématique n'a pas lieu d'être et que la notion d'ordre public n'a aucun rôle à jouer dans ces hypothèses. Si la transaction ne peut être admise, ce n'est pas tant en effet l'ordre public qui s'y oppose que sa nature même.

« La transaction est un contrat par lequel les parties terminent une contestation née, ou préviennent une contestation à naître » dispose l'article 2044 du Code civil. La généralité de la définition rend difficile la délimitation de son champ d'application exact, lequel peut cependant être précisé au regard de ses effets. Dès l'instant où l'article 2052 la dote de l'autorité de la chose jugée en dernier ressort, son but appa-

---

12. « Attendu qu'aucune procédure de divorce n'étant engagée, les époux ne pouvaient valablement transiger sur leur droit futur à une prestation compensatoire » : Civ. 2e, 21 mars 1988, n° 86-16598, *Bull. civ.* II, n° 74; *Gaz. pal.* 1989. 1, p. 38, note J. Massip.

13. Civ. 2e, 10 mai 1991, n° 90-11008, *Bull. civ.* II, n° 140.

14. Soc. 3 mars 1998, n° 95-43779, *Bull. civ.* V, n° 110. *Adde.*, pour une transaction invalidée en ce qu'elle portait renonciation à agir contre l'employeur en cas d'accident du travail futur : Civ. 8 janvier 1900, *DP* 1904. I. 606.

raît clairement : mode alternatif de règlement des litiges, la transaction s'impose comme un avatar du jugement auquel elle emprunte sa force. Il s'agit d'éteindre un litige par une solution convenue entre les parties plutôt que dictée par l'*imperium* du juge. Si la transaction est un décalque du jugement, elle ne doit être admise que dans les cas où un tel jugement pouvait être rendu si les parties, plutôt que de transiger, l'avaient voulu. Or le fils prodigue, non encore tombé dans l'indigence, aurait-il pu saisir le tribunal sur le fondement de l'article 203 du Code civil et obtenir que celui-ci se prononce au fond[15] ? L'époux qui n'a intenté aucune procédure de divorce serait-il admis à réclamer judiciairement une prestation compensatoire à son conjoint ? Le salarié peut-il au cours de l'exécution du contrat de travail réclamer à son employeur une indemnité de licenciement ? La réponse est évidemment négative : de telles demandes seraient déclarées irrecevables, les conditions de naissance de ces droits n'étant pas réunies. Parce qu'une telle action en justice n'est pas ouverte, aucune transaction à son sujet ne peut alors être conclue : pas d'intérêt, pas d'action... pas de transaction. La nullité de la transaction ne découle donc pas de sa contrariété avec l'ordre public mais bien plutôt de son absence d'objet. L'objet du contrat de transaction consiste en effet à mettre fin à un litige qui, ici, n'a aucune consistance réelle faute de pouvoir prétendre prospérer devant un juge.

Ce n'est donc qu'une fois la demande en justice recevable, parce que le créancier d'aliments est dans le besoin, que la procédure de divorce a été engagée, ou que le salarié a été licencié, que la question de la validité de la transaction se pose alors réellement en termes d'ordre public : peut-on tolérer l'éviction du juge étatique dans un tel domaine dès lors que l'une des parties est *a priori* en position de faiblesse ?

Cette analyse permet d'éclairer la jurisprudence rendue par la chambre sociale à propos des transactions conclues entre employeur et salarié dans le cadre de la rupture du contrat de travail. Le but recherché par les parties est évident : il s'agit de négocier la fin de la relation contractuelle de travail, le salarié s'engageant à ne pas contester les motifs fondant la rupture du contrat, en contrepartie du paiement d'une indemnité souvent substantielle. Dans un premier temps, la Cour de cassation a reconnu la pleine validité de ces transactions : le salarié pouvait valablement renoncer à contester en justice son licenciement, dès lors que cette renonciation avait pour contrepartie un avantage financier consenti par l'employeur[16]. Le contrôle judiciaire de telles transactions, conclues à un moment où l'une des parties était sous la subordination de l'autre, ne s'opérait qu'*a minima*, sur le fondement des vices du consentement. Confrontée à la fréquence de telles transactions, souvent peu protectrices des intérêts des salariés, la Cour de cassation a renforcé son contrôle à par-

15. Nous nous plaçons dans l'hypothèse où le créancier d'aliments présenterait sa demande en reconnaissant qu'il n'est pas encore dans le besoin. Dans le cas contraire, le juge examinera au fond si le besoin existe ou non.

16. Soc. 1er mars 1979, n° 77-40891, *Bull. civ.* V, n° 202 : constitue une transaction un acte portant tant sur une résiliation anticipée du contrat de travail que sur le règlement financier des activités passées du salarié.

tir de 1996[17], en recourant à l'idée d'ordre public. Les décisions visent aujourd'hui fréquemment l'article L.122-14-7 du Code du travail[18], lequel dispose que « l'on ne peut renoncer par avance à se prévaloir des règles qui concernent le licenciement ». La chambre sociale énonce à titre de principe que « si les parties à un contrat de travail peuvent y mettre fin par consentement mutuel, elles ne peuvent transiger sur les conséquences de la rupture qu'une fois celle-ci intervenue et définitive »[19]. Il en résulte que la transaction ne saurait jamais concerner le principe même de la rupture du contrat de travail, laquelle ne peut s'opérer que selon les formes classiques, licenciement, démission voire accord des parties. Celles-ci ne peuvent transiger que sur les conséquences d'une rupture accomplie du contrat de travail. Si la voie du licenciement a été suivie, cela implique que la transaction ne sera valable qu'à condition d'être conclue après la notification du licenciement au salarié[20]. On explique généralement cette jurisprudence en mettant en avant le caractère d'ordre public de la procédure de licenciement, protectrice du salarié, que les parties ne sauraient évincer en recourant à la transaction[21].

En réalité, ici encore, c'est davantage la nature de la transaction qui s'oppose à ce qu'un salarié puisse transiger avec son employeur à la fois sur le principe de la rupture et sur ses conséquences, qu'un quelconque ordre public de protection attaché à la procédure de licenciement. Toute transaction suppose un litige entre les parties qui, faute d'être effectivement soumis aux tribunaux, soit à tout le moins susceptible de l'être. Ici, le litige que les parties ambitionnent de prévenir a trait aux conditions du licenciement. Il s'agit que le salarié renonce à en contester le fondement, en contrepartie de quoi l'employeur lui versera une indemnisation convenue. Or, il est clair que tant qu'aucun licenciement n'est intervenu, le salarié ne saurait voir aucune action en justice relative à celui-ci jugée recevable. Faute d'action en justice, l'idée même d'une transaction destinée à la prévenir est privée de sens. Si la Cour de

---

17. Soc. 29 mai 1996, n° 92-45115, *Bull. civ.* V, n° 215 : il résulte des articles 1134 et 2044 du Code civil que « si les parties à un contrat de travail décident, d'un commun accord, d'y mettre fin, elles se bornent à organiser les conditions de la cessation de leurs relations de travail, tandis que la transaction consécutive à une rupture du contrat de travail par l'une ou l'autre des parties a pour objet de mettre fin, par des concessions réciproques, à toute contestation née ou à naître résultante de cette rupture ; qu'il s'ensuit que la transaction ayant pour objet de mettre fin au litige résultant d'un licenciement ne peut valablement être conclue qu'une fois la rupture intervenue définitive ».

18. Parfois aussi l'article L. 122-14-1 du même code qui fixe la procédure de licenciement.

19. Soc. 15 janvier 1997, n° 93-44010, *Bull. civ.* V, n° 22.

20. En présence d'un salarié protégé, la transaction ne peut valablement intervenir qu'après autorisation administrative : Soc. 16 mars 2005, n° 02-45293, *Bull. civ.* V, n° 98.

21. Par exemple, J.-M. Sportouch, « Transaction, rupture amiable et chronologie », *Études offertes à J. Pelissier, Analyse juridique et valeurs en droit social*, Dalloz, 2004, p. 511 sq., p. 513. On remarquera qu'il était possible de ne pas se fonder sur l'idée d'ordre public pour se contenter d'en appeler à l'existence d'un consentement libre chez le salarié. Un tel fondement conduirait alors à invalider toute transaction conclue alors que le salarié se trouve encore sous la dépendance de son employeur, notamment pendant la période de préavis lorsqu'elle est travaillée (en ce sens, J. Pelissier, obs. sous Soc. 15 janvier 1997, *Dr. soc.* 1997. 419. Critique : J.-M. Sportouch, *op. cit.*, p. 521 sq.).

cassation annule à juste titre de telles transactions, c'est donc moins en raison d'un quelconque ordre public de protection qui interdirait au salarié de renoncer à un droit non encore acquis qu'en raison de l'absence d'objet d'une telle transaction.

D'ailleurs, au plan des sanctions, la Cour de cassation considérait avec justesse que la nullité de telles transactions pouvait être invoquée tant par l'employeur que par le salarié[22]. Elle a cependant modifié sa jurisprudence et estime aujourd'hui que seul le salarié peut s'en prévaloir[23], à moins qu'il ne s'agisse d'un salarié protégé[24], la nullité de la transaction étant alors absolue, compte tenu de l'intérêt général qui s'attache à la protection de tels salariés. Il est clair que l'analyse du problème menée par la doctrine en termes d'ordre public, dont il faut chaque fois se demander s'il est de direction ou de protection, devait tôt ou tard imprimer sa marque sur le régime de la nullité. Elle contribue pourtant à fausser la problématique. Il est toutefois symptomatique de relever que la Haute juridiction est réticente à tirer toutes les conséquences s'évinçant de la solution qu'elle a consacrée. Si vraiment une telle transaction était frappée de nullité relative, alors sa confirmation devrait être pleinement admise. Or, ce n'est pas en ce sens que la Cour de cassation se prononce[25], ce qui laisse penser que l'analyse en termes de nullité relative n'est pas satisfaisante.

B. Ordre public et portée de la transaction

Le cantonnement du recours à l'ordre public en matière de transaction, opéré au regard de la notion même de « transaction », peut jouer sur un second plan. Dès lors que la transaction est un avatar de la décision judiciaire, non seulement ses conditions d'existence mais encore sa portée doivent nécessairement être calquées sur celles du jugement. Or certaines difficultés, traditionnellement abordées sous l'angle de la notion d'« ordre public », pourraient être utilement détachées de cette question pour être rendues à leur champ véritable, celui de la portée de la transaction.

L'exemple le plus net est donné par les transactions conclues entre une victime et l'assureur du responsable. Une des questions récurrentes en ce domaine a été de savoir si la transaction conclue entre les parties pouvait valablement concerner les évolutions ultérieures du préjudice. En pratique, les accords transactionnels sont en effet rédigés très largement, de manière à exclure toute indemnisation supplémentaire en cas d'aggravation du préjudice. Le souci de protection de la victime a évi-

22. Soc. 24 octobre 2000, n° 98-41192, *Bull. civ.* V, n° 344.
23. Soc. 28 mai 2002, n° 99-43852, *Bull. civ.* V, n° 182.
24. Soc. 10 juillet 2002, n° 00-40301, *Bull. civ.* V, n° 249.
25. Dans une affaire où un salarié avait conclu une transaction quatre mois avant la notification du licenciement, puis à nouveau signé un mois après le licenciement un protocole transactionnel reprenant le premier, elle a cassé l'arrêt des juges du fond ayant validé la transaction après avoir constaté l'existence de concessions réciproques et sa postériorité au licenciement au motif que « la transaction procédait en réalité d'un échange de consentements antérieur à la notification du licenciement et n'était donc pas valable » : Soc. 9 juillet 2003, n° 01-41202, *RJS* 2003, n° 1163, sur lequel, J.-M. Sportouch, *op. cit.*, p. 518 sq.

demment conduit les tribunaux à rechercher les moyens propres à écarter la force de tels accords[26]. L'article 2049 du Code civil affirmant que « les transactions ne règlent que les différends qui s'y trouvent compris, soit que les parties aient manifesté leur intention par des expressions spéciales, ou générales, soit que l'on reconnaisse cette intention par une suite nécessaire de ce qui y est exprimé », parfois utilisé à cette fin[27], n'est cependant que d'un maigre secours face aux clauses claires de l'acte qui visent tous les préjudices nés ou à naître issus du fait dommageable. Aussi les tribunaux ont-ils eu fréquemment recours à l'erreur sur l'objet de la transaction, jugeant que constitue « une erreur sur la substance même de la chose qui était l'objet du contrat, la méconnaissance totale, par la victime, d'une infirmité non encore advenue et découlant cependant du préjudice »[28]. Mais l'outil ne répond que très malaisément à l'usage qu'on veut en faire dès lors que la volonté de parties qui mentionnent clairement que la transaction inclut toutes les évolutions ultérieures du préjudice ne peut guère être entachée d'erreur. Si bien que la notion d'erreur n'a guère sa place ici : comme on a pu le souligner, « en réalité, c'est le fait que la transaction puisse régler de manière définitive, y compris les conséquences imprévisibles de l'accident, ou des éléments de préjudice nouveaux, n'ayant pas été envisagés lors de l'évaluation, qui est contesté », parce que « ceci porte atteinte au principe de réparation intégrale, principe directeur fondamental en droit de la réparation »[29]. Autrement dit, c'est l'ordre public qui s'opposerait à l'admission de la transaction dans ce domaine. De la même manière que les clauses exclusives ou limitatives de responsabilité sont annulées sur ce fondement en matière délictuelle, le seraient les transactions conclues postérieurement à la cause du dommage, mais portant sur les conséquences futures et imprévisibles de l'accident : la victime ne saurait transiger sur un droit d'ordre public qui n'est pas encore acquis à son profit, faute pour le préjudice de s'être d'ores et déjà manifesté.

Il nous semble pourtant une fois encore que, si la notion d'erreur est invoquée indûment par la jurisprudence, le concept d'ordre public ne l'est pas moins par les auteurs. La question ne se pose pas en effet en termes de validité de la transaction mais d'effets de celle-ci. Équivalent d'un jugement, elle ne saurait cristalliser la situation des parties avec une force supérieure à celui-ci. Or, l'Assemblée plénière de la

---

26. Bien que dans un premier temps, la jurisprudence se soit montrée sévère à l'égard des victimes, leur refusant tout recours judiciaire faute pour elles d'avoir pris la précaution d'insérer dans la transaction des réserves relatives à l'évolution du préjudice : Civ. 1re, 14 mars 1961, *Bull. civ.* I, no 161 (*adde*. Civ. 1re, 6 octobre 1964, *Bull. civ.* I, no 425).

27. Civ. 1re, 9 juillet 1963, *Bull. civ.* I, no 381, mais la motivation exacte de l'arrêt demeure confuse.

28. Civ. 1re, 8 mars 1966, *Bull. civ.* I, no 171 : la transaction est annulée pour erreur dès l'instant que « les parties n'ont pas pu connaître, au moment de sa conclusion, l'existence de lésions qui se sont révélées seulement plus tard », alors même que l'accord englobait expressément l'éventualité d'une aggravation ultérieure du préjudice. *Adde*., Civ. 1re, 30 mai 1985, no 84-12619, *Bull. civ.* I, no 170. Civ. 2e, 10 janvier 1990, no 88-15112, *Bull. civ.* II, no 9.

29. Ch. Boillot, *La transaction et le juge*, préface P. Le Cannu, PU Clermont-Ferrand, LGDJ, 2003, no 968.

Cour de cassation a fixé de manière nette la portée de l'autorité de la chose jugée attachée aux décisions de justice statuant sur la réparation du dommage en matière délictuelle. Dans un arrêt du 9 juin 1978, les hauts magistrats ont estimé qu'une demande d'indemnisation complémentaire, introduite postérieurement à une décision passée en force de chose jugée ayant statué sur le préjudice, restait recevable « en cas d'aggravation de l'état de la victime, ou lorsqu'elle est fondée sur un élément qui ne s'est révélé qu'après le jugement de la première demande »[30]. Parce que la transaction est revêtue, aux termes de l'article 2052 du Code civil, de la même autorité que celle attachée aux décisions de justice, elle ne saurait avoir d'effet extinctif plus marqué. Il est par conséquent naturel que la transaction ne fasse nullement obstacle à la saisine du juge pour obtenir la réparation du préjudice nouveau résultant de l'aggravation de l'état de la victime. On doit donc tenir la transaction portant indemnisation *définitive* de la victime pour parfaitement valable mais partiellement inefficace, conclusion opposée à celle s'évinçant du recours à l'ordre public qui impose au contraire d'en prononcer la nullité. Au plan technique, les conséquences de ces analyses diffèrent. Admettre la nullité d'une telle transaction permet au juge saisi d'une question de réparation du dommage résultant d'une aggravation de l'état de la victime de revenir sur ce qui a été décidé par les parties quant à l'indemnisation du préjudice initial[31]. Au contraire, analyser la situation en terme d'étendue de la transaction permet de laisser subsister l'accord des parties, dans les dimensions qui doivent être les siennes : le juge ne pourra se prononcer que sur le strict dommage résultant de l'aggravation[32].

La question des transactions conclues en matière d'aliments permet d'opérer de semblables observations. Si l'ordre public ne s'oppose pas radicalement à ce que le créancier puisse transiger avec le débiteur, les auteurs soulignent toutefois que « le régime de la transaction en matière alimentaire doit tenir compte de la règle essentielle de la variabilité (ou révisibilité) de toute pension alimentaire ; c'est-à-dire que celle-ci est toujours susceptible d'augmenter ou de diminuer en fonction de l'évolution des besoins et des moyens du créancier et du débiteur. Une transaction ne peut donc pas, bien qu'elle porte sur une créance actuelle, « figer » une dette alimentaire au mépris de cette règle. Elle retomberait alors sous le coup de l'ordre public »[33].

30. Ass. plén., 9 juin 1978, n° 76-10591, *Bull. Ass. plén.* n° 3. V. auparavant déjà, Civ. 2e, 15 octobre 1975, n° 74-12117, *Bull. civ.* II, n° 261 et Civ. 2e, 7 avril 1976, n° 74-14315, *Bull. civ.* II, n° 112.

31. À moins de se contenter d'une nullité partielle de la transaction, laquelle est généralement tenue pour impossible en raison de la nature objectivement indivisible de la transaction (Ph. Simler, *La nullité partielle des actes juridiques*, LGDJ, 1969, n° 301 sq. Comp. cependant : Civ. 1re, 29 mai 1985, n° 84-11626, *Bull. civ.* I, n° 167).

32. Comparer, en matière judiciaire, les arrêts cassant les décisions de juges du fond ayant calculé l'indemnisation résultant de l'aggravation de l'état de la victime en se bornant à déduire de l'évaluation totale du préjudice existant au jour de leur décision la somme allouée lors du premier jugement. La solution revient en effet à réévaluer les sommes attribuées par les premiers juges au titre de l'érosion monétaire (v. sur ces arrêts, Y. Lambert-Faivre, *Droit du dommage corporel et systèmes d'indemnisation*, Dalloz, 2000, n° 168).

33. D. Veaux, *J-Cl. Civ.*, art. 2044 à 2048, fasc. 20, « Transaction, domaine », n° 8.

L'appel à l'ordre public comme fondement d'une solution jurisprudentielle bien assise[34] et parfaitement légitime est pourtant à nouveau impropre. Parce que la transaction est l'avatar contractuel du jugement, elle doit nécessairement pouvoir être reconsidérée dans la même mesure que la décision judiciaire qui aurait clos la dispute si les parties n'étaient pas parvenues à s'entendre. Or, l'article 209 du Code civil autorise expressément la révision des pensions alimentaires alors même qu'elles auraient été fixées par une décision passée en force de chose jugée[35] en cas de changement dans les besoins du créancier ou les ressources du débiteur. Il ne s'agit donc pas ici, au moyen de l'ordre public, de borner la puissance des volontés individuelles en leur interdisant radicalement de transiger en matière de droits alimentaires, seulement de calquer la portée extinctive de la transaction effectivement conclue sur celle d'une décision judiciaire potentiellement rendue [36].

II. L'ORDRE PUBLIC, CONTRAINTE RÉSIDUELLE

La notion même de « transaction », jugement conventionnel, permet d'expliquer un certain nombre de solutions jurisprudentielles sans qu'il soit nécessaire de recourir à la notion évanescente d'« ordre public », que l'on contribue d'ailleurs, ce faisant, à dissoudre davantage. Reste que les observations qui précèdent sont loin d'épuiser les manifestations de l'ordre public en matière de transaction et qu'il faut alors s'interroger sur le rôle qu'il peut légitimement jouer dans ce contrat spécifique. On peut alors distinguer selon qu'il s'agit d'un ordre public de protection ou de direction. Certes, la distinction entre ces deux dimensions de l'ordre public est critiquée[37] : défendre les intérêts d'une catégorie sociale particulière considérée comme étant *a priori* en situation de faiblesse dans les rapports contractuels, c'est toujours viser à une certaine paix sociale et donc agir dans le sens de l'intérêt général, lequel est l'objet même de l'ordre public dit de direction. Néanmoins, l'absence de frontière nette entre ces deux catégories d'ordre public et plus encore, leur interpénétration, ne

---

34. Civ. 2ᵉ, 18 mars 1954, *Bull. civ.* II, nº 123 ; Civ. 2ᵉ, 30 janvier 1958, *Bull. civ.* II, nº 88 ; *D.* 1958. 689, note G. Cornu ; Civ. 2ᵉ, 3 juin 1967, *Bull. civ.* II, nº 234.

35. La solution ayant d'ailleurs été étendue aux pensions ayant un caractère mixte, à la fois indemnitaire et alimentaire (prestation compensatoire) : Civ. 2ᵉ, 21 mars 1988, nº 86-16598, *Bull. civ.* II, nº 74.

36. On remarquera que la solution diffère logiquement en présence d'une obligation alimentaire naturelle ayant fait l'objet d'un engagement d'exécution de la part du débiteur. En effet, la loi ne mettant pas à la charge de ce dernier une telle obligation, il peut parfaitement, en s'engageant à l'assumer, en borner la portée et décider qu'elle ne serait pas révisable, même en cas d'augmentation des besoins du créancier. Cependant, en l'absence d'une telle clause d'invariabilité, la jurisprudence estime que le juge conserve son pouvoir de révision judicaire (Civ. 2ᵉ, 25 janvier 1984, nº 82-14595, *Bull. civ.* II, nº 13 ; *JCP* 1986. II. 20540, note A. Batteur ; *D.* 1984. 442, note C. Philippe).

37. P. Catala, « À propos de l'ordre public », in *Le juge entre deux millénaires. Mélanges P. Drai*, Dalloz, 2000, p. 511 sq.

condamne pas radicalement la pertinence de la distinction. Le but immédiat de l'ordre public de protection n'est pas l'intérêt de la société toute entière mais d'une catégorie sociale supposée faible, même si médiatement l'intérêt général est impliqué. Pour la question de la transaction en tout cas, la distinction nous semble fournir une ligne de partage assez claire : tandis que l'ordre public de protection (A) ne doit avoir qu'une place très faible sinon nulle en matière de transaction parce qu'existent des mécanismes de relais propres à garantir une protection suffisante des intérêts particuliers en cause, l'ordre public de direction (B) s'oppose plus fermement à ce que les parties puissent valablement convenir de ne pas porter leur différend devant les juridictions étatiques.

A. Défaillance de l'ordre public de protection

L'ordre public de protection n'a guère de prise sur la transaction : il n'en borne pas le domaine. La chose s'illustre d'abord au sujet de la transaction par laquelle le contractant qui aurait conclu un acte entaché de nullité relative renoncerait à en solliciter en justice l'annulation en contrepartie d'un avantage quelconque. Une telle transaction est parfaitement valable, à condition souligne-t-on qu'elle soit exempte du vice qui atteignait l'acte originaire[38] : elle vaut alors confirmation. D'ailleurs, l'article 2054 porte qu'il y a « lieu à l'action en rescision contre une transaction lorsqu'elle a été faite en exécution d'un titre nul, à moins que les parties n'aient expressément traité sur la nullité ».

Plus intéressante est la situation des parties légalement supposées être en situation de faiblesse dans un rapport contractuel, sans exhaustivité, victimes d'un dommage, créanciers d'aliments, preneurs, salariés, *etc.* L'ordre public doit-il conduire à leur refuser le droit de manier la transaction, de peur que, maladroits, ils n'y perdent les avantages que la loi voulait leur réserver ? La brutalité d'une telle solution, qui garantit la protection de l'individu au prix coûteux de sa liberté contractuelle, explique qu'elle ne soit mise en œuvre qu'à condition d'apparaître comme le seul moyen propre à garantir la protection recherchée. En revanche, toutes les fois que d'autres instruments juridiques permettront d'assurer cet objectif de protection, l'ordre public sera congédié et la transaction validée. Or, ces instruments existent : tant le contrôle de l'intégrité du consentement que celui de l'équilibre de l'accord résultant de l'existence de concessions réciproques permettent de faire reculer l'emprise de l'ordre public de protection. Si bien qu'en définitive, victimes, créanciers d'aliments, preneurs ou salariés pourront valablement transiger.

La victime d'un dommage mérite la protection du droit. Ce souci aurait pu conduire à lui interdire de transiger sur la réparation afin d'éviter qu'elle ne renonce trop rapidement à une action en justice qui lui aurait permis d'obtenir davantage du responsable. Il n'en va pas ainsi : la validité de la transaction conclue entre la vic-

38. Par exemple, P. Chauvel, *Rép. Civ.*, v. « Transaction », n° 158.

time et le responsable a toujours été admise et cela quand bien même un simple particulier transigerait avec une multinationale d'assurances[39]. De ce point de vue, la loi du 5 juillet 1985 relative aux accidents de la circulation est remarquable. Loi d'ordre public[40], elle ne condamne nullement les transactions dans leur principe, au contraire puisque l'assureur est tenu de transmettre à la victime une offre transactionnelle; mais c'est par d'autres mécanismes, moins frustes, qu'elle réalise la protection des victimes. L'assureur doit d'abord détailler dans son offre l'ensemble des chefs de préjudice concernés par la somme proposée[41], ce qui permet de circonscrire l'étendue de l'accord : l'interprétation stricte de la transaction protégera la victime[42]. Ensuite, l'acceptation de l'offre transactionnelle par la victime ne lui interdit pas de solliciter une indemnisation complémentaire en cas d'aggravation du préjudice, cela pendant dix ans[43] : la protection s'opère classiquement par la limitation de la portée extinctive de la transaction. Existent enfin un droit de dénonciation discrétionnaire dans les quinze jours qui suivent la conclusion de la transaction[44] ainsi que des sanctions spécifiques touchant l'assureur qui proposerait une offre d'indemnisation manifestement insuffisante[45]. Cette impuissance de l'impératif de protection des victimes à condamner la transaction persiste en cas d'infraction pénale : l'article 2046 du Code civil dispose clairement qu'« on peut transiger sur l'intérêt civil qui résulte d'un délit ».

La place de la transaction dans le domaine des baux spéciaux est excessivement confuse, d'abord parce qu'on n'hésite pas à qualifier de tels des accords qui n'en sont pas[46], ensuite parce qu'à en croire les auteurs, la jurisprudence aurait annulé à plusieurs reprises des transactions allant à l'encontre des dispositions d'ordre public du statut des baux[47], tandis qu'elle les aurait validées sans ambages dans d'autres

---

39. Par exemple, Civ. 1re, 21 février 1979, n° 77-11108, *Bull. civ.* I, n° 72.

40. Civ. 2e, 20 avril 1988, n° 86-16355, *Bull. civ.* II, n° 87; *D.* 1988. 580, note Y. Lambert-Faivre.

41. Art. L. 211-9 al. 2 C. assur.

42. Art. 2049 C. civ.

43. Art. L. 211-19 C. assur.

44. Art. L. 211-16 C. assur.

45. Celui-ci pourra en effet être condamné par le juge à payer jusqu'à quinze pour cent de l'indemnité allouée au Fonds de garantie, sans préjudice de dommages et intérêts versés à la victime (art. L. 211-14 C. assur.).

46. Voici un fermier qui, en cours de bail, accepte de renoncer à son droit au renouvellement moyennant le versement d'une compensation financière. L'existence de sacrifices réciproques peut conduire à analyser la situation en une transaction, dont la validité sera passée au crible de la notion d'ordre public. Mais il n'y a au vrai aucune transaction dans une telle situation. Le fermier ne saurait en effet renoncer à cet instant à une quelconque action en justice relative au renouvellement de son bail, dès lors qu'une telle action n'est ouverte qu'en fin de bail. L'absence de situation litigieuse condamne l'idée même de transaction, si bien que le débat est celui de la renonciation à titre onéreux à un statut protecteur : la question de la transaction est hors de cause. Les choses vont différemment lorsque le fermier s'étant rendu coupable d'inexécutions, le bailleur et lui trouvent un arrangement au terme duquel le fermier s'engage à quitter les lieux à l'échéance du bail ou même de manière anticipée. Dans une telle situation, le litige auquel il est mis fin par l'accord des parties n'est pas celui qui tendrait à faire reconnaître un droit au renouvellement au profit du fermier mais l'action en résiliation que le bailleur serait en droit d'exercer à l'encontre du preneur.

47. D. Veaux, *op. cit.*, n° 21.

décisions. Tracer une ligne de partage entre ces jurisprudences contradictoires est cependant une entreprise moins délicate que parfaitement vaine. Une lecture attentive des arrêts couramment cités comme condamnant la transaction en matière de bail pour contrariété à l'ordre public montre que pas un n'est en ce sens[48]. Au contraire, la jurisprudence permet toujours au preneur de transiger lorsqu'il est en conflit avec son bailleur en abandonnant un ou plusieurs droits constituant son statut protecteur[49]. Les statuts spéciaux des baux ne font pas obstacle à la transaction : est ainsi cassé l'arrêt d'appel ayant estimé « qu'il n'y avait pas lieu d'admettre la validité d'une transaction portant sur une matière touchant à l'ordre public » (statut de 1948), « alors qu'il est loisible au plaideur de transiger sur les modalités d'application d'un droit acquis, d'ordre public »[50].

Il y a plus. Contrairement à ce que donne à penser la rédaction de ce dernier arrêt, la transaction permet même de transiger sur un droit d'ordre public non encore acquis. La Cour de cassation a en effet admis, contre l'opinion d'un éminent

48. Ainsi, un arrêt de 1952 est présenté comme annulant une transaction pour contrariété aux règles impératives du fermage concernant les loyers (P. Chauvel, *op. cit.*, n° 152. D. Veaux, *op. cit.*, n° 21) alors qu'il la valide au contraire (Soc., 24 avril 1952, *Bull. civ.* V, n° 327; *D.* 1952. 721, obs. R. Savatier). De même, une décision du 23 novembre 1956 (Soc., *Bull. civ.* V, n° 870) interdirait au bailleur de transiger sur son droit de reprise (D. Veaux., *op. cit.*, n° 24; P. Chauvel, *op. cit.*, n° 157) : en réalité, la Cour de cassation estime que « le tribunal observe à bon droit que cette transaction, mettant fin à une demande de reprise basée sur l'article 19, n'a pu enlever aux époux Brodebecker le bénéfice des dispositions de l'article 18 de la loi du 1er septembre 1948 », lequel prévoit d'autres modalités de reprise du logement. Même si la Cour de cassation ajoute un peu malencontreusement que ce dernier texte « est d'ordre public », la solution est fondée sur la portée de la transaction, nullement sur l'ordre public. Enfin, la Cour de cassation (Ch. réunies 17 mars 1954, *Bull. civ.* n° 1; *JCP* 1954. II. 8208, note P. Ourliac et M. de Juglart) aurait annulé une transaction au motif qu'elle entérinerait une sous-location interdite (D. Veaux., *op. cit.*, n° 21; P. Chauvel, *op. cit.*, n° 155). Rien de tel dans cet arrêt : une transaction avait été conclue entre des époux propriétaires d'un domaine rural et l'usufruitier de la moitié indivise de celui-ci dans le cadre du règlement d'une succession, l'usufruitier s'engageant à leur consentir un bail rural sur la moitié indivise. Les époux s'étaient ensuite engagés à donner en location le domaine rural à un tiers et, pour échapper à leur promesse, avaient soutenu la nullité de celle-ci comme constituant une sous-location interdite. La cour d'appel avait refusé cette nullité au motif que l'accord conclu entre les époux et l'usufruitier n'était pas un bail mais un simple règlement de jouissance transactionnelle et que par conséquent il ne pouvait y avoir sous-location. La Cour de cassation casse pour dénaturation des termes clairs et précis de l'accord : en aucune manière la transaction n'est annulée pour une quelconque contrariété à l'ordre public des baux.

49. Pour un engagement à sortir avant la fin du bail : Soc. 16 mai 1952, *D.* 1952. 721, note R. Savatier; pour la renonciation à percevoir une indemnité pour les améliorations d'ores et déjà apportées au fonds : Soc., 10 décembre 1954, *Bull. civ.* IV, n° 806 : « si le montant de l'indemnité accordée au preneur sortant pour améliorations n'est fixé qu'à la fin du bail, le principe du droit du preneur est acquis dès l'amélioration réalisée et qu'ainsi le preneur peut renoncer à ce droit acquis avant l'expiration du bail ». En matière de baux d'habitation soumis au statut de 1948, validité de la transaction par laquelle le preneur renonce à son droit au bail pour ne bénéficier que « d'une occupation éventuelle, précaire et conditionnelle » (Soc. 21 avril 1955, *Bull. civ.* V, n° 320; Civ. 3e, 13 juillet 1999, n° 97-21933) ou accepte la modification du loyer en cours de bail (Soc. 16 novembre 1960, *Bull. civ.* V, n° 1033). *A fortiori* la solution vaut-elle pour la renonciation à un droit de préemption effectuée au moment de la vente de l'immeuble (Soc. 6 mai 1954, *Bull. civ.* V, n° 284).

50. Soc. 16 novembre 1960, *Bull. civ.* IV, n° 1033.

auteur[51], la validité d'une transaction par laquelle le bailleur acceptait de ne pas demander la résiliation du bail pour défaut de paiement des loyers, en contrepartie d'une résiliation amiable et de la conclusion d'un nouveau bail non assorti d'un droit au renouvellement[52]. La transaction autorise donc la conclusion d'un bail échappant *ab initio* au statut des baux ruraux, alors que hors du champ d'une transaction, un tel bail serait assurément nul, les parties ne pouvant décider de soustraire leur contrat à l'emprise de ce statut impératif[53].

Autre domaine : est-il tolérable qu'un individu dans le besoin, donc par définition en situation de faiblesse, puisse transiger sur le montant des aliments que la loi lui permet d'exiger d'un proche ? L'intervention d'un juge étatique n'est-elle pas en effet la condition d'une réelle garantie des intérêts de ce créancier ? Si la renonciation pure et simple à un droit alimentaire tombe assurément sous le coup de l'ordre public, il n'en va pas de même de la transaction : les parties sont libres de transiger sur le montant de la pension alimentaire[54], même si la doctrine laisse souvent supposer le contraire[55]. La nécessaire protection du créancier d'aliments ne requiert pas en effet l'intervention de l'ordre public dès lors qu'elle est suffisamment garantie par deux biais qui sont d'une part, l'exigence de concessions réciproques, dont les tribunaux vérifient non seulement l'existence mais encore l'absence de caractère dérisoire (ce qui permet de condamner toute transaction fixant à presque rien le montant de la pension) ; d'autre part, la possibilité d'obtenir une révision judiciaire de ce montant en cas de changement dans les ressources du débiteur ou les besoins du créancier (*supra B*). Ce n'est que si les modalités de la transaction conclue venaient à empêcher le jeu de ces mécanismes correcteurs qu'elle devrait être annulée, l'ordre

---

51. R. Savatier, estimant que « si les parties, mettant fin transactionnellement au bail actuel, concluaient en même temps un autre bail, ce dernier devrait, sur tous les points, se conformer au statut des baux ruraux » (obs. préc. p. 722, col. 1, réaffirmé col. 2 *in fine*).

52. Soc. 16 novembre 1961, *Bull. civ.* V, n° 949.

53. Pour la nullité d'une renonciation au bénéfice du statut des baux commerciaux : Civ. 3e, 19 mai 2004, n° 03-11303, *Bull. civ.* III, n° 101. Civ. 3e, 3 mars 1993, n° 91-12537, *Bull. civ.* III, n° 25. Pour la nullité d'une renonciation au statut des baux ruraux : Com. 22 mars 1988, n° 86-14193, *Bull. civ.* IV, n° 119; Civ. 3e, 10 mai 1983, n° 81-14252, *Bull. civ.* III, n° 111.

54. Les époux peuvent s'accorder pendant l'instance en séparation de corps par transaction sur le montant de la pension alimentaire que l'un d'eux devra verser à l'autre après le prononcé de la séparation : Civ. 2e, 10 mai 1991, n° 90-11008, *Bull. civ.* II, n° 140.

55. C. Boillot, *op. cit.*, n° 1048 : « la nature indisponible de l'obligation, ses caractères propres, comme le fait qu'elle soit liée aux conditions patrimoniales respectives du débiteur et du créancier, implique qu'on ne puisse statuer sur son montant pour l'avenir », position qui reprend celle de D. Veaux (*J-Classeur civ., préc.* n° 9) et P. Chauvel (*Rép. Civ, préc.* n° 127), ces auteurs présentant la jurisprudence comme permettant la transaction pour les arrérages passés d'une créance alimentaire, mais la refusant pour l'avenir, en invoquant au soutien de leur opinion un arrêt du 29 mai 1985 (Civ. 1re n° 84-11626, *Bull. civ.* I, n° 167). Au vrai, il n'y avait dans cet arrêt aucune transaction pour les arrérages passés de la rente puisque la transaction intervenait non pas entre créancier et débiteur d'aliments mais entre codébiteurs de la rente : celui qui en avait assumé seul la charge transigeait sur son action en contribution, laquelle n'a pas de caractère alimentaire. Quant au refus de la transaction pour l'avenir, celle-ci nous apparaît davantage fondée sur ses modalités (capital) que sur son principe (*infra*).

public reprenant alors son empire. La remarque peut expliquer la relative hostilité des juges à l'égard des transactions par lesquelles le créancier renonce à réclamer une pension alimentaire en justice en contrepartie du versement d'un capital, un tel mode de paiement étant perçu comme faisant obstacle à toute révision ultérieure en cas de modifications dans la situation des parties[56].

Dans la procédure de licenciement, l'ordre public n'a pas de rôle véritable à jouer pour interdire qu'elle porte à la fois sur le principe et les conséquences de la rupture (*supra* A). En revanche, une fois la rupture acquise, il est légitime de se demander si l'ordre public de protection du salarié ne doit pas s'opposer à ce qu'il puisse valablement renoncer à contester son licenciement. La Cour de cassation ne l'a pas pensé : dans un arrêt du 18 mai 1953, elle a admis la validité des transactions conclues par le salarié[57]. Le contrat de travail rompu, le salarié peut valablement s'engager à ne pas en contester le bien fondé. Autrement dit, l'ordre public ne s'oppose pas frontalement à une telle transaction.

La solution est acceptable dans la mesure où d'autres mécanismes sont propres à assurer efficacement la protection du salarié, et notamment le recours à la notion de concessions réciproques. Un arrêt du 23 janvier 2001 de la Chambre sociale est particulièrement net sur la question. La Cour a considéré que « si la juridiction appelée à statuer sur la validité d'une transaction réglant les conséquences d'un licenciement n'a pas à se prononcer sur la réalité et le sérieux du ou des motifs énoncés dans la lettre de licenciement, elle doit, pour apprécier si des concessions réciproques ont été faites et si celle de l'employeur n'est pas dérisoire, vérifier que la lettre de licenciement est motivée conformément aux exigences légales; qu'en statuant comme elle l'a fait alors que le motif invoqué dans la lettre de licenciement : « problème de collaboration avec supérieur hiérarchique » était trop vague pour être matériellement vérifiable, en sorte que le licenciement était sans cause réelle et sérieuse, la cour d'appel a violé les textes susvisés »[58]. Le raisonnement est habile. Dès l'instant où il est acquis qu'un salarié licencié sans cause réelle et sérieuse peut prétendre à des indemnités plus conséquentes que lorsque le licenciement est fondé sur une telle cause, la renonciation du salarié à contester en justice un licenciement sans cause

56. V. ainsi, Civ. 1re, 29 mai 1985, *préc.* Dans cet arrêt de rejet, les hauts magistrats ont estimé que le versement du capital pouvait valablement intervenir à titre de transaction relativement à la demande que la mère avait formée à l'encontre du père à propos des sommes qu'elle avait auparavant seule exposées pour l'entretien de l'enfant. En revanche le capital ne pouvait en même temps justifier la renonciation maternelle à l'exercice d'une action alimentaire à son endroit. La transaction n'a donc été qu'en partie validée. L'accord passé faisant cependant un tout dans l'esprit des parties, il est critiquable de ne le déclarer que partiellement valable (V. aussi, plus radicalement, Civ. 23 mai 1949, *Bull. civ.* I, n° 180; *D.* 1949. 443, annulant la transaction consistant à verser un capital en lieu et place d'une pension au motif que la transaction serait exclue en matière de pensions alimentaires). Dans une décision antérieure, la Cour de cassation avait pourtant estimé, de manière davantage convaincante, que la transaction aux termes de laquelle la pension avait été convertie en capital ne faisait pas obstacle à ce que l'épouse, dont l'état de besoin avait augmenté, obtienne en justice l'attribution d'une pension complémentaire (Civ. 2e, 3 juin 1967, *Bull. civ.* II, n° 234).

57. Soc. 18 mai 1953, *Bull. civ.* IV, n° 379.

58. Soc. 23 janvier 2001, n° 98-41992, *Bull. civ.* V, n° 21.

réelle et sérieuse doit trouver sa contrepartie dans le versement d'indemnités supérieures. Si tel n'est pas le cas, la transaction sera annulée faute de concession de la part de l'employeur et le salarié retrouvera son droit de saisir les juridictions prud'homales. Autrement dit, la vérification de la réalité des concessions consenties par l'employeur induit nécessairement un contrôle *a minima* des motifs du licenciement. Dans cette espèce, la présomption irréfragable de licenciement sans cause réelle et sérieuse déduite du défaut de motivation de la lettre de licenciement a permis de faire échec à la transaction et de protéger ainsi le salarié. Pareillement, le contrôle des concessions réciproques autorise le juge à décider que l'insuffisance professionnelle du salarié invoquée dans la lettre de licenciement ne caractérise pas la faute grave fondant le licenciement et que la transaction par laquelle l'employeur a versé au salarié une somme inférieure au montant cumulé des indemnités de préavis et de licenciement est dépourvue de concessions de sa part et conséquemment nulle[59]. De surcroît, la concession consentie par l'employeur qui se révèle dérisoire rend nulle la transaction conclue entre les parties[60], de même que son absence d'objet certain[61].

La question se présente néanmoins sous un jour particulier en présence d'un salarié protégé, dès l'instant qu'une jurisprudence classique considère que « la protection exceptionnelle et exorbitante du droit commun des salariés investis de fonctions représentatives a été instituée non dans leur seul intérêt mais dans celui de l'ensemble des salariés »[62]. La possibilité d'une transaction devient sujette à caution et il faut se demander si le salarié protégé peut alors valablement renoncer à contester son licenciement et obtenir sa possible réintégration dans l'entreprise. Or précisément, sur la question de la contestation de l'autorisation administrative de licenciement, le Conseil d'État répond par la négative : « les salariés investis de fonctions représentatives ne peuvent renoncer par avance aux dispositions protectrices d'ordre public instituées en leur faveur. Par suite, l'employeur ne saurait invoquer la transaction conclue avec le salarié protégé pour faire échec au recours contentieux introduit par celui-ci à l'encontre de l'autorisation administrative autorisant le licenciement »[63]. L'annulation de l'autorisation administrative est donc susceptible de faire tomber le licenciement et, partant, la transaction[64] : le salarié pourra exiger sa réintégration. L'impossibilité pour le salarié protégé de renoncer à contester la régularité administrative de son licenciement limite la portée de la transaction afin de permettre une éventuelle réintégration propre à lui permettre de continuer à assurer sa mission d'intérêt général[65]. En revanche, la transaction conclue l'empêche bel et

59. Soc. 27 mars 1996, n° 92-40448, *Bull. civ.* V, n° 124 ; Soc. 6 avril 1999, n° 96-43467, *RJS* 1999, n° 662.

60. Soc. 28 novembre 2000, n° 98-43635, *Bull. civ.* V, n° 399.

61. Soc. 18 mai 1999, n° 97-40439, *Bull. civ.* V, n° 222 ; *RJS* 1999, n° 917.

62. Soc. 16 mars 2005, n° 02-45293, *Bull. civ.* V, n° 98.

63. CE 2 février 1996, n° 152406, *RJS* 1996, n° 229.

64. V. Stultz, « Les transactions en droit du travail », *Petites affiches* 6 octobre 2000, n° 200, p. 3 sq.

65. À moins qu'il ne conclut postérieurement à l'annulation de l'autorisation administrative de licenciement une nouvelle transaction par laquelle il renonce à demander sa réintégration. La chambre

bien de critiquer la cause de son licenciement : si celui-ci était fondé sur une faute grave, il ne pourra contester la réalité d'une telle faute afin d'obtenir le paiement d'indemnités de rupture supérieures.

Les solutions encadrant les transactions conclues par un salarié protégé suite à son licenciement montrent clairement l'opposition qui existe entre l'ordre public de direction et de protection quant à la question de la validité des transactions. Seul l'ordre public de direction, parce qu'il garantit l'intérêt général, paraît à même d'exclure le recours à la transaction. En réalité, la résistance qu'il oppose à la transaction est loin d'être aussi ferme qu'on pourrait le supposer.

B. Résistance de l'ordre public de direction ?

L'ordre public de direction, sa dénomination l'atteste, tend essentiellement à diriger la conduite des individus, en prévenant les comportements, contractuels ou non, jugés socialement ou économiquement inacceptables. L'idée de sanction en est indissociable, observation qui permet d'appréhender les rapports existant entre ordre public de direction et transaction. Parce que la transaction interdit de saisir les juridictions étatiques, l'admission de sa validité en présence d'un litige concernant l'ordre public de direction porte en elle le risque d'une ineffectivité de la sanction légale. Le souci des parties sera moins de garantir le respect de l'intérêt général visé par la règle que le leur propre. Autrement dit, ce qui justifie qu'il soit fait interdiction à un individu de renoncer à exercer une action en justice en contrepartie d'un avantage quelconque est la nécessité de ne jamais restreindre les possibilités de saisie des juridictions afin que les comportements jugés fondamentalement contraires à l'intérêt général soient sanctionnés.

Reste que les choses ne sont pas aussi tranchées qu'on pourrait le penser au premier abord. « L'idée selon laquelle l'ordre public de direction chasse la transaction paraît un peu simple »[66] : toutes les fois en effet que la juridiction étatique est susceptible d'être saisie par d'autres autorités ou individus que la partie ayant transigé, la sanction du comportement incriminé demeure théoriquement possible, si bien que la transaction pourrait être admise. Il s'agit donc de mesurer ici le degré de résistance de l'ordre public de direction à l'égard de la transaction plutôt que de faire le constat d'une condamnation systématique.

S'il est un domaine dans lequel l'ordre public doit s'opposer avec la plus grande fermeté à la transaction, c'est évidemment celui du droit pénal. L'article 2046 du

---

sociale considère en effet que « si les salariés investis de fonctions représentatives ne peuvent renoncer par avance aux dispositions protectrices exorbitantes du droit commun instituées en leur faveur, rien ne les empêche, lorsqu'un licenciement, même illégal, leur a été notifié, de renoncer à une réintégration et de conclure avec l'employeur, un accord librement consenti (...) en vue de régler les conséquences pécuniaires de la rupture du contrat de travail », Soc. 5 février 2002, n° 99-45861, *Bull. civ.* V, n° 54; *JCP E* 2002. 727, note F. Duquesne.

66. S. Guinchard *et alii*, *Droit processuel. Droit commun et comparé du procès*, Dalloz, 2005, n° 593.

Code civil est en ce sens : si « on peut transiger sur l'intérêt civil qui résulte d'un délit », « la transaction n'empêche pas la poursuite du ministère public ». Prenant appui sur ce texte, la jurisprudence autorise la victime de l'infraction pénale dans le cadre d'une transaction tant à ne pas porter plainte[67] (ou à retirer celle-ci) qu'à renoncer à se constituer partie civile. Pourtant, même s'il est vrai que de tels engagements n'interdiront jamais le déclenchement des poursuites par le ministère public[68], si vraiment l'incrimination pénale est instituée aux fins de protection des intérêts fondamentaux de la société, alors tous les moyens qui concourent à assurer la sanction des comportements visés devraient être préservés. Le dépôt de plainte tendant à l'information du parquet, sans laquelle l'infraction a de grandes chances de rester ignorée, il serait loin d'être absurde d'interdire que la victime d'une infraction pénale puisse valablement renoncer à porter plainte dans le cadre d'une transaction passée avec son auteur ; la même remarque pouvant être faite à propos de la constitution de partie civile.

Si l'on s'intéresse un instant à l'action publique elle-même, l'admission d'une véritable transaction à son propos supposerait que le ministère public puisse valablement renoncer à saisir la juridiction répressive en contrepartie d'une concession quelconque consentie par le délinquant. Une telle faculté ne paraît *a priori* guère admissible au regard des objectifs de la matière pénale[69] : « il paraît de prime abord impossible que l'action publique s'éteigne par une transaction intervenue entre le coupable et des représentants de la société »[70]. Pourtant, la chose est courante lorsque des administrations spécialisées ont reçu le pouvoir de poursuivre[71]. Surtout, la loi du 23 juin 1999 l'autorise dans le cadre des infractions de droit commun : la composition pénale établit une véritable transaction entre le délinquant et le parquet[72] aux termes de laquelle la juridiction pénale ne sera pas saisie[73] dès l'instant

---

67. Rennes 10 juillet 1912, *Gaz pal.* 1912. 2, p. 497. *Adde.*, moins nettement, Toulouse 9 novembre 1959, *D.* 1960. 105, note N. Catala.

68. Sauf dans les rares hypothèses où la plainte de la victime est érigée en condition de l'action publique (par exemple pour les diffamations ou les atteintes à la vie privée : art. 226-1, 226-2, 226-6 C. pén.), mais on peut douter alors que les intérêts fondamentaux de la société soient atteints.

69. On remarquera que la problématique ne doit évidemment pas être confondue avec la question de l'opportunité des poursuites : ce n'est pas le non exercice factuel et toujours fragile de l'action qui est en cause mais la consécration juridique et définitive de son non exercice.

70. R. Merle et A. Vitu, *Traité de droit criminel, Procédure pénale*, tome II, Cujas, 5ᵉ éd., 1989, nº 65, p. 82.

71. Notamment pour les délits douaniers (art. 350 C. douanes), fiscaux (art. L. 248, R. 247-3 et R. 247-5 *LPF*) ou relatifs à la concurrence (ord. nº 2005-1086 du 1ᵉʳ septembre 2005, transaction conclue par les agents de la DGCCRF, après accord du procureur de la République, pour les infractions définies par le Livre IV C. com. et les Livres I et III C. consom.).

72. En dépit de l'article 6 al. 3 C. proc. pén. qui distingue formellement composition et transaction.

73. L'homologation judiciaire de cette composition ne saurait en être assimilée à une instance pénale, même si depuis le 9 septembre 2002 les mesures de composition exécutées sont inscrites au casier judiciaire de l'intéressé (art. 41-2 C. proc. pén.). En revanche, il ne semble pas que le « plaider coupable » instauré par la loi Perben II puisse être qualifié de transaction puisqu'il débouche sur une instance pénale et la condamnation de l'auteur de l'infraction. L'éviction de la juridiction étatique, conditionnant la qualification transactionnelle, n'existe pas ici.

où celui-là aura exécuté la composition, par exemple en payant l'amende de composition ou en effectuant tel ou tel travail d'intérêt général. Certes, la composition pénale n'est pas prévue pour les infractions les plus graves, mais son absence de généralité n'ôte rien à la force du constat : la matière pénale accueille la transaction en son sein[74].

L'idée selon laquelle l'impérieuse nécessité de sanctionner certains comportements asociaux interdirait toute renonciation à saisir les juridictions étatiques afin qu'elles en connaissent ne se borne pas à la seule sanction pénale : les sanctions civiles sont aussi concernées. Dans le cadre des procédures collectives, l'action en comblement de passif prévue par l'article L. 651-2 nouveau du Code de commerce en fournit une illustration[75]. Certes, l'action est proche d'une action classique en responsabilité[76] mais elle s'en distingue néanmoins en ce que le tribunal peut être saisi par le procureur et reste toujours libre de ne pas condamner les dirigeants, alors même que faute, préjudice et lien de causalité seraient établis, ce qui suffit à établir l'aspect sanctionnateur de la mesure[77]. Si la Cour de cassation a décidé en 2003 que les condamnations au paiement des dettes sociales prononcées sur ce fondement ne pouvaient faire l'objet d'une transaction[78], l'arrêt laisse entière la question d'une transaction conclue antérieurement à toute condamnation judiciaire définitive[79]. Sa validité pourrait être consacrée au regard de son efficacité limitée. L'action peut en effet être déclenchée par plusieurs autorités dont le ministère public. Ce dernier n'ayant, par hypothèse, pas consenti à la transaction, cette dernière lui demeure nécessairement inopposable[80], ce qui l'autorise à saisir le tribunal. Une telle faculté pourrait suffire à garantir la protection de l'intérêt général et laisser alors le champ libre à la transaction, à l'instar des solutions dégagées en matière pénale à propos de la transaction consentie par la victime de l'infraction.

Dans le domaine successoral, l'indignité appelle d'autres observations. Les héritiers pourraient-ils valablement transiger avec celui d'entre eux qui a été condamné à une peine correctionnelle pour avoir volontairement donné la mort au défunt et renoncer, ainsi, à saisir le tribunal de grande instance afin qu'il prononce éventuellement[81] son indignité, en contrepartie de l'acceptation par ce dernier d'une part

74. V. cependant sur ce point l'analyse d'A.-S. Chavent dans le présent ouvrage.

75. Sur laquelle, notamment C. Boillot, *op. cit.*, n° 1033 sq.

76. Ce qui justifie notamment le non cumul de cette action avec une action en responsabilité délictuelle de droit commun : Com. 28 février 1995, n° 92-17329, *Bull. civ.* IV, n° 60.

77. Sans pour autant qu'elle ait véritablement un caractère répressif : Com. 9 février 1988, n° 87-14523, *Bull. civ.* IV, n° 61.

78. Com. 5 novembre 2003, n° 00-11876, *Bull. civ.* IV, n° 164 ; *RTD com.* 2004. 604, obs. Mascala.

79. Bien qu'on affirme couramment la possibilité de transiger sur une décision de justice ayant force de chose jugée, la chose est pour le moins contestable : sur cette question, L. Poulet, *Transaction et protection des parties*, LGDJ, 2005, préface Y. Lequette, n° 334 sq.

80. Art. 2051 C. civ. Y. Chaput, « L'action en comblement de passif est-elle susceptible d'une transaction ? », *Bull. d'actualité Lamy droit commercial* mars 2001, n° 131, p. 1 sq.

81. L'indignité n'est en effet pas automatique dans cette hypothèse : art. 727 sq C. civ.

d'héritage réduite ? Si le comportement de l'héritier coupable à l'égard du défunt doit pouvoir être sanctionné non seulement pénalement mais encore civilement, il semble alors difficilement admissible que ses cohéritiers puissent valablement décider de s'interdire d'exercer une telle action. En effet, la faculté réservée par l'article 727-1 du Code civil au ministère public de solliciter du tribunal de grande instance le prononcé de l'indignité n'est prévue par le texte qu'en l'absence d'héritiers. Le souci d'effectivité de la sanction civile de tels comportements à l'égard du *de cujus* pourrait donc ici justifier suffisamment l'interdiction de la transaction.

Enfin, les comportements que le droit entend sanctionner peuvent aussi être contractuels. Certaines conventions portent par elles-mêmes atteinte à l'ordre social et de ce fait, doivent disparaître de l'ordre juridique. La transaction par laquelle l'une des parties renoncerait à attaquer un tel contrat en contrepartie d'un avantage quelconque, en ce qu'elle diminue fortement les chances d'anéantissement de l'acte, est donc sujette à caution. Sur ce point, la jurisprudence fait montre d'une assez grande fermeté : elle ne permet pas que l'on transige à propos de contrats affectés d'une cause de nullité absolue. Le point a été jugé de nombreuses fois[82], notamment en matière de successions où la transaction ne peut valider une libéralité portant atteinte à la réserve héréditaire[83], créant une substitution fidéocommissaire interdite[84], gratifiant un donataire frappé d'une incapacité de recevoir[85], consacrant un pacte sur succession future[86]. Une solution plus libérale, reconnaissant pleinement la validité des transactions, n'aurait cependant pas été théoriquement absurde. La nullité étant d'une part, ouverte à tout intéressé et la transaction ayant d'autre part, un effet relatif, elle ne saurait jamais faire obstacle à ce qu'un tiers attaque l'acte, le ministère public pouvant d'ailleurs agir à cette fin[87]. La transaction étant impropre à garantir le maintien définitif de l'acte dans l'ordre juridique, elle pourrait être alors validée entre les parties. D'ailleurs, l'article 2054 du Code civil disposant qu'il y a « lieu à l'action en rescision contre une transaction lorsqu'elle a été faite en exécution d'un titre nul, à moins que les parties n'aient expressément traité sur la nullité » n'opère aucune distinction selon la nature de la nullité.

---

82. Pour un exemple récent : Com. 29 avril 2002, n° 99-15449, à propos de la nullité d'une transaction conclue par un liquidateur sans l'accord du juge commissaire.

83. Cass. req. 5 mars 1867, *DP* 1868. I. 70 : les faits sont intéressants : un père demande aux juges de constater qu'un testament qui institue son fils légataire universel est un faux et que par conséquent, la succession en cause doit être liquidée sur la foi d'un testament antérieur qui l'instituait lui-même légataire à titre universel. Père et fils concluent une transaction par laquelle le père renonce à contester la validité du testament : la Cour de cassation considère qu'au décès du père, ses autres enfants peuvent attaquer la validité du testament, la transaction ne leur étant pas opposable dès lors qu'elle « conférait à l'enfant avec lequel elle avait eu lieu un avantage déguisé excédant la quotité disponible ».

84. Cass. req. 8 novembre 1892, *DP* 1893. I. 92 : « la transaction sur la consistance d'un legs entaché de substitution prohibée ne peut avoir pour effet de valider ce legs ».

85. Civ. 5 mars 1912, *DP* 1914. I. 117, à propos d'un legs fait par personne interposée à une congrégation religieuse non autorisée.

86. Montpellier 4 décembre 1951, *D.* 1952. 117.

87. Art. 423 NCPC.

On conclura sur ce point par une observation : le droit civil semble curieusement plus rigoureux que le droit pénal. Ce dernier est indifférent à ce que les parties transigent et s'engagent valablement à ce titre à ne pas porter plainte ou à ne pas se constituer partie civile dès lors que le ministère public reste en théorie à même de déclencher l'action publique. Le droit civil, alors même que la sanction du comportement ou de l'acte en cause continue à être possible par d'autres voies, semble globalement hostile à la transaction. Ne conviendrait-il pas en cette matière de ne pas se montrer plus royaliste que le roi, en sorte que l'affirmation de la nullité de la transaction soit abandonnée au constat de son inefficacité relative ?

La sanction des comportements, si elle fonde une part importante des règles relevant de l'ordre public de direction, n'épuise cependant pas l'intégralité de ses manifestations. L'ordre public de direction s'oppose traditionnellement à la validité des transactions conclues en matière d'état des personnes : le droit positif veille à ce que quiconque puisse obtenir la reconnaissance de l'état auquel il aspire. Puisque le statut des citoyens intéresse au premier chef l'État, le contrôle de ses modifications par un corps institué s'impose : la compétence du juge pour prononcer le changement d'état ne pourra être évincée[88]. Ainsi, aucune action relative à la filiation[89] n'est susceptible de transaction[90], de même que serait nulle la transaction par laquelle un époux renoncerait à demander le divorce pour faute[91] ou altération définitive du lien conjugal[92].

Il n'est pas acquis pourtant que la matière de l'état des personnes soit radicalement hostile à la transaction : l'évolution jurisprudentielle s'est opérée dans le sens de son admission toujours plus large et l'on pourrait aller plus avant. Ainsi, en matière de filiation, l'article 336 nouveau du Code civil autorise le ministère public à contester une filiation si des indices tirés des actes eux-mêmes la rendent invraisemblable ou en cas de fraude à la loi. Cette possibilité d'action du ministère public dans les cas les plus graves, qui sont finalement les seuls où l'intérêt général est véritablement en cause, pourrait suffire à valider la transaction. Quant au mariage, sa

88. Seules les actions en justice qui ont directement pour finalité d'opérer une modification de l'état des personnes doivent être concernées : celles qui ne touchent qu'à leurs incidences patrimoniales sont admises.

89. C. civ., art. 325 nouveau pour l'action en recherche de maternité; art. 327 pour l'action en recherche de paternité; art. 329 pour l'action en rétablissement de la paternité du mari; art. 332 al. 1 pour l'action en contestation de maternité et al. 2 pour l'action en contestation de paternité.

90. Pour une transaction portant renonciation à agir en recherche de paternité naturelle : Cass. req. 26 février 1924, *DP* 1925. 1. 124.

91. La transaction ne peut valoir réconciliation des époux, laquelle rend irrecevable la demande de divorce, dès l'instant qu'une telle réconciliation demande plus que la conclusion d'une convention mais la reprise d'une vie commune dans cet esprit de pardon.

92. En revanche, ne doivent plus être sanctionnées, depuis l'admission du divorce par consentement mutuel, les transactions par lesquelles les époux s'entendent pour faciliter la rupture de leur lien matrimonial (par exemple, annulant l'accord par lequel une femme s'engageait à ne pas interjeter appel d'un jugement de divorce à une époque où l'acquiescement était interdit en cette matière : Aix en Provence 30 janvier 1950, *JCP* 1950. II. 5478).

nullité relative rend la transaction admissible *de lege lata* et sa nullité absolue pourrait l'autoriser *de lege ferenda* au regard de la possibilité d'agir reconnue au ministère public[93].

Il n'est pas certain que de telles évolutions soient à l'ordre du jour, mais il n'est pas besoin qu'elles adviennent pour que l'on puisse d'ores et déjà dresser le constat de la faiblesse de l'ordre public face à la transaction.

93. Art. 184, 190 et 191 C. civ.

Les effets de la transaction

Christophe Radé
Professeur à l'Université Montesquieu (Bordeaux IV)

1. – Le moins que l'on puisse dire est que la transaction n'est pas un contrat ordinaire. L'article 2044 du Code civil la définit comme « *un contrat par lequel les parties terminent une contestation née, ou préviennent une contestation à naître* ». Il s'agit donc d'un contrat dont l'objet concurrence celui du jugement puisqu'il a, en définitive, une fonction comparable, celle de régler un litige. La transaction a par conséquent ceci de particulier qu'elle présente une incontestable nature contractuelle et qu'elle produira très logiquement les effets d'un contrat, mais qu'elle se rapproche également du jugement par son objet auquel elle emprunte certains de ses effets, notamment l'autorité de la chose jugée.

Cette nature duale n'est pas sans laisser perplexe, et cette perplexité est encore plus forte si l'on veut bien se souvenir que l'article 1134, alinéa 1er, du Code civil définit le contrat, et donc la transaction, comme la « loi » des parties. Voilà donc un acte qui aurait à la fois la nature d'un contrat, d'une loi et d'un jugement ? Au Pays de Montesquieu, cette confusion ne pouvait laisser indifférent !

À bien y réfléchir, toutefois, il n'est pas certain que le législateur de 1804 ait souhaité pousser l'analogie aussi loin que le laisseraient supposer les termes employés. Tout comme la Cour de cassation a rapidement cessé d'assimiler le contrat à la « loi » dans le cadre du contrôle exercé sur les décisions des juges du fond, la référence à l'autorité de la chose jugée relève plus de la métaphore que de la pure analogie. La doctrine a d'ailleurs parfaitement montré que la référence à la nature judiciaire de la transaction ne semblait pas indispensable à la compréhension de son mode opératoire ; il suffirait en effet d'indiquer que la transaction présente un caractère obligatoire pour les parties[1], tout comme la loi et le jugement d'ailleurs, et que c'est son objet « litigieux » qui s'opposera à la saisine ultérieure du juge, puisqu'en réalité il n'y aura plus de litige à trancher.

1. D. Veaux, « Transaction », *J-Cl. Civ.*, fasc. 60.

Parce qu'elle règle un différend, la transaction produit des effets substantiels. Même si elle ne crée pas, *a priori*, de droits nouveaux — puisqu'elle est censée reconnaître à l'une des parties, parfois aux deux, la légitimité de prétentions antérieures —, elle modifie la situation juridique des contractants en consolidant leur position et en interdisant toute forme de revendication ultérieure. Mais parce que ce différend pourrait être la matière d'un procès, la transaction produit également des effets procéduraux en s'opposant à ce que la justice publique ait désormais à connaître de ce litige né et réglé dans la sphère privée.

2. – Ces effets, très sommairement décrits, font de la transaction un acte remarquablement efficace. Les parties ont en effet définitivement réglé leur litige, sans recours au juge. La sécurité des situations juridiques doit alors être assurée à la fois dans l'intérêt même des parties, qui ne souhaitent pas que ce qui a fait l'objet d'un accord soit remis en cause ultérieurement, et de la justice qui se trouve ainsi déchargée d'affaires dont elle aurait pu avoir à connaître.

Mais l'efficacité de la transaction constitue également une menace pour certains contractants. Parce que le règlement de ce litige s'effectue en dehors de la présence du juge, c'est en réalité le rapport de force qui domine dans la négociation de la transaction et, les intérêts en jeu ne sont pas nécessairement équivalents. Une entreprise économiquement forte et bien structurée ne craindra pas le coût d'un procès, mais souhaitera éviter une mauvaise publicité, alors que la partie « faible » n'aura rien à perdre, en terme d'image, dans un procès, mais peut craindre la longueur des procédures, le coût de sa défense et avoir besoin, pour des raisons parfois simplement psychologiques, de trouver une issue rapide à un litige. Dans ces conditions, certaines « offres » ne peuvent être refusées, surtout lorsqu'elles sont astucieusement présentées. Ainsi, un salarié qu'un employeur menace de licencier pour faute grave, préférera transiger en ne percevant qu'une demi-indemnité de licenciement et aura ainsi peut-être l'impression de faire une bonne affaire, alors qu'il est en réalité parfaitement dans son droit et qu'il pouvait prétendre à beaucoup plus ; la bouteille à moitié vide est, il est vrai, toujours à moitié pleine...

3. – Pour que l'équilibre entre sécurité et justice soit respecté, il est alors nécessaire que les mécanismes de contrôle soient suffisants et qu'ils s'exercent effectivement ; appliquée à la transaction, cette exigence implique que l'acte qui règle le litige puisse être contesté devant un tribunal lorsque la transaction apparaît comme manifestement lésionnaire.

Lorsque les conditions de validité d'un acte juridique sont contrôlées avec suffisamment d'efficacité et sont à même de garantir un minimum de justice contractuelle, les tribunaux seront naturellement enclins à faire produire aux actes valides leurs pleins effets. Mais lorsque ce contrôle en amont est insuffisant et que certains contractants se retrouvent dans des situations difficiles, alors le juge peut être conduit, lorsqu'il n'est pas parvenu à imposer la justice au stade de la validité de l'acte, à en limiter les effets afin de protéger l'une des deux parties. C'est bien ce qui caractérise ici la jurisprudence concernant singulièrement l'effet des transactions qui transige elle-même souvent avec les règles du Code civil lorsqu'elle considère que les intérêts essentiels d'une partie ont été lésés.

Ce phénomène se vérifie selon que l'on étudie les effets de la transaction à l'égard des parties contractantes (I) mais également à l'égard des tiers (II).

I. L'EFFET DE LA TRANSACTION À L'ÉGARD DES PARTIES

4. – La transaction a vocation à purger définitivement le différend entre les parties et se voit conférée par la loi l'autorité de la chose jugée en dernier ressort. Ce premier effet n'est guère discuté ; c'est l'objet même de la transaction que d'éteindre les prétentions des parties (A). Parce qu'elle règle un différend antérieur, la transaction ne crée pas de droits nouveaux et se contente de reconnaître les droits existants. Elle a donc également un effet simplement déclaratif (B). Ce second effet est plus contesté dans la mesure où la transaction est souvent l'occasion, dans le cadre d'une négociation plus globale, de prendre des engagements nouveaux, en contrepartie d'avantages retirés du règlement d'un différend ancien.

A. L'EFFET EXTINCTIF DE LA TRANSACTION

5. – L'article 2052 du Code civil attache à la transaction l'autorité de la chose jugée entre les parties en dernier ressort.

La référence à la chose « jugée » ne doit toutefois pas s'entendre de manière trop littérale. Certes, la jurisprudence a pu tirer de l'article 2052 du Code civil certaines conséquences « judiciaires » ; ainsi, les dispositions transitoires concernant les affaires jugées s'appliquent également aux affaires pour lesquelles les parties ont transigé[2]. Mais la transaction demeure avant tout un contrat et ne pourra faire l'objet d'aucune des voies de recours ouvertes contre les décisions de justice. Les parties devront alors saisir le juge pour en contester soit la validité, soit les modalités d'exécution.

6. – La transaction mettant un terme au litige, le recours aux tribunaux devient alors sans objet. Lorsqu'elle est conclue en cours d'instance, la juridiction se trouve dessaisie. Lorsqu'une partie prétend faire juger un différend compris dans une transaction, la demande sera irrecevable[3] dès lors que l'une des parties oppose l'exception de transaction[4], le juge ne pouvant pas la relever d'office.

---

2. Com. 15 juillet 1958, *Bull. civ.* IV, n° 310.
3. Civ. 1re, 16 avril 1985, *JCP* 1985. II. 20504, concl. P. Gulphe.
4. Mais pas pour la première fois devant la Cour de cassation (Civ., 4 août 1891, S. 1893. 1. 10) : une partie peut également renoncer à se prévaloir de l'exception de transaction.

7. – L'autorité de la chose jugée qui s'attache à la transaction n'exclut toutefois pas totalement le juge du règlement du litige entre les parties. Si le différend, objet de la transaction, se trouve en principe définitivement réglé, les litiges qui pourraient naître soit en raison d'une contestation portant sur la validité même de la transaction, soit sur ses modalités d'exécution, peuvent naturellement lui être soumis.

8. – Par ailleurs, l'autorité de la chose jugée est relative. L'article 2048 du Code civil dispose d'ailleurs : « Les transactions se renferment dans leur objet : la renonciation qui y est faite à tous droits, actions et prétentions, ne s'entend que de ce qui est relatif au différend qui y a donné lieu », et l'article 2049 précise : « Les transactions ne règlent que les différends qui s'y trouvent compris, soit que les parties aient manifesté leur intention par des expressions spéciales ou générales, soit que l'on reconnaisse cette intention par une suite nécessaire de ce qui est exprimé ».

Lorsque la transaction exclut formellement certaines créances, il va sans dire que le règlement des différends les concernant échappera à l'autorité de la chose jugée[5].

Lorsque les parties ont désigné très précisément l'objet de leur différend, mais sans procéder à aucune exclusion, les juges n'auront guère de difficultés pour délimiter le périmètre de la transaction. C'est ainsi qu'il a été jugé que le différend opposant un salarié à son employeur « quant à l'attribution d'une prime d'ancienneté et d'une prime de fin d'année (...) et au paiement par celui-ci de communications téléphoniques » ne concernera logiquement pas des réclamations ultérieures concernant un « rappel de salaires, de congés payés non pris et de dommages-intérêts pour privation de temps de repos »[6], que « l'acquiescement (...) au jugement arrêtant le plan de continuation prévoyant la cession des actions représentant le capital de la société à un prix fixé à dire d'expert n'impliquait pas renonciation (...) au droit de contester, le cas échéant, la régularité des opérations d'expertise »[7], que la transaction conclue entre la victime et l'assureur du responsable et portant sur le dommage existant ne fait pas obstacle à la demande ultérieure concernant la réparation d'un préjudice imprévu au moment de la transaction[8].

9. – Une difficulté est apparue concernant les transactions rédigées en des termes très généraux et visant toutes les créances passées et futures, et qui sont en pratique très nombreuses. La tentation était forte d'annuler de telles transactions, pour indétermination de leur objet, ou d'en paralyser les effets, compte tenu de leur trop grande généralité. La Cour de cassation, statuant en Assemblée plénière sur le sort d'une prime d'intéressement dont le *quantum* avait été fixé postérieurement à la conclusion d'une transaction, a au contraire décidé de lui faire produire un plein effet et de

5. Soc. 21 mars 2000; *Sitbon et autres* c. *Allianz Via Assurances*, *Dr. soc.* 2000. 795, obs. J. Mouly : parties au contrat de travail qui excluent de leur transaction les créances salariales.

6. Soc. 5 février 1992, *Bull. civ.* V, n° 71.

7. Com. 14 avril 1992, *Bull. civ.* IV, n° 165.

8. Civ. 1re, 9 juillet 1963, *JCP* 1963. II. 13413, 1re esp., note P. Esmein.

considérer que la transaction ainsi libellée interdisait toute contestation ultérieure entre les parties[9].

Dans les mois qui ont suivi, la chambre sociale de la Cour de cassation a adopté, dans le même cas de figure, une analyse moins stricte et a admis que le salarié pouvait encore saisir le juge prud'homal après avoir relevé « qu'aucune disposition de la transaction n'excluait le droit du salarié à un intéressement et à une participation aux résultats de l'entreprise (...) et que, lors de la transaction, son montant n'était ni déterminé ni déterminable pour l'exercice en cours, ce dont il résultait que ce droit ne pouvait être compris dans l'objet de la transaction »[10].

Pour la chambre sociale de la Cour de cassation, en effet, la transaction conclue au moment du licenciement ne peut concerner que les droits qui naissent de la rupture du contrat de travail, et seulement ceux-ci. Le salarié protégé qui transige avec son employeur ne pourra donc plus réclamer ultérieurement sa réintégration car celle-ci a été conclue « en vue de réparer tant les conséquences du licenciement lui-même que celles de son irrégularité »[11]. En revanche, les créances qui pourraient naître postérieurement et indépendamment de la rupture du contrat de travail n'entrent pas dans le champ d'une transaction conclue à l'occasion du licenciement du salarié et ce, même si les parties ont adopté une formulation très générale. Seule une mention particulière désignant ces créances futures sera de nature à empêcher le salarié de les réclamer en justice[12]. La conclusion d'une transaction rédigée en des termes très généraux ne s'oppose donc pas à l'exercice d'une priorité de réembauchage. Ce droit n'est en effet qu'éventuel à la date de signature de la transaction, puisque le salarié peut ne pas demander à en bénéficier, et elle ne « répare pas » les conséquences du licenciement dans la mesure où elle s'exerce indépendamment du caractère justifié ou non du licenciement pour motif économique[13]. Dans le même sens, la troisième chambre civile de la Cour de cassation a également considéré que la transaction conclue entre un bailleur et le locataire portant sur les droits et obligations de ce dernier ne concernait pas le sort du droit de préemption car cette « situation (...) n'existait pas encore » au moment de sa conclusion[14].

10. – On comprend aussitôt en quoi l'autorité de la chose jugée entre les parties qui s'attache à la transaction apparaît parfois bien embarrassante, singulièrement

---

9. Ass. plén. 4 juillet 1997, *Gaudinat*, *Dr. soc.* 1997. 978, obs. G. Couturier; *JCP* 1997. II. 22952, note D. Corrignan-Carsin.

10. Soc. 9 mars 1999, *Bull. civ.* V, n° 107.

11. Crim. 3 mai 1994, *RJS* 1994, n° 1010.

12. Soc. 12 octobre 1999, *Dr. soc.* 1999. 1108, obs. J. Mouly; *JCP* 2000. II. 10383, note C. Puigelier : « les clauses contractuelles destinées à trouver application postérieurement à la rupture du contrat de travail ne sont pas, sauf dispositions expresses contraires, affectées par la transaction intervenue entre les parties pour régler les conséquences d'un licenciement ». Dans le même sens, Soc. 1er mars 2000, *RJS* 2000, n° 404.

13. Soc. 14 mai 1997, *SA Gerland*, *RJS* 1997, n° 1091 ; Soc. 29 novembre 2000; *Duban*, *RJS* 2001, n° 198.

14. Civ. 3e, 29 mars 2000, *Bull. civ.* III, n° 70.

lorsque la transaction prétend englober toutes les créances, nées ou à naître, entre les parties. C'est en réalité l'indétermination de son objet qui commande ici la solution : plutôt que de s'attaquer à la validité, ce qui équivaudrait à jeter le bon grain avec l'ivraie, les tribunaux limitent l'effet de la transaction en excluant de son emprise les créances nées postérieurement à sa conclusion, ce qui semble parfaitement légitime.

B. L'EFFET DÉCLARATIF DE LA TRANSACTION

11. – La transaction serait, comme le jugement, déclarative. Elle ne créerait donc pas de droits nouveaux et serait censée constater une situation antérieure : elle donnerait ainsi une « nouvelle détermination à des droits préexistants », pour reprendre l'expression de Jambu-Merlin.

Partant, la transaction ne fait naître à la charge des parties aucune obligation de garantie dans la mesure où elle n'est censée opérer aucun transfert de propriété.

Pour les mêmes raisons, la transaction n'emporte pas novation : les dettes visées ne changent donc pas de nature sous prétexte qu'elles sont comprises dans une transaction. C'est la raison pour laquelle l'AGS, qui garantit les dettes de l'employeur, lorsque l'entreprise est soumise à une procédure collective, doit également garantir le paiement des indemnités comprises dans une transaction conclue par le salarié avec l'employeur pour régler le différend qui naît de la rupture du contrat de travail[15].

12. – Si l'effet déclaratif de la transaction ne fait aucun doute dans un grand nombre d'hypothèses, il arrive souvent que les parties profitent de l'acte pour intégrer, dans le cadre d'une négociation plus globale, la cession de droit ou de nouveaux accords qui s'accommodent mal de la fiction de la déclarativité. Il n'est pas rare, ainsi, que l'employeur et le salarié concluent une clause de non-concurrence, à l'occasion d'une transaction.

Les tribunaux se reconnaissent donc compétents pour écarter l'effet normalement déclaratif qui s'attache à la transaction lorsqu'il apparaît que les parties ont fait naître de nouvelles obligations. En matière fiscale, singulièrement, où le réalisme prévaut, l'administration percevra systématiquement des droits de mutation lorsqu'elle considérera que la transaction emporte transfert de propriété[16]. Le législateur a également pu combattre l'effet déclaratif. Ainsi, en matière immobilière, les transactions échappaient traditionnellement au régime de la transcription avant l'adoption du décret-loi du 30 octobre 1935 qui les y a soumis.

L'exemple tiré du droit fiscal montre d'ailleurs que c'est moins l'effet de la transaction entre les parties qui fait nécessairement difficulté que les atteintes aux droits et intérêts des tiers.

---

15. Soc. 3 avril 2001, *Dr. soc.* 2001. 672, et les obs.

16. Ch. réun. 12 décembre 1865. Sur la confirmation de l'inopposabilité de la transaction à l'administration fiscale : Ass. plén. 24 février 2006, pourvoi n° 04-20.525.

II. L'EFFET DE LA TRANSACTION À L'ÉGARD DES TIERS

13. – La transaction, comme tout contrat et, dans une certaine mesure, comme le jugement, est dotée d'un effet relatif. Les tiers, qui n'y ont pas été partie, ne peuvent être obligés par cet acte qui leur est extérieur (A). Mais le contrat, tout comme le jugement, crée une situation juridique nouvelle qui est opposable aux tiers et qu'ils doivent, à ce titre, respecter (B).

A. LA RELATIVITÉ CONVENTIONNELLE DE LA TRANSACTION

14. – L'effet relatif de la transaction, même à l'égard de tiers relatifs, résulte des termes de l'article 2051 du Code civil : « La transaction faite par l'un des intéressés ne lie point les autres intéressés et ne peut être opposée par eux ».

La transaction n'oblige donc pas les tiers. Ainsi, la transaction conclue par l'employeur et le salarié ne lie pas l'Assedic qui peut demander le remboursement des allocations de chômage dès lors que le licenciement apparaît comme dépourvu de cause réelle et sérieuse, comme le prévoit l'article L. 122-14-4 du Code du travail[17], et la transaction conclue par la victime et le responsable ne saurait conduire à aggraver la dette de l'assureur de responsabilité[18].

La transaction ne saurait non plus leur profiter directement. Ainsi, une caisse régionale de Sécurité sociale ne saurait se prévaloir de la transaction conclue par une caisse primaire[19].

En revanche, la transaction peut profiter indirectement aux tiers qui peuvent se prévaloir de la situation juridique qu'elle a créée. Il en ira de même lorsqu'un différend commercial a été éteint[20] ou que l'extinction de la dette s'étend par ricochet à celle du débiteur solidaire ou de l'assureur[21].

15. – Le sort des tiers, liés par contrat avec l'une des parties à la transaction, dépend fréquemment des clauses que ce tiers aura eu la précaution d'inscrire dans le contrat. C'est ainsi qu'en droit des assurances, les polices contiennent une clause de style en vertu de laquelle les transactions conclues entre l'assuré et la victime ne sont pas opposables à l'assureur. Ce dernier pourra donc se prévaloir de ces dispositions dans les rapports avec l'assuré, à moins qu'il ne décide d'y renoncer[22]. La transaction lui sera par ailleurs opposable s'il a participé à sa négociation[23]. Une règle comparable figure à l'article L. 376-3 du Code de la sécurité sociale à propos de l'opposa-

17. Soc. 4 octobre 1995, *Bull. civ.* I, n° 262.
18. Civ. 1re, 27 octobre 1969, *Bull. civ.* I, n° 314.
19. Soc. 26 mai 1981, *Bull. civ.* V, n° 473.
20. Civ. 1re, 25 février 2003, BO 60.
21. Civ. 1re, 23 juin 1988, *D.* 1999. somm. 227, obs. H. Groutel.
22. Civ. 1re, 5 octobre 1999, *Bull. civ.* I, n° 253.
23. Civ. 2e, 22 juillet 1986, *Bull. civ.* II, n° 216.

bilité de la transaction conclue par l'assureur avec le tiers à la caisse de sécurité sociale, puisque la caisse doit avoir été avisée et mise en mesure de participer à la négociation.

B. Le rayonnement réglementaire de la transaction

16. – Les contrats valablement formés créent une situation juridique nouvelle qui est, en tant que telle, opposable aux tiers. À ce titre, ces derniers ne doivent rien faire pour aider l'une des parties à se soustraire à ses propres obligations.

Ce principe vaut logiquement pour la transaction[24] dès lors qu'elle a été valablement exécutée[25], et les tiers ne pourront prétendre justifier leurs propres manquements en se fondant sur une transaction à laquelle ils n'ont pas été partie[26].

17. – Les relations entretenues par un tiers avec l'une des parties dépendent toutefois des clauses particulières inscrites dans leur contrat. C'est ainsi que les contrats d'assurance contiennent également une clause de style en vertu de laquelle les transactions conclues par l'assureur avec la victime sont de plein droit opposables à l'assuré.

*

* *

18. – Puisant ses effets dans la figure du contrat et du jugement, la transaction apparaît comme un acte à la fois nécessaire et dangereux. La volonté louable de protéger les justiciables les plus fragiles incite donc la jurisprudence à tempérer ses effets les plus radicaux et invite, plus largement, à s'interroger sur l'opportunité qu'il y a à admettre sans réserve le recours à la transaction lorsque sont en cause des droits aussi fondamentaux que le droit à indemnisation des victimes de dommages corporels ou de licenciements injustifiés. Mais ceci est un autre débat...

---

24. Civ. 1re, 7 juillet 1981, *Bull. civ.* I, n° 250.
25. Civ. 1re, 7 novembre 1995, *Bull. civ.* I, n° 400.
26. Com. 14 février 1989, *Bull. civ.* I, n° 67.

Transaction et force exécutoire

Hervé Croze
Agrégé des Facultés de droit, avocat

Olivier Fradin
Huissier de justice

1. – Pourquoi diantre vouloir donner force exécutoire à une transaction ? N'est-elle pas, par définition, l'aboutissement d'un processus de règlement amiable des litiges ? Que vient faire ici la contrainte liée l'exécution forcée, alors que les parties viennent précisément de trouver un accord ?

C'est sans doute s'illusionner sur la nature humaine que de penser que les accords perdurent. Au premier litige, résolu par la transaction, peut succéder un litige relatif à l'exécution de cette dernière. On comprend, dans ces conditions, l'importance pratique de l'application de la force exécutoire à l'accord transactionnel qui n'est d'ailleurs qu'une des manifestations de la place croissante dans le droit contemporain de l'attribution de la force exécutoire en tant que mécanisme procédural autonome.

2. – Paradoxe intéressant mais non inexplicable : la montée de la force exécutoire n'est pas incompatible avec la montée de l'amiable. Au contraire, l'une accompagne l'autre, constituant ainsi un mélange étonnant dans lequel on cherche tout à la fois à concilier efficacité et douceur dans le règlement des différends.

3. – Le concept même de titre exécutoire européen illustre, à lui seul, l'autonomie de la force exécutoire, mais on peut en trouver d'autres manifestations. C'est traditionnellement l'exequatur qui montre que la force exécutoire n'est pas inhérente à toute décision juridictionnelle. Il est, on le sait, requis pour l'exécution forcée des sentences arbitrales dont la nature juridictionnelle n'est cependant guère discutable (NCPC, art. 1477). À cet égard la déjudiciarisation de l'« exequatur » de certains jugements rendus par des juridictions des États membres de l'Union européenne, qui est aujourd'hui délégué au greffe du tribunal de grande instance, constitue une

évolution notable[1]. Mieux encore, la reconnaissance de la force exécutoire est également accordée aux actes authentiques étrangers, comme français d'ailleurs, première manifestation de ce que la force exécutoire n'est pas allergique à la convention.

4. – Dans ces conditions, il est naturel que les modes de règlement amiables des litiges, qui reposent toujours sur un accord des intéressés, subissent aussi l'attraction de la force exécutoire.

On sait que les extraits du procès-verbal constatant la conciliation valent titre exécutoire[2]. Si la conciliation intervient devant un conciliateur de justice, le juge d'instance peut donner force exécutoire à l'accord intervenu si les parties en ont exprimé la volonté dans l'acte[3]. Dans le cas de la médiation, c'est une véritable homologation judiciaire qui est visée par l'article 131-12 NCPC[4].

5. – S'agissant de la transaction, deux textes cohabitent : l'article 384 qui habilite le juge à « donner force exécutoire à l'acte constatant l'accord des parties, que celui-ci intervienne devant lui ou ait été conclu hors sa présence », et l'article 1441-4[5] aux termes duquel : « Le président du tribunal de grande instance, saisi sur requête par une partie à la transaction, confère force exécutoire à l'acte qui lui est présenté »[6].

En conséquence, par une formule curieusement restrictive, la loi n° 99-957 du 22 novembre 1999 a ajouté à la liste exhaustive des titres exécutoires contenue dans l'article 3 de la loi du 9 juillet 1991 « les transactions soumises au président du tribunal de grande instance lorsqu'elles ont force exécutoire »[7].

6. – Cet amiable exécutoire s'étend aujourd'hui jusqu'aux procédures collectives. Dans les procédures de traitement des situations de surendettement, en l'absence de contestation des recommandations de la commission, il appartient au juge de l'exécution de conférer force exécutoire aux mesures recommandées par la commission (art. L. 332-1 C. consom.), mais il est vrai que si la commission recommande,

---

1. Art. 509-2 NCPC, comp. art. 509-1 pour la certification des titres exécutoires français.

2. Art. 131 NCPC, *adde* : décret n° 53-960 du 30 septembre 1953, art. 30-1 dans le cas de la fixation du loyer d'un bail commercial renouvelé.

3. Décret 20 mars 1978, art. 9.

4. À noter que, dans la rédaction du décret du 28 décembre 2005 (qui entre en principe en vigueur au 1er janvier 2006), l'article 768 NCPC prévoit que : « le juge de la mise en état peut constater la conciliation, même partielle, des parties. Il *homologue*, à la demande des parties, l'accord qu'elles lui soumettent ».

5. Introduit par le décret du 28 décembre 1998 modifiant le Code de l'organisation judiciaire et le Nouveau Code de procédure civile.

6. V. sur ce texte : R. Perrot, « L'homologation des transactions », *Procédures* 1999 chron. 10; Y. Desdevises, « Les transactions homologuées, vers des contrats juridictionnalisables ? » *D.* 2000. chron. p. 284; G. Taormina, « Brèves remarques sur quelques difficultés rencontrées dans le cadre de la procédure d'exequatur des transactions de l'article 1441-4 NCPC », *D.* 2002. 2353.

7. Droit comparé interne : sur les difficultés à admettre l'homologation juridictionnelle de la transaction dans le cadre du contentieux administratif : CE (avis) Ass. 6 décembre 2002, *Syndicat intercommunal des établissements du second cycle du second degré du district de l'Hay-les-Roses*, qui en admet cependant la recevabilité sous certaines conditions.

c'est qu'un accord amiable n'a pu être trouvé ; la menace de la force exécutoire constitue ici une incitation à parvenir à un règlement amiable.

Les principales nouveautés résultent de la loi de sauvegarde des entreprises du 26 juillet 2005. En effet, ce texte crée une procédure de conciliation que l'on se gardera de confondre avec le règlement amiable dont elle prend la suite. Selon le nouvel article L. 611-8 du Code de commerce, l'accord de conciliation peut se voir simplement conférer la force exécutoire par le président du tribunal saisi (selon les cas : de commerce ou de grande instance), mais il peut aussi être à proprement parler homologué par le tribunal même avec des effets substantiellement différents.

À cet amiable exécutoire répond comme en écho la forte participation des créanciers à l'élaboration du plan de sauvegarde ou de redressement judiciaire, notamment par le vote des comités de créanciers, signe que la décision incontestablement juridictionnelle qui arrête le plan peut elle-même trouver au moins partiellement sa source dans la recherche de l'accord des intéressés.

7. – Le plan retenu pour cette intervention à deux voix est dicté par la nécessité de n'éclipser aucun des deux orateurs[8]. C'est pourquoi on examinera d'abord les conditions d'obtention de la décision conférant la force exécutoire (I) avant d'en présenter les effets (II).

I. L'OBTENTION DE LA DÉCISION CONFÉRANT LA FORCE EXÉCUTOIRE

8. – L'attribution de la force exécutoire à la transaction est marquée d'une forte spécificité (A) qui explique en partie les règles procédurales suivies à cette fin (B).

A. La spécificité de l'attribution de la force exécutoire à la transaction

9. – La spécificité provient d'abord de la nature de l'acte auquel la force exécutoire est attribuée (1) ; elle tient ensuite au particularisme du rôle du juge en ce domaine (2).

1. La spécificité de l'acte auquel la force exécutoire est attribuée

10. – La transaction est un contrat auquel la loi attribue l'autorité de la chose jugée en dernier ressort[9]. Par là, elle se distingue à la fois des modes alternatifs de règlement des conflits et des simples accords mettant fin à un litige.

---

8. Introduction et première partie par H. Croze, seconde partie par O. Fradin.
9. Art. 2052 C. civ.

11. – L'accord qui résulte d'une médiation peut être à proprement parler *homologué* par le juge à la demande des parties (NCPC, art. L. 131-12). Cette « homologation » laisse au juge un pouvoir d'appréciation : selon un arrêt de la chambre sociale de la Cour de cassation du 18 juillet 2001[10], « le juge n'est pas tenu d'homologuer l'accord qui lui est soumis par les parties mais doit vérifier qu'il préserve les droits de chacune d'elles », comme si le consentement à l'accord issu du processus de médiation était moins ferme que celui donné dans le cadre de la transaction.

12. – Les extraits des procès-verbaux de conciliation (NCPC, art. 131) ou les actes constatant cette dernière (D. 20 mars 1978, art. 9) peuvent être rendus exécutoires par le juge, mais il n'est dit nulle part que ces accords ont, par ailleurs, l'autorité de chose jugée. Certes, il est probable que l'accord donné par une partie au règlement amiable du litige vaudra fin de non-recevoir si elle intente ultérieurement une action ayant le même objet, mais ce ne sera pas avec la force brutale de la chose jugée.

13. – Introduit par la loi de sauvegarde des entreprises, le nouvel article L. 611-8 du Code de commerce présente un intérêt théorique considérable en ce qu'il distingue explicitement entre l'attribution de la force exécutoire à l'accord de conciliation et l'homologation de ce dernier.

La distinction formelle entre les deux procédures est marquée nettement par une différence de juridictions compétentes (le président pour attribuer la force exécutoire, le tribunal entier pour homologuer), mais ce qui est plus essentiel est que le rôle du juge n'est pas le même : pour attribuer la force exécutoire, il suffit de constater l'accord; pour l'homologuer, le juge doit vérifier personnellement que certaines conditions sont remplies (absence de cessation des paiements ou... cessation de cette dernière; pérennisation de l'activité de l'entreprise; préservation des intérêts des créanciers non signataires). De là à conclure qu'attribuer la force exécutoire ce n'est pas juger, il n'y a qu'un pas, mais ce qui est troublant c'est que le même acte puisse être soumis indifféremment à l'une ou l'autre de ces procédures.

14. – Il y a d'ailleurs une troisième possibilité qu'ignore l'article L. 611-8 mais qu'il n'interdit pas, c'est que l'accord ne soit ni constaté, ni homologué. Il n'en produira pas moins les effets de tout accord entre les signataires et il est permis de se demander si, en cas de difficulté d'exécution, l'un d'entre eux pourrait demander que la force exécutoire lui soit attribuée par le président du tribunal de grande instance sur le fondement de l'article 1441-4 NCPC. La réponse est certainement affirmative si l'accord de conciliation constitue une transaction, c'est-à-dire s'il inclut des concessions des créanciers (ce qui est certain), mais aussi du débiteur (ce qui est douteux).

Ce qui est vrai de tout accord. Qu'il soit de conciliation ou de médiation, il peut être qualifié de « transaction » s'il en a les caractères essentiels. Dans ce cas, il sera pourvu de la chose jugée, attribut naturel de la décision juridictionnelle qui est, tout

---

10. *Bull. civ.* V, n° 279.

aussi naturellement, étranger au contrat, mais que le législateur attribue artificiellement à la transaction[11].

2. La spécificité du rôle du juge

15. – Il s'agit pour le juge soit de « conférer » la force exécutoire (NCPC, art. 1441-4) à la transaction, soit de la « donner » (NCPC, art. 384). Cette attribution de la force exécutoire est constitutive, elle ne se limite pas à un simple constat (a), mais elle ne se confond pas, pour autant, avec une véritable homologation de l'acte soumis au juge (b).

a. Attribuer la force exécutoire n'est pas simplement constater la force exécutoire

16. – Si la force exécutoire préexiste, il n'y a qu'à la constater ou plutôt la reconnaître ce qui est purement déclaratif.

Tel est le cas pour les décisions juridictionnelles rendues dans un État membre de l'Union qui sont exécutoires dans les autres États au vu d'une simple déclaration constatant leur force exécutoire originelle[12].

Même si la déclaration en force exécutoire peut faire l'objet d'un recours notamment de la partie contre laquelle l'exécution est demandée[13], il n'en reste pas moins que le contrôle du juge (voire du greffier !) est purement formel, du fait de l'existence d'une certification du caractère exécutoire par l'État d'origine[14], et intervient au terme d'une procédure non contradictoire[15].

17. – L'automaticité de la décision constatant la force exécutoire ne doit pas étonner puisqu'il ne s'agit que de révéler ce qui existe : la décision étrangère a, en effet, la force exécutoire dès l'origine ; il suffit, de ce point de vue, de la « reconnaître » ; il ne s'agit pas de l'attribuer.

b. Attribuer la force exécutoire n'est pas homologuer

18. – L'homologation requiert du juge un contrôle substantiel de l'acte qui ne nous semble pas requis dans le cadre de l'attribution de la force exécutoire.

Ainsi, pour revenir au droit des procédures collectives qui est décidément une mine d'exemples significatifs, le nouvel article L. 642-24[16] prévoit une vraie homo-

---

11. Question ouverte : hors la transaction, la volonté des parties peut-elle conférer l'autorité de chose jugée à une convention ? Certes la volonté des parties peut créer des fins de non-recevoir conventionnelle. On hésite toutefois à parler ici de « chose jugée » tant cette notion est consubstantielle à l'acte de juger.

12. Règlement (CE) du Conseil n° 44/2001 du 22 décembre 2000, art. 38-1, comp. art. 509-2 NCPC.

13. Règlement (CE) du Conseil n° 44/2001, art. 43.

14. Règlement (CE) du Conseil n° 44/2001, art. 54.

15. Règlement (CE) du Conseil n° 44/2001, art. 41.

16. Qui reprend l'ex-article L. 622-20 C. com.

logation par le tribunal du compromis ou de la transaction passés par le liquidateur, avec l'autorisation du juge-commissaire, quand la valeur en cause excède la compétence en dernier ressort du tribunal. Pareille homologation est en effet une condition de la validité même de l'acte.

Le même terme est employé à l'article L. 611-8 II dans le cas de l'homologation éventuelle de l'accord de conciliation. Ici, l'homologation n'est nullement une condition de validité, mais elle conditionne des effets particulièrement forts de l'accord (ainsi le privilège de la conciliation (art. L. 611-11) ou l'impossibilité de principe de remonter la date de cessation des paiements avant le jugement d'homologation (art. L. 631-8)). Elle suppose par ailleurs un contrôle substantiel par le tribunal de l'existence des conditions édictées au texte.

19. – Il n'est nullement évident qu'un tel contrôle soit nécessaire ou même utile pour attribuer la force exécutoire à la transaction. Il s'agit fondamentalement d'une opération d'exequatur qui apparaît très proche de celui qui est donné aux sentences arbitrales (NCPC, art. 1477), ce qui conduit à limiter le contrôle judiciaire à un contrôle formel de l'acte soumis et, éventuellement, de conformité à l'ordre public, mais également à interdire toute remise en cause directe ou indirecte de l'accord préalable des parties à la transaction.

B. La procédure permettant de conférer force exécutoire à la transaction

1. La compétence

20. – La compétence matérielle est, on le sait, partagée entre le juge saisi du litige et le président du tribunal de grande instance dans les autres cas.

21. – Si un juge est saisi, c'est à lui qu'il appartient de donner force exécutoire à la transaction, peu importent qu'elle intervienne devant lui ou qu'elle ait été conclu hors sa présence (NCPC, art. 384).

Ce principe, appliqué régulièrement en jurisprudence[17], conduit, par exemple, à admettre qu'un conseil des prud'hommes puisse donner force exécutoire à une transaction intervenue entre un salarié et son employeur[18].

22. – Si aucun juge n'est saisi au jour de la demande de force exécutoire, c'est au président du tribunal de grande instance que l'article 1441-4 NCPC attribue

---

17. Civ. 2e, 12 juin 1991, *Bull. civ.* II, no 183 ; *D.* 1992. J. 320, note F. Durieux. Toulouse 12 janvier 2000, *Juris-Data* no 2000-106552.

18. Paris 22 septembre 1999, *Procédures* 2000, com. 119, obs. R. Perrot, solution fondée curieusement en l'espèce sur l'article L. 511-1 du Code du travail qui édicte la compétence exclusive du conseil des prud'hommes. V. en sens contraire : Toulouse 19 mai 2004, *Juris-Data* no 2004- 259964, qui, au contraire, dénie ce pouvoir au conseil des prud'hommes en se fondant sur une prétendue compétence exclusive du président du tribunal de grande instance sur le fondement de l'article 1441-4 NCPC.

compétence. Ce texte prive d'effet une clause attribuant compétence à cet effet à une autre juridiction[19], de même d'ailleurs qu'une clause compromissoire[20].

2. La procédure

23. – Dans le cas de l'article 1441-4 NCPC, il convient de s'interroger sur la procédure suivie.

La demande est présentée sous forme de requête de l'une ou l'autre des parties, à la différence de la demande d'homologation d'une médiation qui doit, semble-t-il, émaner de toutes les parties[21].

24. – Ce n'est pas parce que la procédure est introduite par voie de requête unilatérale que toutes les règles applicables aux ordonnances sur requête sont nécessairement applicables ; il y a même de fortes raisons d'en douter[22], l'existence d'un recours du fait du défaut de contradiction pouvant très bien être fondée sur le seul article 17 NCPC[23]. Mais les ordonnances sur requête sont un cadre accueillant et connu, de sorte que certaines juridictions n'hésitent pas à y faire expressément référence[24], y compris pour imposer la présentation de la requête introductive par un avocat postulant puisque la compétence appartient au président du tribunal de grande instance[25].

3. La décision

25. – De prime abord, l'attribution de la force exécutoire ne relevant que de l'*imperium*, on ne s'attend pas à ce que le juge procède à un examen approfondi de l'affaire. Toutefois il s'agit bien d'une décision et non d'un simple visa, de sorte que le juge saisi doit se livrer à un certain contrôle, fût-il réduit.

26. – Selon une heureuse formulation empruntée à la cour d'appel de Versailles[26] : « l'ordonnance rendue sur requête par le président du Tribunal de grande instance n'est pas un simple visa apposé automatiquement mais suppose un contrôle minimum du juge au moins sur la nature de la convention qui lui est soumis et sur

---

19. Paris 26 janvier 2004, *Juris-Data* n° 2004-237356.

20. Paris 26 septembre 2003, *Juris-Data* n° 2003-225096 ; *D.* 2004. 1042, note H. Kenfack. Aix en Provence 24 février 2005, *Juris-Data* n° 2005-271194. La solution s'impose parce que conférer la force exécutoire relève de l'*imperium* du juge.

21. Arg. le pluriel employé à l'article L. 131-12 C. civ. En ce sens : G. Taormina, *préc.* et Paris 7 novembre 2002, *Bull. ch. avoués* 2003. 1. 30 qui ne permet pas d'homologuer l'accord des parties demandée par l'une des parties et dans le cas où le protocole ne le prévoit pas.

22. V., G. Taormina, *préc.*

23. Aix en Provence 24 février 2005, *Juris-Data* n° 2005-271194.

24. TGI Paris (JEX) 20 mars 2000 ; *Procédures* juin 2000, n° 145, p. 11, note H. Croze.

25. TGI Brest (ord.) 6 août 2002 ; *BICC* 15 octobre 2002, n° 1040, application par défaut en quelque sorte, de l'article 813 NCPC.

26. 18 juin 2003, *Juris-Data* n° 2003-257934 ; *D.* 2004. 1332, note R. Thominette.

sa conformité apparente à l'ordre public ». C'est dire qu'il ne peut s'agir d'un simple « coup de tampon », comme l'apposition de la formule exécutoire sur une ordonnance d'injonction de payer après expiration du délai d'opposition (NCPC, art. 1423), ce qui implique que cette tâche ne pourrait être déléguée au greffe.

27. – Ce contrôle minimum du juge paraît bien se limiter aux deux éléments cités par la cour versaillaise : 1) l'acté déféré est-il bien une transaction ? 2) est-il au moins apparemment conforme à l'ordre public[27] ? Il s'agit donc d'un contrôle comparable à celui exercé par le juge qui confère l'exequatur aux sentences arbitrales ; selon une formule de la deuxième chambre civile de la Cour de cassation[28], « le rôle du juge investi du pouvoir de rendre exécutoire une sentence arbitrale est strictement limité, (...)il n'a pas a vérifier si la sentence a été ou non exécutée, et (...)il ne peut refuser l'exequatur que si l'acte qui lui est soumis n'a pas un caractère contentieux et ne constitue pas une sentence arbitrale, ou si son inexistence est flagrante, ou enfin si ses dispositions sont contraires à l'ordre public ».

28. – L'existence d'un contrôle du juge, fût-il minime, inciterait à penser que la décision ne relève pas du seul *imperium* mais comporte aussi un aspect juridictionnel. Mais, comme toutes les discussions sur la nature des choses, ce débat risque de dériver vers la question du sexe des anges. L'essentiel n'est-il pas que, quelle qu'en soit la nature, la décision du juge saisi d'une demande tendant à conférer la force exécutoire à une transaction puisse faire grief à l'une ou l'autre des parties : au requérant quand la force exécutoire est refusée[29], à la partie qui n'a pas été entendue lorsqu'elle est ordonnée ? Dès lors qu'une décision peut, d'une manière ou d'une autre, porter préjudice à un citoyen, il est nécessaire, dans une démocratie procédurale au sens large du terme, qu'elle puisse faire l'objet d'un recours approprié.

II. LES EFFETS DE LA DÉCISION CONFÉRANT LA FORCE EXÉCUTOIRE

29. – S'interroger sur les effets de la décision conférant force exécutoire nécessite de régler la question de la chose jugée attachée à la décision (A) ainsi que celle relative à la portée de la force exécutoire (B).

---

27. Comp. Limoges 2 janvier 2002, *Juris-Data* n° 2002-197845.

28. Civ. 2e, 17 juin 1971, *Bull. civ.* II, n° 222 ; *D.* 1971. somm. 177 ; *JCP* 1971. II. 16914, note Level ; *Gaz. Pal.* 1971. 2. 528 ; *Rev. arbitrage* 1972. 10, note B. M.

29. Ce qui impose une motivation. Comp. dans le cas du refus d'exequatur d'une sentence arbitrale : art. 1478, al. 2 NCPC.

A. La spécificité de l'autorité de chose jugée

30. – La spécificité est double. Elle tient d'abord à la nature de la décision ayant autorité de chose jugée (1). Elle réside ensuite dans la possibilité de remise en cause de la chose jugée par l'exercice d'une voie de recours (2).

1. La nature de la décision conférant force exécutoire

31. – Une chose est certaine : puisque la transaction a autorité de chose jugée[30], la décision lui conférant force exécutoire a autorité de chose jugée.

32.– Mais il s'agit bien de la seule certitude en la matière. La décision conférant force exécutoire a pour le reste une nature hybride qui rend l'appréhension de sa nature fuyante.

33. – Cette décision a-t-elle une nature juridictionnelle ou conventionnelle ? Il est au moins acquis que la transaction à laquelle est conférée la force exécutoire conserve un caractère conventionnel, les voies de nullités, prévue par les articles 2052 et suivants du Code civil, étant ouvertes contre elle. Toutefois, la décision est un titre exécutoire, la loi la classant au même rang que les décisions des juridictions de l'ordre judiciaire ou de l'ordre administratif[31], ce qui pourrait permettre d'en déduire une nature juridictionnelle et d'en tirer toute conséquence au moment de l'exécution forcée[32].

34. – Cette décision a-t-elle une nature gracieuse ou contentieuse ? La réponse à cette question n'a pas ici qu'un intérêt théorique. En effet, certains considèrent que cette décision est susceptible d'appel[33]. En conséquence, le délai d'appel sera de 15 jours si la décision est gracieuse mais d'un mois si elle est contentieuse[34]. Certains auteurs[35], même sans prendre réellement partie, semblent opter pour la nature gracieuse puisque le juge peut, afin de conférer force exécutoire, « procéder d'office à toutes les investigations utiles » (NCPC, art. 27) et « entendre sans formalité les personnes qui pourraient être intéressées » (NCPC, art. 27) ainsi que « ordonner la mise en cause des personnes dont les droits et les charges risqueraient d'être affectés par la décision à prendre (NCPC, art. 332), et bien entendu on pense en priorité au partenaire contractuel tenu à l'écart. En d'autres termes, la procédure gracieuse offre tous les instruments nécessaires pou faire éclater une contestation entre les deux partenaires à la transaction ». Un tribunal a évité à sa façon le débat en déniant à la transaction rendue exécutoire toute nature de décision de justice[36], de sorte

30. En dernier ressort (art. 2052 C. civ.). Par conséquent, si une instance a été introduite, elle est éteinte à titre accessoire par l'effet de la transaction (art. 384 NCPC).
31. Loi 9 juillet 1991, art. 3, 1.
32. V. *infra* n° 41 et s.
33. V. *infra* n° 38.
34. Art. 538 NCPC.
35. R. Perrot, « L'homologation des transactions (...) », *Procédures* 1999. chron. 10.
36. TGI Brest (référés) 5 mars 2001, *Juris-Data* 2001-152298.

que cette décision n'est pas « susceptible de faire obstacle à l'octroi de nouveaux délais de paiement par le juge ».

35. – Il ne semble ainsi pas possible de classer cette décision dans une catégorie connue, ce qui incite un auteur à opter pour une catégorie spéciale, créée sur mesure, celle du « contrat juridictionnalisable »[37]. En effet, la décision conférant force exécutoire donne au contrat passé hors de la présence du juge[38], ce contrat étant valable sans l'intervention du juge[39], les effets d'un jugement civil sans lui conférer pour autant les effets d'un jugement contentieux[40].

2. Les voies de recours contre la décision conférant force exécutoire

36. – En marge de la question des voies de recours contre la décision conférant force exécutoire, celle des voies de recours contre la décision rejetant la requête afin de voir conférer force exécutoire à la transaction doit être évacuée. L'hésitation est permise entre l'appel[41] ou l'action au fond par la partie qui prétend qu'il s'agit bien d'une transaction ou qu'elle est effectivement conforme à l'ordre public, afin de demander au juge compétent qu'il affirme la validité de la transaction[42].

37. – En outre, il semble que, même revêtue de la force exécutoire, la transaction puisse rester l'objet d'une action en nullité dans les conditions des articles 2052 et suivants du Code civil.

38. – Là encore, à l'instar des hésitations relatives à la nature de la décision conférant force exécutoire, la question des voies de recours contre la décision conférant force exécutoire est loin d'être réglée et les divergences jurisprudentielles sont notables.

39. – Les décisions publiées sur cette question optent entre le « référé-rétractation », afin que soit rétabli *a posteriori* le principe de la contradiction[43],

37. Y. Desdevises, « Les transactions homologuées, vers des contrats juridictionnalisables ? », D. 2000. 284.

38. La décision conférant force exécutoire se distingue ainsi du « contrat judiciaire », comme un procès-verbal de conciliation ou un jugement d'adjudication sur saisie immobilière.

39. La décision conférant force exécutoire se distingue alors du jugement gracieux, dont la spécificité est précisément qu'il est nécessaire à la validité de l'opération.

40. La décision conférant force exécutoire fait seulement appel à l'*imperium* du juge, alors que le jugement contentieux nécessite également que le juge utilise son pouvoir de *juridictio*.

41. Art. 496 NCPC, en suivant la procédure en matière gracieuse (art. 950 et s.).

42. Dans ce sens, S. Guinchard, sous art. 1441-4, n° 007 b), obs. in *Megacode Nouveau Code de procédure civile commenté*, Dalloz, 1999.

43. Versailles 18 juin 2003 : *supra* n° 25 : « la partie à l'insu de laquelle l'ordonnance a été rendue doit donc disposer d'un recours approprié ». Dans le même sens : TGI Paris (JEX) 20 mars 2000 : *supra* note 24. La motivation de cette décision est particulièrement révélatrice de l'embarras des tribunaux sur cette question : « Il s'agit donc d'une sorte d'exequatur obtenue sur requête et à supposer qu'elle soit exécutoire sur minute comme toutes les ordonnances sur requête et ne nécessite donc pas

l'appel[44], voire, parce qu'aucune voie recours ne serait ouverte, l'appel-nullité[45].

40. – Si la décision rendue sur recours contre celle conférant force exécutoire est annulée ou réformée, la transaction en elle-même ne doit pas être affectée. D'ailleurs, pendant l'examen du recours contre la décision conférant exécutoire, la transaction est toujours revêtue de la force exécutoire, de sorte que le créancier pourrait poursuivre une procédure civile d'exécution même pendant cette instance[46].

B. La portée de la force exécutoire

41. – La décision conférant force exécutoire à la transaction est un titre exécutoire (1), ce qui, compte tenu de la nature de cette décision, n'est pas sans poser certaines questions et difficultés au moment de la mise en œuvre de l'exécution forcée (2).

1. La transaction, titre exécutoire

42. – Le législateur permet de conférer force exécutoire à une transaction. Il ne s'est heureusement pas arrêté en si bon chemin et en tire les conséquences en donnant toute sa portée à la décision conférant force exécutoire qui se voit attribuer la valeur d'un titre exécutoire. Ainsi, la loi n° 99-957 du 22 novembre 1999 a, dans son article 4, modifié l'article 3, 1°, de la loi n° 91-650 du 9 juillet 1991, portant réforme des procédures civiles d'exécution et partant, la liste des titres exécutoires. La loi ajoute aux décisions des juridictions de l'ordre judiciaire ou de l'ordre administratif « les transactions soumises au président du tribunal de grande instance lorsqu'elles ont force exécutoire ».

43. – L'ajout de la transaction au même « niveau » que les décisions juridictionnelles traditionnelles ne doit toutefois pas permettre de déduire que la décision conférant force exécutoire est une « décision de justice » au sens de l'article 61 de la loi du 9 juillet 1991. Pourtant, aux termes de cette disposition, « (...) l'expulsion ou l'évacuation d'un immeuble ou d'un lieu habité ne peut être poursuivie qu'en vertu d'une décision de justice ou d'un procès-verbal de conciliation exécutoire (...). ».

---

de signification préalable à l'exécution laquelle n'a pas été faite, alors son régime doit au minimum suivre celui desdites ordonnances sur requêtes ».

44. Selon la procédure ordinaire contentieuse : Paris 26 septembre 2003, *D.* 2004. 1042, note H. Kenfack.

45. À la seule condition qu'il soit fait valoir à l'encontre de la décision rendue un moyen tendant à la faire annuler pour violation d'un principe d'ordre public (Toulouse 27 février 2001, inédit : décision n° 1999/03250).

46. À la différence de l'opposition contre une ordonnance d'injonction de payer qui, bien que ne devant pas conduire à ordonner la mainlevée d'une saisie-attribution pratiquée, fait toutefois obstacle, jusqu'à ce qu'il ait été statué sur l'opposition par la juridiction compétente, au paiement au créancier des sommes rendues indisponibles par la saisie (Cass. avis du 8 mars 1996, *Bull. avis*, n° 4 p. 2).

Néanmoins, la Cour de cassation est intervenue par un avis du 20 octobre 2000 selon lequel une transaction revêtue de la force exécutoire n'est pas un titre fondant une expulsion, « ce titre ne constituant aucun des deux titres exécutoires limitativement énumérés par l'article 61 de la loi du 9 juillet 1991 »[47].

44. – La Cour de cassation empêche ainsi d'assimiler la décision conférant force exécutoire à un jugement et, bien que cette décision soit un titre exécutoire, elle est privée de certains des effets que la loi n'attribue qu'aux jugements. Ainsi, il ne semble pas possible, sur le fondement de la décision conférant force exécutoire à une transaction, d'inscrire une hypothèque judiciaire en vertu l'article 2123 du Code civil, ce qui implique que la procédure de l'hypothèque judiciaire provisoire puis définitive, définie par les articles 251 et suivants du décret n° 92-755 du 31 juillet 1992, doit être seule suivie.

45. – Pour le reste, en revanche, la décision conférant force exécutoire à une transaction est bien un titre exécutoire et permet ainsi de mettre en œuvre l'exécution forcée.

2. La mise en œuvre de l'exécution forcée

46. – Mettre en œuvre l'exécution forcée pose diverses questions, dont celles relative aux conditions préalables à l'exécution, au premier rang desquelles l'obligation de notifier la décision conférant force exécutoire. Il semble que, malgré les termes de l'article 503 du NCPC, il ne soit pas obligatoire de notifier cette décision, la seule obligation préalable étant celle de « présenter » cette décision[48].

47. – Les praticiens peuvent stipuler à la transaction une astreinte, conformément à l'article 2047 du Code civil[49]. En l'absence d'une telle stipulation, le juge de l'exécution est compétent pour assortir d'une astreinte la décision conférant force exécutoire à la transaction, même si l'exécution forcée n'est pas encore engagée[50].

48. – Bien sûr, en cas de difficulté relative à l'exécution, le juge de l'exécution tire sa compétence de l'article L. 311-12-1 du Code de l'organisation judiciaire pour statuer[51]. Il doit alors rendre un jugement avec ses pouvoirs traditionnels : s'il n'a pas le pouvoir de remettre en cause le contenu de la transaction, il a certainement le pouvoir de l'interpréter. Cette dernière mission du juge de l'exécution peut être délicate : autant l'occasion d'interpréter un jugement se présente en pratique assez

---

47. *Bull. avis*, n° 9, p. 9; *JCP E* 2000. 1884; JCP 2001. II. 10479, note Y. Desdevises; *Procédures* 2001, comm. 34, obs. H.C.

48. TGI Paris (JEX) 20 mars 2000, *supra* note 24. Ainsi, la décision « doit être présentée non seulement au tiers saisi mais aussi au débiteur saisi au plus tard lors de la dénonciation de la saisie-attribution ».

49. « On peut ajouter à une transaction la stipulation d'une peine contre celui qui manquera de l'exécuter ».

50. Civ. 2e, 8 décembre 2005 (inédit), n° 04-10444.

51. Paris 26 septembre 2003, *supra* note 20.

peu, autant la rédaction maladroite, voire obscure ou contradictoire de certaines transactions, dont le ou les auteurs ne sont pas forcément juristes, ni même rompus à la rédaction d'un contrat, conduit plus fréquemment le juge de l'exécution à tenter de tirer d'une ou plusieurs clauses l'esprit des parties, ce qui peut se révéler dans certains cas un exercice acrobatique.

Deuxième partie

Les droits spéciaux

Transaction et droit de l'indemnisation

Stéphanie Porchy-Simon
Professeur à l'Université Jean Moulin (Lyon III)

1. – Les avantages habituellement attachés à la transaction, lorsqu'on la compare avec les modes de règlement juridictionnel des litiges, sont bien connus : rapidité, coûts inférieurs, mais aussi moindre souci pour les parties. Un tel mode de règlement, autorisé par l'article 2046 du Code civil sur les intérêts civils, paraît donc à première vue particulièrement en phase avec les préoccupations propres au droit de l'indemnisation[1], puisqu'on retrouve ici, ainsi que le démontrent notamment les évolutions contemporaines du droit de la responsabilité, une même volonté d'accélérer l'indemnisation des victimes, comme d'en faciliter l'existence. Le développement contemporain des procédures amiables d'indemnisation[2] démontre d'ailleurs la volonté du législateur d'épargner aux victimes les lenteurs et les difficultés liées à la mise en œuvre judiciaire de leurs droits.

2. – Si transaction et droit de l'indemnisation paraissent donc à première vue aller de paire, la transaction, ici comme ailleurs, étant « porteuse d'un bien » car « extinctrice d'un mal »[3], une étude plus approfondie laisse apparaître une situation beaucoup plus conflictuelle, mettant en valeur les paradoxes de la transaction dans le droit de l'indemnisation (I), paradoxes dont l'issue pourrait être l'éviction du modèle de la transaction du droit de l'indemnisation (II).

---

1. Par « droit de l'indemnisation », nous entendrons ici le droit de la responsabilité et des assurances, ainsi que l'étude des régimes spéciaux d'indemnisation mis en place par le législateur.
2. V. pour une récente illustration, loi n° 2002-303 du 4 mars 2002, codifiée sous art. L. 1142-1 et s. du CSP.
3. J. Carbonnier, *Flexible droit*, 6e éd., LGDJ, p. 292 et s.

I. LES PARADOXES DE LA TRANSACTION DANS LE DROIT DE L'INDEMNISATION

3. – Le droit positif laisse apparaître une place paradoxale de la transaction dans le droit de l'indemnisation, puisque, bien que promu par le législateur (A), ce mode de règlement des litiges semble, dans les faits, contraire au droit à indemnisation intégrale des victimes (B).

A. Promotion de la transaction dans le droit de l'indemnisation

4. – L'examen des données statistiques relatives aux modalités concrètes des victimes d'accidents montre que la transaction est, de loin, le modèle privilégié de la pratique. Ainsi, dans le domaine particulier des accidents de la circulation, si le fichier AGIRA indique un pourcentage de transaction proche de 90 %, des études plus approfondies établissent un chiffre inférieur : 60 % dans les dossiers dits « graves », 76 % dans les autres cas[4]. Si ce pourcentage est plus modeste, il reste néanmoins fort significatif et érige la transaction en modalité de référence dans le processus d'indemnisation des victimes. Or, un tel état de fait a été rendu possible par les règles conjuguées du droit des assurances et de la responsabilité civile.

5. – Les assureurs ayant toujours été favorables à la transaction, qui leur épargne les coûts d'un procès, ont développé ce mode de règlement des conflits par l'intermédiaire de deux clauses du contrat d'assurance, qui leur confèrent, de fait, l'entière maîtrise de la transaction. Ainsi, une première clause, autorisée par l'article L. 124-2 du Code des assurances, devenue aujourd'hui une clause de style, interdit à l'assuré de transiger en dehors de la présence de l'assureur, sous peine d'inopposabilité de la transaction à ce dernier. Une seconde clause autorise symétriquement, quant à elle, l'assureur à transiger seul, en dehors de toute présence de l'assuré. La combinaison de ces deux stipulations a permis le développement considérable de la transaction dans la pratique du droit des assurances, non d'ailleurs sans poser un certain nombre de problèmes, que l'objet nécessairement restreint de notre propos ne saurait permettre de développer[5]. Plus généralement, il en est résulté un bouleversement procédural, puisque l'assureur devient « le partenaire habituel de la victime dans la négociation de la transaction portant sur la réparation du dommage »[6].

---

4. E. Serverin, *L'accident corporel de la circulation, entre transactionnel et juridictionnel*, CERCRID, 1997.

5. Pour une étude approfondie des difficultés posées par la mise en œuvre de ces clauses, v. par exemple, *Lamy droit des assurances*, n° 1401 et s.

6. G. Viney et P. Jourdain, « Les effets de la responsabilité », *in* J. Ghestin (dir.) *Traité de droit civil*, LGDJ, 2e éd, 2001, n° 269, p. 505.

Or, un tel schéma, qui opère, dans les faits, une promotion de la transaction a reçu le soutien du législateur par le biais des règles de la responsabilité civile.

6. – Dans cette matière, les dispositions les plus significatives résultent de la loi Badinter du 5 juillet 1985, qui, par l'obligation faite à l'assureur d'adresser à la victime une offre de transaction[7], dans un délai maximum de huit mois, érige cet acte *en procédure de droit commun*, et en fait le passage obligé dans le processus d'indemnisation. Cette démarche a par la suite été reprise dans des lois ultérieures. Ainsi en est-il notamment en ce qui concerne l'indemnisation des victimes d'actes de terrorisme. Si l'article L. 422-2 du Code des assurances ne parle en effet que d'offre d'*indemnisation*, et non formellement de transaction, le renvoi opéré aux articles L. 211-15 et s. du Code des assurances, qui se réfèrent quant à eux expressément à la transaction, démontre la volonté du législateur d'inciter les parties à la conclusion d'un tel acte. Plus récemment, la loi n° 2002-303 du 4 mars 2002 relative à l'indemnisation des victimes d'accidents médicaux a également promu le modèle de la transaction. En effet, dans ce dernier texte, qui s'inspire fortement du dispositif mis en place par la loi Badinter, l'assureur du professionnel de santé responsable[8] ou l'ONIAM[9] doit faire une offre d'indemnisation à la victime dans le délai de quatre mois suivant l'avis de la commission régionale de conciliation et d'indemnisation, offre dont l'acceptation vaut, selon les termes des articles L. 1142-14 et 17 du Code de la santé publique, « transaction au sens de l'article 2044 du Code civil ».

7. – Dès lors, le législateur, reprenant, en les systématisant, les pratiques habituelles dans le domaine de l'assurance, a réalisé une mise en exergue de la transaction comme modèle procédural d'indemnisation des victimes d'accidents[10]. Ce mode opératoire semble être ici conçu comme le meilleur garant des droits des victimes, puisque sa généralisation a justement été opérée à l'occasion de lois dont le but proclamé était l'amélioration de la situation de ces dernières. Dès lors, à la suite des rédacteurs du Code civil, le législateur contemporain semble bien considérer la transaction comme « le plus heureux des moyens de mettre fin aux différents », mais aussi comme le meilleur procédé de mise en œuvre du droit à indemnisation. Le contraste apparaît dès lors frappant au regard des très vives critiques adressées par les spécialistes de la matière qui voient, bien au contraire, dans la transaction, un instrument de remise en cause du droit à indemnisation des victimes.

---

7. Art. L. 211-9 C. assur.
8. Art. L. 1142-14 CSP.
9. Art. L. 1142-17 CSP.
10. V. pour une démonstration très nette, Ch. Jarosson, « La transaction comme modèle », *in* P. Ancel et M.-C. Rivier (dir.), *Le conventionnel et le juridictionnel dans le règlement des différends*, Economica, 2001, p. 58 et s.

B. Remise en cause de la transaction dans le droit de l'indemnisation

8. – Le tableau dressé par la doctrine quant au rôle de la transaction dans le droit de l'indemnisation apparaît en effet fort sombre[11]. Le principal grief est celui de la faiblesse des sommes obtenues par la victime lorsqu'elle accepte de transiger avec l'assureur du responsable, voire avec les fonds d'indemnisation[12]. Ainsi, selon Mme Neher-Schraub, « chaque fois que nous avons à connaître d'une transaction, nous sommes surpris car les montants alloués par voie de transaction sont inférieurs de moitié voire parfois des deux tiers aux sommes que nous aurions accordées dans les mêmes circonstances »[13]. L'étude réalisée par le CERCRID met en avant des écarts un peu moins élevés, mais tout aussi significatifs, en démontrant une différence entre le mode transactionnel et juridictionnel tant au niveau de l'appréciation de la gravité du préjudice (taux d'IPP notamment) que des montants moyens d'indemnisation[14].

9. – Cette différence du montant des dommages-intérêts s'explique essentiellement par l'état d'infériorité dans lequel se trouve la victime lors de ses discussions avec l'assureur, l'assistance de celui-ci par un avocat spécialiste du dommage corporel étant en effet fort rare. Le plus souvent, les victimes ignorent tout des chefs de préjudices indemnisables, comme de leur montant moyen d'indemnisation. Certains postes de préjudices, dont la réparation est aujourd'hui clairement admise par la jurisprudence, tel que le préjudice sexuel, sont ainsi le plus souvent absents des offres de transaction faites par les assureurs. D'autres postes sont notoirement sous-évalués, l'exemple le plus frappant résidant dans l'assistance d'une tierce personne, que les assureurs indemnisent sur une base notoirement insuffisante[15]. Le profond déséquilibre entre les parties à l'occasion de la transaction compromet donc fortement le droit à indemnisation et paraît porter une atteinte réelle au principe de la réparation intégrale. Or,

11. V. par exemple, Ph. Brun, *Responsabilité civile extra-contractuelle*, Litec, 2005, n° 644. J. Cauchard, « La transaction dans l'indemnisation du dommage corporel », *RTD civ.* 1989. 1. Y. Lambert-Faivre, *Droit du dommage corporel*, 4e éd., Dalloz, coll. « Précis », 2004, n° 404 et s. M. Quenillet-Bourrié, « L'évaluation judiciaire du dommage corporel : pratiques judiciaires et données transactionnelles », *JCP* 1995. I. 3818. G. Viney et P. Jourdain, *préc.*, n° 275 et s.

12. A. Guegan-Lecuyer, « Confrontation des offres d'indemnisation du FIVA au pouvoir judiciaire », *D.* 2005. chron. n° 351.

13. N. Neher-Schraub, « Bilan et perspectives : le point de vue du magistrat », in *Dixième anniversaire de la loi Badinter sur la protection des victimes d'accidents de la circulation : bilan et perspectives*, numéro spécial *Resp. civ. et assur.* avril 1996. 14.

14. Différence de 45 % pour les montants moyens versés pour les accidents graves et de 60 % pour les accidents légers. Rapport du CERCRID, *préc.*, p. 183. Dans le même sens, M. Quenillet-Bourrié, *préc.*

15. V. ainsi, Aix en Provence 14 avril 2004, *Gaz. Pal.* 29 et 30 décembre 2004. 6 et s.; *D.* 2004. 2959, note C. Bloch, où l'assistance d'une tierce personne avait été indemnisée sur la base d'un coût horaire de 13,53 francs, alors que le coût réel est beaucoup plus élevé (autour de 15 euros de l'heure).

un tel état de fait est extrêmement préjudiciable, d'autant plus que les moyens pour la victime de contester la transaction une fois conclue paraissent fort limités.

10. – La remise en cause directe de la transaction du seul fait de la faiblesse du montant des dommages-intérêts octroyés étant en effet exclue, l'article 2052 alinéa 2 du Code civil écartant expressément la faculté d'attaquer celle-ci sur le fondement de *la lésion*, les victimes ont dès lors dû trouver un certain nombre de biais, consacrés de façon plus ou moins bienveillante par la jurisprudence, pour tenter de la contester.

Le premier repose sur la théorie des vices du consentement, à laquelle d'amples développements ont été consacrés précédemment[16], et dont nous nous contenterons donc de rappeler rapidement les principaux éléments. Le vice le plus couramment invoqué est l'erreur sur l'objet de la transaction, que la Cour de cassation admet de façon restrictive. Celle-ci ne sanctionne en effet que l'erreur sur l'existence ou la nature de la lésion, excluant à l'inverse qu'une erreur soit invoquée en cas d'aggravation du préjudice[17]. Dès lors, la victime doit prouver l'apparition d'une lésion nouvelle, ce qui limite considérablement les hypothèses de nullité de la transaction sur un tel fondement et ne permet surtout pas de remédier à une éventuelle sous-évaluation du préjudice.

La violence, par le biais de son application dans le cas de la contrainte économique, a pu sembler une voie prometteuse, l'arrêt de principe de la première chambre civile de la Cour de cassation du 30 mai 2000[18] ayant précisément été rendu dans une hypothèse de transaction conclue avec *un assureur*. Cette espèce apparaît dès lors particulièrement symbolique des paradoxes de la transaction dans le droit de l'indemnisation, puisque l'on voit tous les excès auxquels celle-ci peut conduire. Mais les conditions de mise en œuvre de ce nouveau vice, telles qu'elles ont été précisées par la jurisprudence ultérieure[19], ne permettent une sanction de celui-ci que dans des hypothèses marginales et ne pourront, le plus généralement, pas être établies par la victime d'un dommage corporel.

À défaut d'établir un vice du consentement, la victime peut tenter de contourner l'effet extinctif dont la transaction est dotée au regard des articles 2049 et 2052 du Code civil en demandant une réparation complémentaire pour un préjudice prétendument nouveau et donc, par hypothèse, non inclus dans l'acte initial. Les tribunaux saisis doivent alors se livrer à une interprétation de ce dernier, afin de déterminer si le fait invoqué avait déjà été envisagé dans le contrat originaire. Si tel était le cas, l'effet extinctif de la transaction s'oppose en principe à toute

---

16. V. dans le présent ouvrage, l'intervention de B. Mallet-Bricout, « Vices et transaction ».

17. Jurisprudence constante depuis Civ. 1re, 9 juillet 1963, *JCP* 1963. II. 13413. Pour une étude approfondie de cette jurisprudence, v. par exemple, P. Chauvel, *Rép. Civ.*, v. « Transaction », n° 244 et s.

18. Civ. 1re, 30 mai 2000, *D.* 2000. 879.

19. Civ. 1re, 3 avril 2002, *D.* 2002. 1860, précisant que « seule l'exploitation abusive d'une situation de dépendance économique, faite pour tirer profit d'un mal menaçant directement les intérêts légitimes de la personne » peut caractériser la violence.

demande d'indemnisation complémentaire. Mais si un préjudice réellement nouveau est invoqué, soit qu'il ait été totalement ignoré dans la transaction initiale, soit qu'il s'agisse de l'aggravation imprévisible d'une lésion préexistante, un complément d'indemnité pourra être accordé[20]. Les difficultés causées par l'aggravation du dommage ont d'ailleurs suscité des dispositions spécifiques de la loi Badinter, puisque l'article L. 211-19 du Code des assurances prévoit désormais la possibilité pour la victime de demander à l'assureur, dans le délai de l'article 2270-1 du Code civil, réparation de toute aggravation du préjudice.

11. – Les possibilités de remise en cause de la transaction sur le fondement du droit commun s'étant révélées fort limitées, et apparemment conscient de certaines difficultés engendrées par ce contrat dans la mise en œuvre du droit à indemnisation, le législateur a également tenté de mettre en place, dans les lois spéciales, certaines mesures protectrices des victimes. Ainsi dans le cadre de la loi Badinter, des mesures d'information de cette dernière ont été développées[21] ; une possibilité de rétractation du consentement dans un délai de quinze jours suivant la conclusion de la transaction a été accordée[22] ; des sanctions ont été instaurées en cas d'offre manifestement insuffisante[23]. Mais, de façon assez surprenante, de telles mesures de protection n'ont pas été reprises dans les lois ultérieures. Ainsi, la loi du 6 juillet 1990 relative aux victimes d'actes de terrorisme prévoit, conformément à l'article L. 422-2 alinéa 3 du Code des assurances la seule transposition du droit de repentir. La loi du 4 mars 2002 relative à l'indemnisation des risques sanitaires est quant à elle totalement étrangère à toute mesure de protection de la victime.

12. – À l'énoncé de ces multiples moyens ayant pour but la remise en cause de la transaction, les paradoxes de cette dernière apparaissent donc de façon marquante. Le législateur a en effet érigé cette procédure en modèle de base du processus d'indemnisation des victimes, alors que, dans bien des cas, elle apparaît comme contraire à leur droit à indemnisation ou, plus exactement, à leur droit à réparation intégrale. Or, comme il est évident que tel n'était pas le but recherché, l'interrogation doit alors porter sur la qualification même retenue par la loi, le modèle de la transaction ayant en effet été promu sans réelle réflexion préalable. Or, si l'on y regarde de plus près, ces procédures de règlement amiable semblent s'éloigner fortement de la figure classique de la transaction, dont le rapprochement n'a peut-être été opéré que par un « abus de langage »[24]. Ainsi pourraient peut-être s'expliquer les paradoxes de la transaction dans le droit de l'indemnisation. Enserrées dans un modèle juridique dont elles s'éloignent fortement, les procédures de règlement amiable promues par la loi ne seraient en fait pas des transactions, posant donc la question de l'éventuelle éviction de ces dernières du droit de l'indemnisation.

---

20. Pour une étude détaillée de cette jurisprudence, J. Chauchard, *préc.*, spéc. n° 52 et s. G. Viney et P. Jourdain, *préc.*, n° 291 et s.
21. Art. L. 211-10 C. assur.
22. Art. L. 211-16 C. assur.
23. Art. L. 211-14 C. assur.
24. Ch. Jarosson, *préc.*, p. 62.

II. L'ÉVICTION DU MODÈLE DE LA TRANSACTION DU DROIT DE L'INDEMNISATION

13. – Les arguments plaidant en faveur de l'éviction de la transaction dans la qualification des accords de règlement amiable sont nombreux (A). Mais une telle solution ne saurait être retenue sans une étude plus détaillée des conséquences de cette requalification (B).

A. L'ÉVENTUELLE REQUALIFICATION DE LA TRANSACTION

14. – Les procédures de règlement amiable sont qualifiées de « transaction » soit par le législateur lui-même[25], soit par la doctrine[26]. Mais lorsqu'on confronte cette qualification à la figure de la transaction dans le droit commun, des originalités très importantes apparaissent, qui font fortement douter de la pertinence de la dénomination ici retenue.

15. – Cette originalité apparaît tout d'abord dans le processus même d'élaboration de l'accord de règlement amiable puisque l'assureur ou le fonds d'indemnisation est dans *l'obligation* de faire une offre à la victime, dont l'acceptation vaut transaction. Dès lors, en rupture avec le schéma classique, ce n'est pas la victime qui sollicite la transaction, mais l'assureur du responsable qui est dans l'obligation de lui en faire offre[27].

16. – Le doute quant à l'adéquation de la qualification de transaction apparaît toutefois essentiellement au regard des éléments constitutifs de cette dernière, et spécialement quant à l'existence d'un litige et de concessions réciproques.

On pourrait en effet tout d'abord douter de l'existence réelle *d'un litige* entre les parties dans un certain nombre de procédures de règlement amiable mises en place par le législateur[28]. De façon paradoxale, la transaction est en effet promue comme modèle au moment même où le droit à indemnisation de la victime est affirmé. La qualification est ainsi retenue de façon totalement détachée de l'existence concrète d'un différend entre les parties sur l'existence ou l'étendue même du droit à indemnisation, en rupture apparente avec la définition de cet acte donnée à l'article 2044 du Code civil. Mais, ce premier argument doit toutefois être abordé avec prudence, car le droit positif adopte une conception large de la notion de « contestation », admettant aujourd'hui à la suite de L. Boyer que « chaque fois

25. Tel est le cas dans le régime des victimes d'accidents de la circulation (art. L. 211-8 et s. C. assur.), des victimes de terrorisme (art. L. 420-2 et s. C. assur.), et d'accidents médicaux (art. L. 1142-1 et s. CSP).

26. V. par exemple, Y. Lambert-Faivre, *Droit du dommage corporel*, *préc.*, n° 405 et s.

27. Dans le même sens, J. Cauchard, *préc.*, spéc. n° 13 et G. Viney, P. Jourdain, *préc.*, n° 274.

28. En ce sens, Ch. Jarosson, « La transaction comme modèle », *préc.*, spéc. p. 65.

que l'existence du droit d'action rendra possible un procès, la transaction le sera également »[29]. Or, il est évident que le droit à indemnisation, même lorsqu'il est affirmé par le législateur, peut toujours faire l'objet d'une contestation, celle-ci existant d'ailleurs bien souvent au moins sur le montant de l'indemnisation.

17. – Si l'existence d'un litige semble donc pouvoir être admise, au moins dans le sens donné par le droit positif à cette condition, la présence de concessions réciproques entre les parties, exigence jurisprudentielle constante comme élément de qualification de la transaction[30], apparaît en revanche beaucoup plus discutable.

L'exemple de la procédure de règlement amiable mise en place par la loi Badinter est ainsi particulièrement révélateur. Dans le cadre de l'indemnisation des accidents de la circulation, la victime paraît en effet, dans la majorité des cas, opérer des concessions, puisqu'elle accepte le plus généralement, ainsi que nous l'avons précédemment évoqué, une indemnisation moins importante que celle à laquelle elle aurait pu prétendre devant les tribunaux. Les concessions opérées par l'assureur apparaissent en revanche fort difficiles à identifier : le droit à indemnisation de la victime est clairement affirmé par la loi; les causes d'exonération, notamment dans l'hypothèse du non-conducteur, sont extrêmement restreintes; les délais brefs d'indemnisation, loin de constituer une faveur faite à la victime par l'assureur, sont imposés impérativement par le législateur. La seule concession identifiable pourrait être la renonciation de son droit à agir en justice, mais l'on sait que le droit positif actuel ne se contente pas de ce simple élément et exige une réelle renonciation *sur l'étendue du droit des parties*[31]. Dès lors, en consentant à l'acte de règlement amiable, l'assureur ne semble opérer aucune concession, mais exécute simplement les obligations mises à sa charge par la loi.

Le même raisonnement pourrait être tenu dans le cadre du dispositif d'indemnisation des victimes de terrorisme ou, encore, dans celui de l'indemnisation des victimes d'accidents médicaux, le législateur ayant d'ailleurs dans ce dernier cas, affirmé lui-même que l'accord *vaut* transaction, marquant ainsi, selon Ph. Brun, que « l'assimilation ne va pas de soi »[32].

Dès lors, l'absence de réelles concessions réciproques dans ces accords de règlement amiable semble établie, ainsi que le reconnaît d'ailleurs une majorité de la doctrine[33], conduisant à une possible remise en cause de la qualification retenue par le législateur. Ainsi que le soulignait Ch. Jarosson, « l'utilisation du modèle a

---

29. L. Boyer, *La notion de transaction*, Sirey, 1948, p. 45.

30. Pour des développements détaillés sur cette notion, v. dans le présent ouvrage, l'intervention de B. Fages, « Équilibre et transaction : les concessions réciproques ».

31. V. en ce sens, B. Fages, *préc.*

32. Ph. Brun, *préc.*, n° 643.

33. Dans le même sens, Ph. Brun, *préc.*, n° 643. Ch. Jarosson, « Les concessions réciproques dans la transaction », *D.* 1997. chron. n° 267. Ph. Pierre, thèse *préc.*, n° 148 et s. E. Serverin, rapport *préc.*, spéc. p. 11 et s. G. Viney et P. Jourdain, *préc.*, n° 289 et s. *Contra*, v. H. Groutel, « La procédure d'offre de la loi du 5 juillet 1985 et le droit commun de la transaction », *Resp. civ. et assur.* 2005. chron. n° 18. C. Bloch, note *D.* 2004, *préc.*

dérapé (...) Ce n'est pas tant d'emprunt de régime qu'il s'agit, mais d'emprunt d'appellation, constitutif d'un abus de langage : ces "transactions spécifiques" ont des noms d'emprunt »[34].

18. – Or, si l'on admet un tel raisonnement, la qualification de l'accord de règlement amiable en transaction doit être écartée, puisqu'il est constant, en droit commun, que l'absence de concessions réciproques, si elle n'affecte pas la validité de la transaction, doit entraîner sa requalification. Certaines décisions de jurisprudence ont ainsi pu aller en ce sens et, notamment, un arrêt récent de la cour d'appel d'Aix-en-Provence du 14 avril 2004[35], qui a remis en cause la qualification de transaction d'un accord de règlement amiable conclu dans le cadre de la loi Badinter, en se fondant sur le fait que les concessions majeures consenties par la victime « n'ont eu aucune contrepartie de la MACIF, les transactions étant totalement muettes sur ce point, et l'absence de tout document préparatoire ne permettant pas de supposer une quelconque contrepartie ». De même, une décision de la première chambre civile de la Cour de cassation du 9 juillet 2003 a pu sembler favorable à une telle requalification[36]. En l'espèce, la Haute juridiction a en effet cassé une décision de Cour d'appel ayant rejeté une demande de nullité d'une transaction fondée sur les vices du consentement en considérant que la Cour d'appel aurait du « rechercher si l'action en nullité pour dol ou violence économique (...) ne devait pas être requalifiée en annulation pour défaut de concessions réciproques ».

Or, si une telle solution paraît pertinente d'un point de vue théorique, ses conséquences pratiques doivent toutefois être mesurées, afin d'apprécier si la remise en cause éventuelle de la qualification de transaction est conforme au droit à indemnisation des victimes.

B. Les conséquences de la requalification de la transaction

19. – L'éventuelle remise en cause de la qualification de transaction, du fait de l'absence de concessions réciproques n'entraîne pas, conformément au droit commun, la nullité de l'accord conclu entre l'assureur du responsable et la victime. Si cet accord ne peut en effet être qualifié de transaction, il n'en demeure pas moins

34. Ch. Jarosson, « La transaction comme modèle », *préc.*, p. 65.

35. Aix en Provence 14 avril 2004, *préc.* Cette décision a fait l'objet d'un pourvoi en cassation, rejeté pour irrecevabilité par une décision de la deuxième chambre civile du 13 octobre 2005 (*MACSF c. Dame X*). La Cour de cassation a été saisie d'un autre pourvoi sur la décision de la cour d'appel d'Aix ayant, dans la même affaire, fixé le montant des préjudices subis par la victime, la question de la remise en cause de la transaction pour absence de concessions réciproques devant donc sans doute être tranchée lors du futur examen de ce pourvoi. Sur ces différents arrêts, v. H. Groutel, *préc.*, *Resp. civ. et assur.* 2005, chron. n° 18.

36. Civ. 1re, 9 juill. 2003, *Bull. civ.* I, n° 174. V. pour la jurisprudence ancienne, en revanche hostile à la requalification : Civ. 1re, 28 mars 1962, *D*. 1962. somm. 102 ; Civ. 1re, 8 octobre 1963, *JCP* 1963. II. 13413, note P. Esmein ; Civ. 2e, 12 décembre 1963, *D.* 1964. 467, note F. Boulanger.

valable au regard du droit commun des obligations, constituant un contrat synallagmatique innommé portant accord sur le règlement des dommages-intérêts[37], ou encore une convention relative à l'indemnisation[38]. L'intérêt essentiel d'une telle solution est, bien entendu, au-delà du rétablissement d'une juste qualification contractuelle, de faire échapper l'accord au régime juridique inadapté de la transaction et, notamment, à l'autorité de chose jugée qui y est attachée. Si l'on évince en effet les règles spéciales des articles 2044 et s. du Code civil, l'accord conclu entre l'assureur et la victime doit être régi par le droit commun des obligations. Or, en l'espèce, l'effet obligatoire de la convention doit être limité à son objet et ne saurait être étendu au-delà de ce qui a été expressément stipulé par les parties. L'intérêt essentiel de la requalification est donc, tout en permettant à la victime de bénéficier des procédures de règlement amiable, d'être délié de l'effet extinctif attaché à cette qualification et de pouvoir ainsi obtenir une plus juste indemnisation de ses préjudices. Ainsi, dans l'arrêt précité de la cour d'appel d'Aix du 14 avril 2004, la requalification de l'accord passé entre la victime et l'assureur était de nature à permettre à cette dernière d'obtenir une indemnisation complémentaire plus que conséquente, puisque les sommes accordées dans la transaction contestée étaient de 1 400 000 euros inférieures aux sommes habituellement proposées par ce même assureur dans des cas similaires.

La possible requalification de la transaction paraît donc ouvrir des perspectives intéressantes aux victimes, en autorisant des demandes complémentaires d'indemnisation, dans toutes les hypothèses d'aggravation du dommage ou de sous-évaluation de ce dernier. Mais, pour être efficace, une telle solution devrait sans doute être accompagnée d'un réexamen *législatif* de la qualification, car les remises en cause individuelles sont bien évidemment trop rares et leur issue judiciaire souvent incertaine.

20. – Cette remise en cause de la qualification, si elle met l'accent sur la forte menace que fait peser le modèle de la transaction sur le droit à indemnisation des victimes, n'apparaît toutefois pas comme la solution à toutes les difficultés. Si la qualification de « transaction » a en effet accru les difficultés liées aux procédures de règlement amiable des litiges en les enfermant dans un régime juridique inadapté, il n'en reste pas moins que la source de toutes les difficultés vient sans doute de la très grande situation d'infériorité dans laquelle se trouve placée la victime face à l'assureur du responsable. Une éventuelle requalification de ces accords devrait donc s'accompagner de mesures venant protéger, en amont, la réalité du consentement éclairé de la victime lors de l'accord de règlement amiable, mesures que le législateur a jusqu'alors trop timidement tenté d'imposer. Ainsi, une *réelle information* sur le montant moyen des indemnisations proposées par les tribunaux devrait être *personnellement* délivrée à toute victime partie à une procédure amiable d'indemnisation, information claire

---

37. Solution retenue par la CA d'Aix en Provence 14 avril 2004, *préc.*
38. Ph. Pierre, thèse *préc.*, p. 223.

et accessible, aux antipodes de l'impénétrable fichier AGIRA mis en œuvre dans le cadre des accidents de la circulation. La faculté de rétractation ouverte par l'article L. 211-16 du Code des assurances devrait de même être généralisée, car on peine à comprendre pour quelles raisons le législateur contemporain n'en a pas opéré la transposition dans les lois récentes, telle celle du 4 mars 2002 relative à l'indemnisation des victimes d'accident médical. De même, ne pourrait-on imaginer de rendre l'assistance par un avocat obligatoire, quand on sait que la présence de ce dernier permet à la victime d'obtenir une réelle réparation intégrale de ses préjudices ? Ces mesures pourraient certes apparaître d'inspiration excessivement consumériste, en opérant une surprotection des victimes, mais elles nous paraissent de nature à éviter que la transaction ne demeure, dans le droit de l'indemnisation, « le pire des contrats d'adhésion »[39].

39. J. Grimaldi, obs. sous Aix en Provence, *préc.*, p. 15.

Transaction et droit de la concurrence et droit de la distribution[1]

Jean-Pierre Viennois
Agrégé des Facultés de droit,
professeur à l'Université Jean Moulin (Lyon III)

Rapporté au titre généreux du colloque, ce sujet va me permettre d'évoquer des instruments originaux.

J'ai en effet essayé d'identifier en droit de la concurrence et en droit de la distribution, des mécanismes spécifiques pouvant s'apparenter à la transaction, plutôt que d'évoquer la mise en œuvre de la transaction — prise au sens strict — dans ces disciplines. Car si j'avais procédé de cette dernière manière, je n'aurais observé aucune spécificité.

Il est vrai que l'option que je retiens me prive finalement d'évoquer le droit de la distribution. Car il n'existe pas de mécanisme spécifique susceptible de s'apparenter à la transaction dans cette discipline. On pourrait noter, c'est vrai, que souvent dans les litiges de la distribution, il s'agit de mettre un terme à un litige passé tout en organisant l'avenir entre les parties. Mais on a vu hier qu'il est bien dans la vocation de la transaction d'agir au-delà du litige et que la notion de concessions réciproques permet d'envisager la création d'obligations nouvelles.

C'est alors uniquement sur le droit de la concurrence qu'il est intéressant de se concentrer.

Par « droit de la concurrence », on désignera le droit de la libre concurrence, à savoir, les articles 81 et suivants du traité CE ainsi que les règlements d'application, les Titres II, III, V ET VI du Livre IV du Code de commerce, y compris donc, les règles de procédure.

En effet, si l'on s'interrogeait sur la transaction en droit de la concurrence déloyale, on serait conduit à formuler les mêmes observations que celles que l'on a formulées au sujet du droit de la distribution : il n'existe pas de spécificité.

---

1. Le style oral de la présentation a été conservé.

Il est vrai que si l'on évoque le Titre IV du Livre IV du Code de commerce (« De la transparence, des pratiques restrictives de concurrence et d'autres pratiques prohibées »), c'est-à-dire un domaine proche, par ses finalités, du droit de la concurrence déloyale, on trouve à la faveur de la loi du 2 août 2005 sur les PME, une curiosité toute nouvelle : un article L. 470-4-1 aux termes duquel :

« Pour les délits prévus au Titre IV du présent livre pour lesquels une peine d'emprisonnement n'est pas encourue, l'autorité administrative chargée de la concurrence et de la consommation a droit, tant que l'action publique n'a pas été mise en mouvement, de transiger, après l'accord du procureur de la République, selon les modalités fixées par Décret en Conseil d'État.

L'acte par lequel le procureur de la République donne son accord à la proposition de transaction est interruptif de la prescription de l'action publique.

L'action publique est éteinte lorsque l'auteur de l'infraction a exécuté dans le délai imparti les obligations résultant pour lui de l'acceptation de la transaction. »[2]

L'ordonnance n° 2005-1086 du 1er septembre 2005, instaurant un règlement transactionnel pour les contraventions au Code de commerce et au Code de la consommation, étend d'ailleurs cette possibilité de recourir à la transaction aux contraventions du titre IV du Livre IV du Code de commerce.

Mais s'agissant de transactions portant sur *l'action pénale*, la question relève d'une manière plus générale de la transaction en droit pénal. Que le droit pénal intervienne ici au soutien du droit de la concurrence ne mérite pas de commentaires particuliers.

On pourrait alors songer à évoquer la pratique des *remedies* développée en droit des concentrations d'entreprises. Il s'agit d'introduire et de formaliser une dose de négociation dans la procédure de contrôle. En cas de doute exprimé par les autorités de concurrence compétentes sur la conformité de l'opération, les entreprises peuvent proposer des améliorations. S'instaure alors une négociation. Si les engagements pris par les entreprises rassurent les autorités de concurrence, celles-ci les rendront obligatoires dans leur décision. Il est difficile cependant de parler de « transaction » car il n'y a pas de litige : l'entreprise demande une autorisation. À supposer que la décision à venir soit juridictionnelle, elle n'est pas contentieuse. On est alors très loin du sujet.

Finalement, si l'on ne veut pas trop sortir du sujet, c'est uniquement dans le titre VI du livre IV du Code de commerce et dans le règlement CE n° 1-2003 d'application des articles 81 et 82 du traité CE, que l'on rencontre des mécanismes méritant une étude.

On peut alors en répertorier trois qui s'apparentent plus ou moins, selon les cas, à la transaction : le mécanisme de clémence, le mécanisme de non-contestation des griefs et le mécanisme d'engagements.

---

2. Le Titre IV du Livre IV du Code de commerce prévoit en effet des sanctions pénales pour réprimer un certain nombre de comportements tels que la revente à perte, les prix imposés, la méconnaissance des règles relatives à la facturation.

Dans le temps qui m'est imparti, il est évidemment impossible de me lancer dans une réflexion utile sur la détermination de leur nature. Tout au plus, on se contentera de soulever des questions, dont certaines sont suscitées par les réflexions qui ont déjà été menées de manière relativement approfondie sur ces instruments, notamment au cours du colloque organisé à la CCIP en janvier 2005[3].

Ces trois instruments présentent suffisamment de différences entre eux, pour qu'ils méritent d'être étudiés en premier lieu sous l'angle de leurs différences (I).

Il faudra, en second lieu, remarquer que ces différents mécanismes présentent des caractéristiques communes, sans perdre de vue, au long de ces deux étapes, que l'objet du colloque est aussi de faire ressortir les avantages et les inconvénients de la transaction (II).

I. LES DIFFÉRENTS MÉCANISMES TRANSACTIONNELS DU DROIT DE LA CONCURRENCE

Je disais trois mécanismes. Tout d'abord la procédure dite « de clémence » (A), ensuite la procédure que l'on appellera « de non-contestation des griefs » (B) et enfin, la procédure dite « d'engagement » (C), dans l'ordre croissant de la parenté avec la transaction.

A. La clémence

En application de ce mécanisme, l'entreprise qui s'était rendue coupable d'une pratique anticoncurrentielle (entente) et qui a contribué à établir la réalité de la pratique prohibée et à identifier ses auteurs, peut se voir totalement ou partiellement exonérée de sanction. En clair, celui qui dénonce les autres parties à l'entente et donne des informations suffisantes pour les faire condamner, peut bénéficier d'une certaine faveur : d'une clémence.

Cette procédure se retrouve en droit national et en droit communautaire.

En droit français, c'est l'article L.464-2-IV du Code de commerce qui la consacre. La procédure est précisée à l'article 44 du décret du 30 avril 2002.

Cette procédure de dénonciation n'est pas présentée comme une transaction par les auteurs qui s'y sont intéressés. Les organisateurs du colloque que j'évoquais l'ont même nettement distinguée de la transaction en les opposant dans le titre : « Les procédures de clémence et transaction ». Une opposition me paraît excessive car la procédure de clémence suppose un accord de l'entreprise qui souhaite en bénéficier ainsi que du rapporteur général du Conseil de la concurrence sur le principe du recours à cette procédure, comme la procédure de non-contestation des griefs.

3. « Clémence et transaction en droit de la concurrence. Premières expériences et interrogations de la pratique », *Gaz. Pal.* 14-15 octobre 2005, n° 287 et 288.

Or, cet accord vide bien une partie du litige de sa substance : d'un côté l'entreprise renonce implicitement à contester sa participation et de l'autre, le rapporteur général renonce à développer l'intégralité de la répression.

Mais il est vrai que le Conseil de la concurrence conserve la maîtrise de la sanction, ce qui est d'ailleurs de nature à dissuader d'y avoir recours. En pratique, un accord sur la sanction peut intervenir pendant la discussion mais la loi ne le prévoit pas.

Le droit communautaire ne connaît cette procédure qu'au travers d'une communication de la Commission européenne. Il s'agit donc davantage de pratique administrative.

Cette procédure a été décriée. Elle soulève, il faut bien le reconnaître, des difficultés non seulement pour l'entreprise qui est dénoncée, mais encore pour l'entreprise qui l'utilise, car cette dernière ne bénéficie d'aucune garantie. Tout au moins dans les textes.

En outre, son utilisation suppose pour le délateur de reconnaître sa propre culpabilité et la procédure partage à cet égard certains travers de la procédure de non-contestation des griefs.

B. La non-contestation des griefs

L'article L.464-2 III du Code de commerce dispose que :

« Lorsqu'un organisme ou une entreprise ne conteste pas la réalité des griefs qui lui sont notifiés, et s'engage à modifier ses comportements pour l'avenir, le rapporteur général peut proposer au Conseil de la concurrence qui entend les parties et le commissaire du Gouvernement sans établissement préalable d'un rapport, de prononcer la sanction pécuniaire prévue au I en tenant compte de l'absence de contestation. Dans ce cas le montant maximum de la sanction encourue est réduit de moitié. »

Pour des raisons voisines de celles vues ci-dessus, cette procédure s'apparente davantage au « plaider coupable » (*plea guilty*) qu'à la transaction. Il ne s'agit pas non plus vraiment d'une transaction puisqu'elle ne met pas fin au litige, pas fin aux poursuites. Elle n'est pas totalement étrangère à la transaction toutefois, puisqu'elle suppose elle aussi un accord sur l'orientation de la solution du litige : d'un côté, la culpabilité ne sera plus discutable et l'entreprise prend des engagements et de l'autre, le montant de la sanction sera plafonné. On trouve bien une forme de concessions réciproques, objet d'un accord, qui traite un aspect du litige : le montant maximum de la peine.

En pratique, une négociation pourra s'instaurer entre le rapporteur général et l'entreprise en question. Là encore, il n'existe pas de garantie pour l'entreprise mise en cause, mais en pratique, le Conseil de la concurrence pourra rassurer les entreprises en respectant la parole donnée par le rapporteur général missionné pour négocier.

On constate que c'est la pratique du Conseil qui a en grande partie fixé les règles de la procédure suivie. La procédure a été utilisée deux fois par le Conseil en 2003 et quatre fois en 2004.

C'est ainsi que se sont trouvés notamment précisés le moment auquel peut être formée la demande, la manière dont elle peut être améliorée au cours de la procédure et les caractéristiques qu'elle doit présenter pour qu'elle soit suivie d'effets.

On saluera la créativité du Conseil de la concurrence sur ces différents points tout en émettant le vœu que ces modalités ne constituent pas dans l'avenir un cadre figé. L'intérêt de cette procédure est aussi sa souplesse et son aptitude à contribuer ainsi, aux buts du droit de la concurrence.

Cette observation vaut à plus forte raison en ce qui concerne le troisième mécanisme transactionnel que l'on rencontre en droit de la concurrence : la procédure d'engagement.

C. Les engagements

Cet instrument se retrouve en droit communautaire et en droit français.

En droit communautaire, c'est l'article 9 du règlement CE n° 1-2003 qui le consacre.

Selon ce texte : « Lorsque la Commission envisage d'adopter une décision exigeant la cessation d'une infraction et que les entreprises concernées offrent des engagements de nature à répondre aux préoccupations dont la Commission les a informées dans son évaluation préliminaire, la Commission peut, par voie de décision, rendre ces engagements obligatoires pour les entreprises. »

En droit français, le seul élément textuel réside, pour ce mécanisme, dans l'article L.464-2-I alinéa 1er du Code de commerce[4].

Selon ce texte : « Le Conseil de la concurrence peut ordonner aux intéressés de mettre fin aux pratiques anticoncurrentielles. Il peut aussi accepter des engagements proposés par les entreprises ou organismes et de nature à mettre un terme aux pratiques anticoncurrentielles. »

Ces textes donnent aux autorités de concurrence le pouvoir d'accepter des engagements indépendamment de toute reconnaissance des griefs.

Le texte ouvre la voie à une véritable négociation permettant de faire l'économie totale de la procédure.

Il suffit que l'autorité concernée soit saisie d'une pratique relevant de sa compétence, pour que la procédure d'engagement puisse être amorcée. C'est-à-dire qu'il suffira que l'autorité ait une « préoccupation de concurrence », pour reprendre

4. Depuis l'intervention rapportée, le décret n° 2005-1668 du 27 décembre 2005, insérant un article 42-1 au décret n° 2002-689 du 30 avril 2002 est venu préciser cette procédure.

la formule utilisée à l'article 9 du règlement CE n° 1-2003, pour que l'entreprise puisse proposer de mettre un terme à cette préoccupation.

Il peut donc parfaitement ne pas être question de culpabilité.

La loi prévoit le sort de la procédure d'engagement : une fois consacré dans la décision du Conseil, l'engagement devient obligatoire et en cas de méconnaissance, une sanction peut être prononcée.

On se limitera à trois remarques sur ce mécanisme dont deux sont suscitées par les présentations qui en ont déjà été faites, notamment celle de M. Lasserre, président du Conseil de la concurrence, lors du colloque évoqué plus haut :

D'après l'article L.464-2 I du Code de commerce, le Conseil « peut infliger une sanction pécuniaire applicable soit immédiatement, (...) soit en cas de non-respect des engagements qu'il a acceptés ».

Il en a été déduit que cette procédure s'opposerait à une répression.

Le président Lasserre y voit « un véritable outil de régulation et non une procédure de sanction ».

Pour ma part, je me demande si le mécanisme ne pourrait pas transcender cette opposition.

D'un côté, la renonciation à discuter le bien-fondé de la préoccupation, qu'implique le mécanisme, ne pourrait-elle pas justifier une atténuation de la sanction, notamment en cas d'échec de la procédure d'engagements ? De l'autre, tant que demeure un aléa sur la solution, ce qui devrait être le cas jusqu'à la fin du délibéré — sauf peut-être lorsque la solution s'impose avec la force de l'évidence —, il n'existe semble-t-il pas d'obstacle à ce que cette procédure soit utilisée. La notion civiliste de transaction milite en ce sens. À condition bien sûr que cela permette l'économie d'une partie de la procédure normale, l'accueil des engagements pourrait alors se concevoir même après la notification des griefs.

Cette discussion est d'autant plus importante que l'option retenue s'accompagne d'une autre restriction d'après les présentations qui en sont faites : cette procédure concernerait des affaires peu graves et peu anciennes. Là encore, n'est-il pas dommage de l'écarter en cas d'affaires graves et/ou récentes ? Si l'on admet qu'il peut y avoir engagements et sanction, rien ne s'y oppose plus.

Enfin, on a relevé un travers de cette procédure pour les victimes. L'absence de constat de culpabilité suivie d'une sanction dans l'hypothèse où la pratique n'est pas conforme au droit de la concurrence ne servira naturellement pas les intérêts des victimes.

On sait que celles-ci ont souvent intérêt à s'adresser au spécialiste de la concurrence pour que celui-ci identifie une pratique illicite là où le juge de droit commun, moins sensibilisé, hésiterait à retenir l'existence d'une infraction, avant de se tourner vers ce dernier pour obtenir une indemnisation.

L'objectif visé par la victime ayant saisi le Conseil de la concurrence sera déçu si dès le départ l'entreprise poursuivie propose un engagement qui est accepté et tue le litige dans l'œuf : la victime n'obtiendra pas de décision reconnaissant la culpabilité de l'auteur.

L'observation est à nuancer si l'on en croit le Conseil de la concurrence selon lequel il ne serait pas question d'accepter les engagements lorsqu'il existerait un risque que l'intérêt des victimes soit sacrifié.

Surtout, selon la pratique mise en œuvre par le Conseil de la concurrence, les engagements sont obligatoirement publiés de manière à permettre aux victimes de s'opposer. Cela est de nature à préserver leurs intérêts à condition que le Conseil de la concurrence tienne compte de l'opposition, ce qu'il n'est pas obligé de faire.

En réalité, les inconvénients de ces procédures sont ailleurs, et ils sont communs aux trois. On va les voir avec les aspects communs à ces procédures.

II. LES DIFFICULTÉS PRÉSENTÉES COMMUNÉMENT PAR LES DIFFÉRENTES PROCÉDURES TRANSACTIONNELLES DU DROIT DE LA CONCURRENCE

Le principal trait commun à ces procédures, et qui fait douter de leur qualification comme transaction (sauf à se rallier à une conception originale de la transaction)[5], c'est que le recours contre la transaction est un recours contre la décision du Conseil de la concurrence qui statue sur la pratique en cause.

Il y a aussi des interrogations communes :

— quels sont les actes propres à ces procédures qui interrompent la prescription ?

— est-il possible de concevoir une modification de l'offre d'engagements ? Jusqu'à quand ? On a parlé de l'avenant à la transaction ; peut-on concevoir une décision modificative ?

Il y a encore des avantages communs : principalement, l'économie de mesures d'instruction et de débats (rapports, mémoires)...

Il y a enfin des inconvénients communs, sur lesquels je m'attarde un peu plus.

Ces inconvénients apparaissent que l'on se place du point de vue des intérêts individuels en cause (A) ou du point de vue de l'intérêt général (B).

A. Les intérêts individuels des entreprises en cause

Ces procédures sont-elles conformes aux droits fondamentaux ? C'est la question que l'on peut se poser à deux égards au moins.

---

5. V. la présentation du professeur H. Croze, *in* « Transaction et force exécutoire », dans le présent ouvrage.

À des degrés divers il est vrai, toutes ces procédures transactionnelles supposent une forme plus ou moins atténuée de reconnaissance d'infraction, d'autodénonciation. À tout le moins, il y a reconnaissance d'un risque d'exposition à une poursuite.

À supposer que la négociation s'avère impossible après une première manifestation de volonté d'y avoir recours, il existe évidemment un danger que l'autorité de concurrence ait acquis la conviction d'une culpabilité de l'entreprise en cause.

À cet égard, ces procédures transactionnelles ont tout à envier aux transactions qui se déroulent hors des prétoires et sous la protection de la confidentialité des échanges entre avocats.

Ici, toute confidentialité est bien entendu impossible puisque le recours même à la procédure suppose chaque fois l'accord de l'autorité de concurrence.

La difficulté renvoie à celle, évidente, de l'impartialité du Conseil de la concurrence, lorsqu'il a déjà donné un avis sur la poursuite d'une négociation. Sur celle du rapporteur général, qui négocie. Peut-il ensuite faire son rapport si la négociation échoue ? Peut-il participer au délibéré ?

Se référant à l'arrêt de la Cour européenne des droits de l'homme du 3 juin 2004 *Nestlé c. Russie* et aux termes duquel toute disposition du droit de la concurrence ne relève pas nécessairement de la matière pénale, le président Lasserre met en exergue le cadre précontentieux, amiable de ces procédures pour douter qu'elles tendent à la mise en œuvre d'une fonction d'accusation et par suite, soulèvent une difficulté au regard de la Convention.

L'idée étant qu'au stade de la discussion des engagements, en tout cas s'agissant de la procédure d'engagement, aucun chef d'accusation n'est encore arrêté, aucun grief notifié et par conséquent, il n'existe pas de risque de cumul des fonctions d'accusation et de jugement.

Pourtant, les préoccupations de concurrence qui justifient l'évaluation des engagements proposés ne sont-elles pas, y compris dans l'esprit du rapporteur général et du collège, le fruit d'une analyse sur la compatibilité de la pratique avec le droit de la concurrence, même si cette analyse reste approximative à ce stade ?

D'ailleurs, si l'on veut que les engagements soient pertinents, l'analyse ne devra pas se contenter d'être approximative. N'implique-t-elle pas dès lors nécessairement une appréciation et une prise de position ?

B. L'intérêt général

On peut formuler une préoccupation d'ordre général déjà exprimée par le Premier président de la Cour de cassation[6], ce qui permettra d'être très bref.

« Ne doit-on pas redouter qu'il soit porté atteinte à l'exemplarité de la sanction ? »

6. V. le colloque susvisé.

On sait que le droit de la concurrence est un droit amoral dans le sens où il vise l'efficacité économique et non la sanction de la violation de règle morale. Une autorité de la concurrence n'est pas là pour dire le bien et le mal. Il n'en demeure pas moins que le droit de la concurrence aspire à l'efficacité. Or, on sait combien la sanction, notamment en raison de son caractère infamant, comporte un effet dissuasif et participe ainsi de l'efficacité du droit. En laissant aux entreprises coupables de pratiques anticoncurrentielles, entrevoir une perspective de négociation, il n'est pas sûr que le droit nouveau porte les ferments d'une efficacité renouvelée.

En tout état de cause, il conviendra que la mise en œuvre de ces procédures par les autorités de concurrence laisse apparaître des lignes claires afin que les entreprises identifient facilement les risques qu'elles encourent quelle que soit l'issue amiable ou contentieuse du litige. Il ne s'agit pas que cette modification de la distance entre le licite et l'illicite, pour reprendre la formule utilisée par le Président Canivet, s'opère au préjudice du Droit. Mais c'est une préoccupation faiblement spécifique au droit de la concurrence et que l'on retrouvera sans doute accrue avec l'examen de la transaction en droit pénal.

Transaction et droit administratif

Benoît Plessix
Professeur à l'Université Nancy II

Depuis longtemps, la transaction a les faveurs du droit administratif; mais jamais elle n'a été aussi en vogue qu'aujourd'hui.

Rien, en droit administratif, ne s'oppose *a priori* à la conclusion d'un contrat de transaction : aucune règle constitutionnelle ou législative ni aucun principe général de droit n'interdisent à l'Administration et à un administré de conclure un « contrat par lequel les parties terminent une contestation née ou préviennent une contestation à naître ». Le contentieux administratif, comme tout contentieux, a tout à y gagner : en transigeant, les parties renoncent, soit à poursuivre leur action en justice si la transaction intervient en cours d'instance, soit à exercer en justice leur action si le litige n'a pas encore suscité de recours. C'est pourquoi il n'est pas tout à fait innocent que ce soit par un même arrêt que le Conseil d'État ait clairement énoncé, il y a déjà bien longtemps, la légalité de principe de l'emploi de la transaction par les personnes publiques et l'illégalité de principe de l'arbitrage[1]. Mais c'est que l'arbitrage fait intervenir un juge privé et conventionnel. La transaction, elle, ne crée aucune concurrence à la justice administrative d'État, publique et institutionnelle : c'est l'affaire des parties. D'où son acclimatation sans difficultés en droit public, comme le souligne du reste, à intervalles réguliers, une doctrine publiciste retraçant avec bienveillance la transposition paisible et sans histoire d'une institution venue du Code civil[2]. Car c'est bien de transposition dont il s'agit : l'article 2044 du Code

1. CE 23 décembre 1887, *De Dreux-Brézé, évêque de Moulins*, *Lebon* p. 842, concl. Le Vavasseur de Précourt, S. 1889. 3. 57, *D*. 1889. 3. 1 : « considérant que s'il appartenait au Ministre de l'instruction publique de liquider l'indemnité que l'État pouvait devoir à l'évêque de Moulins [...], et même de transiger sur le règlement des difficultés nées [...], ledit ministre n'avait pas le droit de déléguer ses pouvoirs à des arbitres et de remettre ainsi le soin de décider à une juridiction autre que celles légalement instituées ».

2. V. par exemple, J.-M. Auby, « La transaction en matière administrative », *AJDA* 1956. I. 1-4; A. Lyon-Caen, « Sur la transaction en droit administratif », *AJDA*, 1987. 48-53; G. Chavrier, « Réflexions sur la transaction administrative », *RFD adm*. 2000. 548-566; R. Drago, « Les établissements publics et la transaction », in *Liber amoricum J. Waline*, Paris, Dalloz, 2002, p. 185-193.

civil est depuis longtemps expressément visé par les juridictions administratives, même si un tel article n'est pas applicable par lui-même en droit administratif[3] ; selon une technique bien connue, le juge administratif se réserve en effet le droit, tout en s'inspirant du droit privé, d'élaborer son propre régime jurisprudentiel de la transaction, en apportant à ce contrat régi par les articles 2044 à 2058 du Code civil les adaptations nécessaires aux exigences de l'intérêt général et aux contraintes de la comptabilité publique.

À une histoire paisible succède aujourd'hui une actualité florissante. D'une part, le regain d'intérêt pour la transaction administrative s'inscrit dans un mouvement général de valorisation des modes alternatifs de règlement des litiges[4], auquel le Conseil d'État, aujourd'hui si soucieux d'efficacité, n'est pas étranger, comme en témoigne son fameux rapport de 1993[5]. Transiger, du reste, est même mieux que « juger autrement » : c'est ne pas juger du tout. C'est dire que, devant ce grand engouement pour la justice informelle et la *prévention* du contentieux, le Conseil d'État ne pouvait que promouvoir le recours à la transaction, dont la vertu suprême est de permettre l'économie d'une procédure juridictionnelle[6]. Suivant ces recommandations, le Premier ministre, par circulaire, a également encouragé son utilisation[7]. D'autre part, le Conseil d'État est venu récemment construire de toutes pièces un régime d'homologation des transactions administratives, mettant ainsi subitement sur le devant de la scène doctrinale une institution juridique qui n'était pourtant pas au cœur des préoccupations premières des publicistes.

Il ne saurait être question ici de faire une présentation exhaustive, notamment pratique, de la transaction en matière administrative : elle existe déjà[8]. Plus modestement, on se contentera de réfléchir aux questions de *compatibilité* que soulève la transposition, en droit administratif, d'une institution civiliste. Les questions ne manquent pas et elles ont trait, soit à des problèmes de définition (I), soit à des difficultés liées au régime juridique de la transaction (II).

---

3. Par exemple, CE 3 août 1910, *Société Gille, Brahic et Thomas*, *Lebon* p. 686.

4. F. Ducarouge, « Le juge administratif et les modes alternatifs de règlement des conflits : transaction, médiation, conciliation et arbitrage », *RFD adm*. 1996. 86-95 ; L. Richer, « Les modes alternatifs de règlement des litiges et le droit administratif », *AJDA* 1997. 3-9 ; A. Noury, « Les modes alternatifs peuvent-ils prospérer dans le contentieux administratif ? », *JCP A* 2005. 1286.

5. *Régler autrement les conflits : conciliation, transaction, arbitrage en matière administrative*, Paris, La Documentation française, 1993.

6. Le message a été entendu : v., en matière hospitalière, A. Levasseur, « Les transactions : l'exemple de l'AP-HP », *AJDA* 1997. 54-58.

7. Circulaire du 6 février 1995 relative au développement du recours à la transaction pour régler amiablement les conflits, *JO* 15 février 1995. 519, *Rev. arbitrage* 1997. 267-270.

8. V., G. Le Chatelier, « Transaction », *Rép. Contentieux administratif*, tome II.

I. PROBLÈMES DE DÉFINITION

Deux questions méritent ici d'être posées.

A. UNE TRANSACTION EN MATIÈRE ADMINISTRATIVE EST-ELLE UN CONTRAT ADMINISTRATIF ?

La question est fondamentale, en ce qu'elle détermine le juge compétent, tant pour connaître du contentieux des transactions que pour procéder à leur homologation. Une première réaction a été de considérer que les transactions administratives ne pouvaient être, dans la très grande majorité des cas, que des contrats de droit privé[9]. Cette fatalité résultait de la méthode d'analyse employée : on considérait alors que la nature administrative ou privée du contrat de transaction était fonction, non de la nature du litige auquel la transaction mettait fin, mais des caractéristiques propres au contrat de transaction, auquel on appliquait les critères classiques de distinction entre contrats administratifs et contrats de droit privé. Or, faute d'être administratives par détermination de la loi[10] ou en vertu des critères jurisprudentiels traditionnels (impossibilité par définition de clauses exorbitantes de droit commun, qui rompraient l'égalité inhérente à la transaction, ou absence de participation du cocontractant à l'exécution d'un service public), les transactions en matière administrative étaient la plupart du temps des contrats de droit privé.

À l'heure de l'affirmation d'un pouvoir d'homologation par le juge administratif (v. *infra*), deux craintes se sont exprimées. D'une part, depuis toujours, il n'était pas rationnel de considérer que le juge du contentieux de la transaction ne soit pas le même que le juge du fond du litige transigé ; et il devenait aujourd'hui impensable de soutenir que le juge administratif puisse valider et conférer force exécutoire à un acte de droit privé. D'autre part, le Conseil d'État, encore hanté par le souvenir séculaire de la concurrence du juge judiciaire, ne voyait sans doute pas d'un très bon œil la « fuite » des administrations publiques et des administrés vers le juge civil, afin de lui demander de donner force exécutoire à leurs transactions sur le fondement de l'article 1441-4 du Nouveau Code de procédure civile.

C'est pourquoi, sur les conseils de son commissaire du gouvernement Le Chatelier, le Conseil d'État affirme désormais que la nature administrative ou privée du

9. Par exemple, v. J.-J. Bienvenu, « Transaction », *Rép. Contentieux administratif*, n° 27 ; Y. Gaudemet, « Le pré-contentieux : le règlement non juridictionnel des conflits dans les marchés publics », *AJDA* 1994. 88, numéro spécial « Actualité des marchés publics ».

10. Sauf pour les transactions portant sur des droits nés de l'exécution des marchés de travaux publics ou de dommages de travaux publics, en raison tout à la fois de la détermination législative et du caractère attractif de la notion de travaux publics : CE 9 mai 1884, *Ville de Nîmes*, *Lebon* p. 304 ; CE 5 mai 1971, *Ville de Carpentras* c. *Delhomme*, *Lebon* p. 326, *AJDA* 1971. II. 415 et 403-404 ; TC 26 octobre 1981, *Syndicat des copropriétaires de l'immeuble d'Armenonville* c. *Villes de Cannes*, *Lebon* p. 507.

contrat de transaction se détermine en fonction de la nature du litige auquel il met fin ; la transaction est donc un contrat administratif dès lors qu'elle intervient pour mettre fin à un litige pour le jugement duquel la juridiction administrative serait compétente[11]. Ce faisant, fait peu observé ou peu enseigné, le Conseil d'État a introduit une nouvelle catégorie de contrats administratifs par détermination de la jurisprudence, à raison de leur objet. Ce n'est toutefois pas un contrat administratif comme un autre, dans la mesure où le pouvoir de résiliation unilatérale de l'Administration ne semble pouvoir être admis, puisque, une fois conclue, la transaction est l'équivalent d'un jugement doté entre les parties de l'autorité de chose jugée à laquelle aucune prérogative, même de puissance publique, ne saurait venir porter atteinte.

B. Le droit administratif adopte-t-il la même définition de la transaction que le droit civil ?

Comme contrat destiné à mettre un terme à un procès ou à l'éviter, la réponse est assurément positive. Mais on sait que la jurisprudence civile a ajouté à l'article 2044 du Code civil un autre critère : la transaction suppose des concessions réciproques. Or, cette qualification restrictive n'apparaît guère en droit administratif[12]. On imagine fort bien, en pratique, que c'est souvent l'Administration qui propose de transiger : en matière administrative, la transaction n'est rien d'autre qu'une illustration exemplaire du contrat d'adhésion. Certes, on peut soutenir que les transactions administratives satisfont le critère civiliste, dès lors que l'administré renonce à toute action en justice, même s'il est vrai qu'on pourrait alors répondre que la renonciation à exercer une action contre l'Administration est peut-être moins une concession que l'effet naturel de la transaction, dont l'objet est précisément d'éteindre toute action en justice. Admettons. Mais alors, où se trouve la réciprocité ?

En effet, la transaction en matière administrative bute sur une donnée incontournable : sa validité est subordonnée à la condition que son montant ne pénalise pas les finances publiques. En d'autres termes, la transaction ne saurait faire renoncer l'Administration à des sommes qui lui sont dues ou à payer des sommes qu'elle ne doit pas. Cette règle est souvent rattachée à divers fondements. Disons de manière générale qu'une personne publique ne peut disposer de son patrimoine que dans l'intérêt général. Dès lors, il serait contraire à celui-ci comme au principe d'égalité devant les charges publiques qu'une personne publique s'engage à payer une somme qu'elle ne doit pas et que son partenaire privé puisse bénéficier, au détriment de la collectivité nationale, d'un paiement indu. Suggérée il y a bien longtemps par

11. V. *infra* CE (avis) Ass. 6 décembre 2002, *Syndicat intercommunal des établissements du second cycle du second degré du district de l'Hay-les-Roses*.

12. V. toutefois CE 28 janvier 1994, *Société Raymond Camus et Cie*, *Lebon* Tab. p. 1123 ; *Petites affiches* 1994, n° 143, p. 27, note V. Haïm.

Romieu[13], le Conseil d'État a réaffirmé l'interdiction pour les personnes publiques de faire des libéralités, sous la forme d'un principe général du droit en vertu duquel l'Administration ne doit jamais être condamnée à payer une somme qu'elle ne doit pas. En conséquence, une transaction aboutissant à ce résultat est entachée de nullité et il appartient au juge de soulever d'office un tel vice. Certes, il est habituel de soutenir que, en dépit de son caractère d'ordre public, un tel principe ne fait pas obstacle à la conclusion de transactions administratives : faisant appel au sens plus modéré des conclusions du commissaire du gouvernement Rougevin-Baville, la doctrine a pris pour habitude de soutenir que la protection des deniers publics n'interdit pas d'éventuelles augmentations de l'indemnité concédée par la personne publique. Ce que prohibe la jurisprudence *Mergui*, c'est que l'Administration paye une somme qu'elle ne doit pas, parce que le préjudice n'existe pas[14] ou que le lien de causalité n'est pas établi[15] ; ce qu'elle prohibe encore, c'est que l'indemnisation soit si surévaluée par rapport au dommage que la prétendue transaction dissimule une libéralité déguisée.

Il n'en demeure pas moins que, en pratique, l'Administration ne concède guère, et se contente de verser, à son cocontractant ou à une victime, le montant à peu près exact de la somme qu'elle lui doit. Qui sait même si, devant le juge, l'administré n'aurait pas obtenu un peu plus ? On peut se demander si la transaction n'a pas tendance à être, dans la vie administrative, la version contractuelle de la réponse à une demande préalable. Cette tendance est parfois entérinée par le juge administratif, qui vérifie que « les collectivités publiques ne soient pas exposées à payer des sommes supérieures au montant des travaux effectués et des approvisionnements qui leur sont réellement acquis[16] » ou que l'indemnité transactionnelle ne dépasse pas le montant du marché initial annulé[17].

Comme on va le voir ci-après, les interrogations sont aujourd'hui amplifiées par le fait que la transaction sert à régulariser les marchés publics entièrement exécutés au moment de leur annulation juridictionnelle. Il n'y a alors aucune concession véritable : les parties se contentent d'appliquer à l'amiable l'action en enrichissement sans cause, et le cocontractant privé obtient simplement plus rapidement ce qu'il aurait obtenu de manière identique devant le juge, conformément à la jurisprudence du Conseil d'État[18], à savoir le montant exact des dépenses utiles exposées par lui au profit de la collectivité publique.

---

13. J. Romieu, concl. sur CE 17 mars 1893, *Chemin de fer de l'Est et autres* c. *Ministre de la Guerre*, S. 1894. 3. 119.

14. CE 2 avril 1971, *Ministre de la Santé publique et de la Sécurité sociale* c. *Marchand*, *Lebon* p. 273.

15. CE sect. 3 janvier 1975, *Ministre de l'Aménagement du territoire, de l'Équipement, du Logement et du Tourisme* c. *Époux Paya*, *Lebon* p. 11.

16. CE sect. 26 mars 1965, *Dame veuve Moulinet et demoiselle Moulinet*, *Lebon* p. 208.

17. CE 8 décembre 1995, *Commune de Saint-Tropez*, *Lebon* p. 431, *AJDA* 1996. 448, note V. Haïm.

18. CE sect. 2 décembre 1938, *Sieur Laly*, *Lebon* p. 905 ; CE sect. 19 avril 1974, *Société Entreprise Louis Segrette et autres*, *Lebon* Tab. p. 1052 ; CE sect. 23 mai 1979, *Commune de Fontenay-le-Fleury*, *Lebon* p. 226.

Doit-on s'en émouvoir ? Ce n'est pas certain. D'une part, la concession réciproque n'est pas dans la culture administrative : la puissance publique ne concède pas plus qu'elle n'implore de concessions. D'autre part, surtout, le droit administratif n'est-il pas au plus près de l'essence même de la transaction, de la vérité de 1804 ? Après tout, en transigeant, les parties ne sont pas là pour faire « une bonne affaire » ; peut-être même auraient-elles obtenu davantage devant un juge. Mais, elles ont gagné une chose inestimable : elles ont évité d'aller devant le juge, « raide comme la justice ». Sinon, comment comprendre cet autre adage populaire : « Il vaut mieux un mauvais arrangement qu'un bon procès » ? À sa façon, c'est ce que rappelle le droit administratif.

II. INTERROGATIONS SUR LE RÉGIME

Ici aussi, on peut en soulever deux principales.

A. DANS QUELLE MESURE LE RÉGIME DE LA TRANSACTION DEVANT LE JUGE ADMINISTRATIF S'INSPIRE-T-IL DU DROIT CIVIL ?

La transaction est un des nombreux cas d'emprunt au Code civil : le juge administratif s'inspire des dispositions régissant le contrat de transaction en droit privé, tout en ne les appliquant pas telles quelles afin de leur faire subir les adaptations nécessaires. En l'espèce, il a été conduit à le faire parce que, lorsque la transaction est un contrat administratif, elle est soumise au régime contentieux de tels contrats. Or, en cette matière, non seulement les parties peuvent saisir le juge administratif du contrat, mais nombreuses sont également celles qui peuvent le saisir d'un recours pour excès de pouvoir contre la décision de la personne publique de recourir à la transaction, acte unilatéral détachable du contrat et susceptible d'être contesté pour faire vérifier la conformité du contenu de la transaction à la légalité : tiers ayant intérêt à agir, préfet exerçant son déféré[19], contribuable agissant au nom de sa commune[20], etc. Comme toujours en droit administratif, le Conseil d'État en a profité pour créer son propre régime jurisprudentiel des transactions.

Il s'inspire largement du droit privé, lorsque le juge administratif vérifie les éléments subjectifs du contrat, comme les vices du consentement lors de la passation du contrat, chose assez remarquable lorsque l'on connaît la jurisprudence parfois incertaine du juge judiciaire[21].

19. CE 8 décembre, 1995, *Commune de Saint-Tropez*, *préc.*

20. CE 29 décembre 2000, *Comparat*, *Lebon* p. 658, *BJDCP* 2001, n° 17, p. 337, concl. P. Fombeur.

21. Par exemple, CE 3 août 1910, *Société Gille, Brahic et Thomas*, *préc.* ; TA Grenoble 14 novembre 2003, *Société des autoroutes Rhône-Alpes*, *RFD adm.* 2004. 1179, note M. Sauveplane.

En revanche, dès qu'il s'agit d'examiner le contenu de la transaction, le juge administratif, peu habitué à l'analyse subjective de la licéité de l'objet contractuel, préfère s'en remettre à sa méthode d'examen de la légalité objective d'un acte. Il faut dire que la poursuite de l'intérêt général attachée à la présence d'une personne publique au contrat densifie le tissu des règles d'ordre public. Ainsi, le juge vérifie la compétence de la personne publique. À ce sujet, loin du décret des 27-31 août 1791 et de l'article 2045 du Code civil, toutes les personnes publiques ont la liberté de transiger, y compris les collectivités locales libérées de toute autorisation préalable depuis les lois de décentralisation de 1982, à l'exception des établissements publics de l'État qui doivent obtenir par décret l'autorisation au cas par cas du Premier ministre[22]. Et encore le Conseil d'État a-t-il encouragé le gouvernement à donner aux établissements publics, dans les textes statutaires qui les régissent, une autorisation générale ou partielle de transiger, formule qui est aujourd'hui largement utilisée, comme en témoignent les statuts de la majeure partie des établissements publics étatiques. Cette libre capacité de transiger n'interdit pas toutefois au juge de vérifier que le représentant de la collectivité ou de l'établissement a bien été habilité pour signer la transaction par une délibération de l'organe délibérant compétent.

Ensuite, le juge administratif vérifie que la transaction ne porte pas sur des questions de légalité. Au-delà de l'interdiction de transiger sur l'ordre public, le droit administratif s'oppose plus précisément à ce que l'Administration s'engage par contrat à exercer dans un sens déterminé les prérogatives que la loi lui confère dans l'intérêt général, et notamment à maintenir, contre compensation financière, une décision administrative illégale. Par ailleurs, le recours pour excès de pouvoir est un recours d'ordre public, « recours qui est ouvert même sans texte contre tout acte administratif et qui a pour effet d'assurer, conformément aux principes généraux du droit, le respect de la légalité »[23] ; aussi un administré ne saurait-il par avance renoncer à l'exercer[24]. Autant de raisons qui font qu'on ne transige pas avec la légalité des actes administratifs unilatéraux.

La prohibition de la transaction étant attachée à l'ordre public, elle joue donc moins en matière contractuelle ou délictuelle. Dans ces matières, la conclusion de transactions évitant les procès est fortement encouragée. Bien entendu, cette possibilité de transiger s'entend sous réserve pour l'Administration de ne pas porter atteinte à des règles d'ordre public, lesquelles ne sont pas absentes du droit des contrats ou de la responsabilité. Ainsi, l'ordre public contractuel s'opposant à toute renonciation aux intérêts moratoires dus en raison de retard dans le règlement de marchés publics, toute transaction contenant une telle clause de renonciation est

---

22. CE avis 21 janvier 1997, *Les grands avis du Conseil d'État*, 2e éd., Paris, Dalloz, 2002, n° 39 ; CE 14 décembre 1998, *Chambre d'agriculture de La Réunion*, *Lebon* Tab. p. 729.

23. CE Ass. 17 février 1950, *Ministre de l'Agriculture* c. *Dame Lamotte*, *Lebon* p. 110, *RD publ.* 1951. 478, concl. J. Delvolvé, note M. Waline.

24. CE Ass. 19 novembre 1955, *Andréani*, *Lebon* p. 551, *RPD adm.* 1956. 25, concl. Landron ; CE 2 février 1996, *Société Établissements Crocquet*, *Lebon* p. 26.

illégale[25]. De même, les rapports qui unissent les agents contractuels de droit public à leurs employeurs laissent peu de place à l'usage de transactions, en raison de l'importance des règles d'ordre public. Tel est le cas des règles relatives aux modalités de calcul des indemnités de licenciement : aussi est-il illégal de fixer conventionnellement le montant de telles indemnités. En revanche, lorsqu'un licenciement est illégal, les parties peuvent transiger pour éviter ou mettre un terme au litige de plein contentieux né de la responsabilité pour faute de l'Administration du fait du licenciement illégal[26]. Enfin, on l'a déjà vu, l'ordre public a pour effet qu'une personne publique ne peut disposer de son patrimoine que dans l'intérêt général ; dès lors, il serait contraire à celui-ci qu'une personne publique s'engage à payer une somme qu'elle ne doit pas : c'est le principe d'ordre public issu de la jurisprudence précitée *Mergui*.

La transaction administrative présente alors ce curieux paradoxe d'être interdite dans le contentieux de la *légalité* mais d'être essentiellement utilisée par l'Administration pour couvrir, sur le plan pécuniaire, les *illégalités* dont elle est responsable. Et il n'est pas interdit de penser que, en pratique, toute transaction sur l'indemnité que doit une personne publique à raison de l'illégalité fautive commise par elle aboutit à ce que l'administré renonce *de facto* à saisir le juge de l'excès de pouvoir. En définitive, la transaction est la plus redoutable des armes au service de l'Administration : comptant sur la séduction psychologique qu'opérera sur l'administré l'évitement du juge, elle lui permet d'agir illégalement, moyennant versement d'une compensation financière dont le montant serait le même que celui issu de la condamnation du juge. Sauf que, en évitant le recours au juge, source de frais de justice, la personne publique aura fait faire une économie aux finances publiques... On comprend pourquoi un vent de faveur souffle sur les transactions administratives. Mais les vents sont parfois contraires : la transaction n'encourage-t-elle pas l'illégalité administrative ?

B. Le juge administratif peut-il homologuer les transactions ?

B.– D'emblée, la vraie question semble devoir être différente : le doit-il ? Y a-t-il un *intérêt* à l'homologation *suffisamment important* pour tout à la fois justifier le risque d'ouvrir devant le juge administratif une nouvelle voie de droit susceptible d'alourdir sa tâche et nourrir ce paradoxe d'instituer un recours au juge alors que la transaction a été inventée pour y échapper ? La réponse semble devoir être négative car la nature de la transaction suffit à assurer son exécution : comme contrat, elle est obligatoire pour les parties, sur le fondement de l'article 1165 du Code civil, et peut

25. CE 17 octobre 2003, *Ministre de l'Intérieur* c. *Syndicat intercommunal d'assainissement Le Beausset La Cadière Le Castellet*, *Lebon* p. 411 ; *AJDA* 2003. 2267, note J.-D. Dreyfus, *BJDCP* 2004, n° 32, p. 20, concl. G. Le Chatelier ; *CJEG*. 2004. 95, note F. L. Sur cette question, v. J.-F. Lafaix, « Renonciation aux intérêts moratoires et ordre public », *AJDA* 2004. 1631-1636.

26. Sur ces questions, v. J. Bernot, « Le licenciement des agents publics contractuels : existe-t-il une place pour la transaction ? », *Coll. terr.* 2005, étude n° 9.

donner lieu à une action en responsabilité contractuelle en cas d'inexécution ; comme contrat mettant fin à un litige, elle est considérée, en vertu de l'article 2052 alinéa 2 du Code civil, comme revêtue de l'autorité relative de la chose jugée en dernier ressort[27]. Cette identité entre la transaction et le jugement a pour effet, entre les parties, de faire obstacle à un recours juridictionnel ultérieur portant sur le même litige[28] ou, si la transaction intervient en cours d'instance, de conduire le juge saisi à prendre une décision de non-lieu[29].

Certes, l'autorité de chose jugée ne se confond pas avec la force exécutoire d'un jugement, dont l'exécution peut être obtenue par la force. C'est pourquoi l'article 1441-1 du Nouveau Code de procédure civile a prévu une procédure d'attribution par le juge judiciaire de la force exécutoire aux transactions privées. Le droit privé se garde bien de parler d'homologation, dont le terme impliquerait de la part du juge un contrôle au fond de la transaction ; à la limite, l'attribution de la force exécutoire pourrait très bien être le fait d'un greffier.

En matière administrative, il est vrai que les cocontractants de l'Administration ont pu être confrontés de sa part à des refus d'exécution des transactions, soit par inertie volontaire, soit, comme dans le cas de la conciliation, par peur des comptables publics ou des contrôleurs financiers, en payant l'indemnité prévue par la transaction, de violer le principe posé par la jurisprudence *Mergui*. Face à ces refus d'exécution, les particuliers ne pouvaient mettre en œuvre, ni les voies d'exécution du droit privé au nom du principe que les biens des personnes publiques sont insaisissables, ni les mesures de contrainte spécifiquement prévues pour l'exécution des jugements par les lois des 16 juillet 1980 et 8 février 1995, faute pour les transactions d'être de véritables jugements, quand bien même elles en possèdent les effets. Ces péripéties révèlent la fiction de l'article 2052 du Code civil : la transaction n'est que l'œuvre des parties au contrat, tandis que le jugement est l'acte d'un organe de l'État, doté de l'*imperium*. Mais ces craintes d'inexécution sont aujourd'hui infondées, de sorte que l'homologation apparaît inutile : la réforme majeure des procédures d'urgence devant le juge administratif par la loi du 30 juillet 2000 permet désormais au transigeant d'exercer, soit le référé-suspension contre le refus de payer du comptable, assorti d'une injonction de payer[30], soit le référé-provision[31]. C'est pourquoi on ne peut qu'approuver le Conseil d'État, en 2002, dans un avis particulièrement pédagogique, d'avoir solennellement rappelé que, en vertu de l'article 2052 du Code civil, le contrat de transaction a, entre les parties, l'autorité de la chose jugée en dernier ressort et qu'il est exécutoire de plein droit, « *sans qu'y fasse obstacle, notamment, les règles de la comptabilité publique* » ; de sorte que, sauf excep-

---

27. CE 8 février 1956, *Dame Germain*, *Lebon* p. 69 ; CE, 28 novembre 1990, *OPHLM de la Meuse*, *Lebon* Tab., p. 871.

28. CE 11 décembre 1987, *Boulacheb et Khelfa*, *Lebon* p. 417.

29. CE 30 octobre 1974, *Commune de Saint-Pierre-les-Bois* c. *Gohin*, *Lebon* p. 525.

30. TA Paris 2 avril 2003, M. *Lion*, *AJDA* 2003. 1286, note E. Spitz, *CJEG* 2003. 568, note Y. Gaudemet.

31. CAA Lyon 2 juin 1992, *Passariello*, *Lebon* Tab. p. 1217.

tions, tout comptable public doit s'exécuter et toute demande d'homologation est en principe irrecevable devant le juge administratif. Tel est l'apport du très important avis *Syndicat du district de l'Hay-les-Roses* : en contentieux administratif, l'homologation, en principe, n'a pas lieu d'être[32].

Le rappel du principe n'a pas été toutefois à l'abri de certaines maladresses. D'une part, comme on le soulignait plus haut, le Conseil d'État aurait pu être plus vigilant sur l'emploi du terme d'« homologation »[33], que le Nouveau Code de procédure civile n'emploie précisément pas, la procédure instituée ayant simplement pour objet d'attribuer force exécutoire à un contrat. Même si le Conseil d'État rappelle que la chose n'existe pas par principe dans le contentieux administratif, il n'était pas inutile d'employer malgré tout le bon mot. D'autre part, sans doute mu par une volonté de rappeler énergiquement les principes, le Conseil d'État a livré une phrase énigmatique en énonçant que la transaction, outre d'avoir entre les parties autorité relative de chose jugée, « est exécutoire de plein droit ». Si le Conseil d'État a voulu signifier par là que le contrat de transaction a, comme tout contrat, *force obligatoire* entre les parties, on ne peut que l'en féliciter. Mais si la haute juridiction a voulu dire par là que la transaction a la force exécutoire d'un jugement, issu de l'*imperium* propre au juge étatique, on ne peut alors que regretter cette probable confusion entre l'autorité de chose jugée et la force exécutoire d'un jugement : si la transaction avait force exécutoire, à quoi bon, alors, toutes ces interrogations, à quoi bon l'article 1441-1 du Nouveau Code de procédure civile ?

2. – Aux termes de l'avis *Syndicat du district de l'Hay-les-Roses*, le Conseil d'État n'a pu s'empêcher d'assortir d'exceptions son refus de l'homologation.

Tout d'abord, à juste titre, il entérine la pratique de l'homologation en cours d'instance, dite du « contrat judiciaire » : il en admet l'existence tant implicite, si l'accord résulte d'un rapprochement des conclusions des parties ou de leur acquiescement[34], qu'explicite, si en cours d'instance, les parties demandent au juge de sanctionner ou d'entériner leur transaction formelle, ce qui était le cas dans l'affaire *Mergui*[35].

Ensuite, et surtout, le Conseil d'État a créé de toutes pièces une voie inédite d'accès au juge administratif destinée à l'homologation des transactions intervenues indépendamment de toute action en justice. De ce point de vue, l'avis de 2002 constitue une remarquable illustration du pouvoir normatif du juge administratif,

---

32. CE (avis) Ass. 6 décembre 2002, *Syndicat intercommunal des établissements du second cycle du second degré du district de l'Hay-les-Roses*, *Lebon* p. 433, concl. G. Le Chatelier ; *AJDA*, 2003. 280. chron. F. Donnat et D. Casas ; *BJDCP* 2003, n° 26, p. 54, concl. G. Le Chatelier ; *CJEG* 2003. 543, note J. Gourdou et P. Terneyre ; *Petites affiches* 2003, n° 119, p. 12, note J.-G. Mahinga ; *RDP* 2003. 417, note C. Guettier ; *RFD adm.* 2003. 291, concl. G. Le Chatelier note B. Pacteau ; v. aussi F. Sabiani, *Dr. adm.* 2003, n° 5, chron. n° 8.

33. Sur ce point, v. C. Fardet, « La notion d'homologation », *Droits* 1999. 181.

34. CE sect. 9 février 1934, *Chemin de fer du Nord* c. *de Brigode*, *Lebon* p. 194.

35. V. aussi CE 7 octobre 1981, *Agence nationale pour l'indemnisation des français d'outre-mer* c. *Sahuc*, *Lebon* p. 355.

puisqu'il a inventé de façon entièrement prétorienne une voie de recours juridictionnel.

C'est bien pourquoi, du reste, le juge administratif a dû tout inventer. En premier lieu, il a dû préciser, aux fins de recevabilité, les cas d'utilisation d'un tel recours en homologation. Les transigeants peuvent saisir le juge administratif lorsque, dans l'intérêt général, la transaction remédie à une situation telle que celle créée par une annulation ou par la constatation d'une illégalité d'un acte qui ne peut donner lieu à régularisation, ou encore lorsque les transactions sont confrontées à des difficultés d'exécution particulières. Tel est le cas, comme l'avoue explicitement le Conseil d'État dans son avis, en matière de marchés publics et de délégations de service public.

En second lieu, le Conseil d'État a fixé le régime procédural de l'homologation. D'abord, le recours n'est recevable qu'à condition que la demande d'homologation porte sur un contrat administratif déjà conclu, ayant fait l'objet des approbations nécessaires ou des contrôles de légalité prévus (cas des transactions des collectivités territoriales devant avoir été transmises au préfet). Ensuite, le juge a précisé certains aspects procéduraux : instruction contradictoire, écrite ou orale, communication de la demande d'homologation à toute personne qui aurait eu la qualité de partie à l'instance ainsi que, le cas échéant, au préfet, pouvoirs d'instruction du juge, possibilité de dispense du ministère d'avocat, etc. Enfin, le Conseil d'État a précisé que le juge saisi d'une demande d'homologation devait examiner au fond la validité de la transaction (compétence, licéité de l'objet, respect des règles d'ordre public et notamment de l'interdiction de faire une libéralité, etc.). Ce faisant, le Conseil d'État a pleinement eu raison de qualifier un tel recours d'« homologation », supposant un contrôle au fond de la validité de la transaction. D'où, du reste, à la différence de la procédure instituée par le Nouveau Code de procédure civile, la reconnaissance d'effets de l'homologation *sur* le contrat de transaction lui-même. Le Conseil d'État a posé des équations efficaces : homologation = *validité* du contrat de transaction ; non-homologation = *nullité* de la transaction[36]. En droit administratif, il n'y a aucun doute : le jugement d'homologation est une véritable décision juridictionnelle.

Eu égard à l'intensité du contrôle du juge et à la gravité des effets d'un refus d'homologation sur la validité de la transaction elle-même, des voies de recours devaient nécessairement être prévues. C'est ce que le Conseil d'État vient, en dernier lieu, d'organiser. Puisque l'homologation est un recours d'origine exclusivement jurisprudentielle, il pouvait être concevable de lui créer sur mesure un régime prétorien des voies de recours dont il peut être l'objet, en considérant notamment que, la transaction ayant l'autorité de chose jugée en dernier ressort, le jugement l'homologuant ne peut faire l'objet que d'un pourvoi en cassation. Le Conseil d'État, arguant de la nature authentiquement juridictionnelle du jugement d'homologation, a choisi, tout au contraire, d'inscrire les recours contre les jugements d'homologation dans le

36. V. par exemple, TA Lyon 25 mars 2004, *Syndicat mixte du Jura Gessien*, *AJDA* 2004. 1650, note J.-D. Dreyfus : le juge refuse d'homologuer une transaction viciée par une cause illégitime.

droit commun des voies de recours prévu par le Code de justice administrative : d'où le principe de la voie de l'appel devant les cours administratives d'appel, à moins que le litige que prévient ou éteint la transaction ne relève de ceux ne pouvant faire l'objet que d'un appel devant le Conseil d'État ou d'un recours en cassation[37].

3.– Cette jurisprudence remarquable suscite toutefois questions et étonnements. Deux observations principales méritent d'être soulignées.

S'agit-il bien ici encore de transaction ? Certes, on comprend fort bien les raisons qui ont poussé le Conseil d'État à rendre son avis *Syndicat du district de l'Hay-les-Roses*. À cet égard, les conclusions du commissaire du gouvernement Le Chatelier sont éclairantes. Ce nouveau recours en homologation juridictionnelle a été spécifiquement créé pour apporter plus de sécurité et de force juridique au paiement des prestations effectuées sur le fondement d'un contrat administratif annulé pour violation des règles de passation des marchés publics et des conventions de délégation de service public. Du fait de l'illégalité des marchés de régularisation, les cocontractants ont en effet été contraints de recourir à la transaction. Or, nous dit-on, la valeur de ces transactions était contestée par l'Administration des finances, décidant qu'une transaction ne peut régulariser l'irrégularité commise par une collectivité publique qui s'est exonérée des règles prévues par le Code des marchés publics. Outre qu'on voit mal pourquoi un tel obstacle dû aux comptables publics ne pouvait être surmonté, comme pour n'importe quelle autre transaction, par les nouvelles voies d'exécution contre l'Administration que sont le référé-suspension et le référé-provision, il semble bien, en réalité, que le Conseil d'État a surtout été mu par deux sentiments : d'une part, la crainte de voir les cocontractants de l'Administration s'en aller vers le juge judiciaire ; d'autre part, l'envie de poursuivre la sécurisation du droit des marchés publics et des conventions de délégation de service public. À la lecture des conclusions du commissaire du gouvernement, tout semble s'être passé comme si le Conseil d'État avait voulu permettre aux personnes publiques de se racheter des plus ou moins graves illégalités qu'elles peuvent commettre lors de la passation de leurs contrats publics, en offrant à leurs ex-cocontractants, innocentes victimes de leurs négligences ou de leurs erreurs, toute la sécurité et la force d'une régularisation juridictionnelle. À moins que ce ne soit le juge administratif qui ait voulu se faire pardonner de la rigueur des conséquences de ses annulations en matière de contrats publics, notamment quand la nullité d'un contrat résulte de l'annulation d'un acte unilatéral détachable, par exemple la délibération autorisant sa conclusion. En décidant que l'homologation vaut validité de la transaction, qui n'est elle-même que la reprise indirecte du marché public initial, le Conseil d'État fait de ses jugements d'homologation d'authentiques actes de régularisation de contrats administratifs annulés. Ce faisant, l'avis de 2002 n'a plus grand-chose à voir avec la transaction, entendue comme une alternative au jugement : tout au contraire, il permet au juge

37. CE avis 4 avril 2005, *Société Cabinet JPR Ingénierie*, *Lebon* p. 139, *AJDA* 2005. 1403, note P. Cassia, *BJDCP* 2005, n° 40, p. 229.

administratif, auquel il est fortement incité de recourir, de régulariser les marchés publics annulés, et de montrer ainsi qu'il est un instrument au service de la sécurité juridique. En d'autres termes, l'avis *Syndicat du district de l'Hay-les-Roses* est à rattacher à toute la jurisprudence récente relative à l'évolution de l'office du juge administratif, à ces fameux nouveaux pouvoirs lui permettant, au nom de l'intérêt général, de tempérer les effets brutaux de ses annulations contentieuses, voire de sauver de l'annulation les actes administratifs illégaux.

Par ailleurs, le contrôle au fond de la transaction, effectué par le juge de l'homologation, n'a-t-il pas un effet contradictoire ? La doctrine civiliste s'étonne, à juste titre, de l'*ultra petita* qui sous-tend cette jurisprudence : voici que venus trouver le juge pour lui demander d'attribuer force exécutoire à leur transaction, des transigeants peuvent repartir, non seulement sans force exécutoire, mais sans transaction. À terme, la rigueur des effets du recours en homologation sur la validité de la transaction elle-même pourrait dissuader les cocontractants d'y recourir. En même temps, on comprend la teneur de l'avis de 2002. Sans doute la doctrine civiliste a-t-elle du mal à percevoir que le juge administratif est depuis trop longtemps habitué à être un juge de la légalité objective pour concevoir, intellectuellement, d'homologuer une transaction irrégulière et, par-delà, de ne pas la déclarer nulle. Mais surtout, l'observation perd sa pertinence au regard de la véritable raison d'être de la procédure d'homologation devant le juge administratif : on l'a dit, c'est une procédure de régularisation de contrats nuls qui ne dit pas son nom. Et la transaction qui la précède n'en est donc plus vraiment une. Loin de toutes concessions réciproques destinées à permettre aux parties d'éviter la justice, les parties à un contrat déclaré nul par le juge administratif sont invitées à conclure un second contrat réglant les situations juridiques nées de cette nullité ; une fois conclu, un tel contrat, qu'on peut bien, avec de bonnes volontés, qualifier de transaction, sera régularisé par le juge administratif, qui viendra apposer son *imperium*, conférant ainsi toute la force et la sécurité d'une décision de justice. Pour forcer cette saisine du juge, rien, au demeurant, n'empêche les parties d'inclure dans leur transaction une clause subordonnant sa validité à une homologation par le juge administratif compétent. C'est pourquoi le Conseil d'État, dans son avis de 2002, n'avait guère le choix : dès lors qu'il entendait attacher à une transaction la sécurité juridique et la force exécutoire d'un jugement, l'homologation ne pouvait qu'être juridictionnelle, supposant un contrôle au fond, et impliquant donc, en cas de refus, la nullité de la transaction elle-même. Cette spécificité n'est que la conséquence logique d'une procédure, visant moins à « authentifier un acte juridique » qu'à attribuer la valeur de titre exécutoire à une habile opération de régularisation de contrats publics annulés. Avec, à l'arrière-plan, une autre question qui pointe : la transaction homologuée demeure-t-elle de nature contractuelle, pouvant faire ainsi l'objet d'une action en responsabilité contractuelle ?

Certes, à l'avenir, la voie de l'homologation pourra se rencontrer dans certaines hypothèses de responsabilité extra-contractuelle. Elle n'en demeurera pas moins une procédure singulière, quelque peu éloignée de l'idée même de transaction. Contrat destiné à éviter un procès, la transaction est en train de devenir également un mode, nécessairement juridictionnel, de régularisation de situations juridiques nées de l'annulation d'actes administratifs. On ne sait si une telle évolution ravira la doctrine, notamment privatiste, si soucieuse de rigueur conceptuelle. Sans doute regrettera-t-elle une occasion manquée : celle de ne pas avoir réfléchi à une évolution des procédés de régularisation en droit administratif. Mais la doctrine n'en est-elle pas la première responsable ?

La transaction existe-t-elle en droit pénal ?

Anne-Sophie Chavent-Leclere
Maître de conférence à l'Université Jean Moulin (Lyon III)

L'engouement pour la transaction en droit privé n'a pas épargné la branche pénale. À l'heure où le législateur semble des plus avides à multiplier les textes intégrant une telle dynamique, il est temps de faire le point sur la transaction en droit pénal.

Aurait-on enfin trouvé un concept juridique qui puisse à la fois fonder une solution générale de règlement des litiges en droit privé et permettre au droit national de se conformer à l'exigence européenne de délai raisonnable des procédures ?

La transaction contient en effet en elle-même quelque chose de miraculeux qui n'a pas échappé aux théoriciens comme aux praticiens du droit : c'est une convention qui permet de régler un litige en cours ou à venir entre deux parties par des concessions réciproques.

Le moyen est efficace : un arrangement juridique ; l'objectif est redoutable : l'évitement d'un procès.

La transaction pénale redonnerait-elle l'espoir de retrouver l'apaisement social par l'assurance d'une prompte et réelle réparation du trouble occasionné par l'infraction ?

Dans la mesure où la transaction est une notion d'origine civile, toute la question qui se pose en définitive, est de savoir si elle peut être transposée au droit pénal afin de remplir le même objectif de satisfaction et de célérité.

La réponse à ces interrogations semble conditionnée à la précision de deux termes essentiels du contentieux pénal : l'apaisement social et la réparation du trouble.

Alors que le procès civil vise à trancher un conflit de prétentions en apportant éventuellement réparation en cas d'atteinte à un droit, le procès pénal se situe aux antipodes. Il a pour fonction d'apaiser un trouble social né d'une atteinte portée à la société par la commission d'une infraction. La réparation est due à la société, par l'exécution d'une punition. La réparation pécuniaire à la victime n'est qu'accessoire et vient se greffer à l'action pour l'application des peines.

À travers la différence des contentieux, transparaît déjà tout le problème de la possibilité pour le droit pénal d'intégrer parmi ses instruments la transaction. Le procès civil est conçu comme un dernier recours pour des parties qui ne sont pas en mesure de s'entendre et de régler leur différend. Rien d'étonnant alors que son principe même cherche à être évité.

Le procès pénal symbolise au contraire la réaction du corps social à une violation du droit qui l'atteint plus dans sa globalité qu'il n'a pu heurter l'un de ses membres en particulier. Le procès pénal n'est pas originairement construit sur le modèle du dernier recours mais sur celui de la nécessité.

À cette nécessité correspond d'ailleurs un principe élémentaire du droit pénal qui est celui de l'indisponibilité de l'action publique. Plus surprenant alors, que le litige pénal soit en mesure d'être évité.

Comment, dans un tel contexte, a pu se développer en droit pénal la transaction, cette convention prévue par l'article 2044 du Code civil dont l'objectif est justement l'évitement du litige ?

La question se pose réellement, car la transaction semble exister en droit criminel : la doctrine l'affirme, le législateur s'y réfère, le ministère public dispose et les administrations transigent. À moins que cette réalité ne repose finalement que sur une impression de transaction...

Les leçons du droit civil, mais aussi de la matière administrative, devraient nous conduire vers la lumière : la transaction a-t-elle une place en droit pénal ?

La réponse à cette question nécessitera d'analyser les deux types de transactions envisageables au plan pénal : la transaction sur l'action publique, dont on constatera qu'elle est en grande partie voilée par une mauvaise approche conceptuelle (I), puis la transaction sur la peine, symbolisée par le « plaider coupable », sur lequel un éclairage particulier tentera d'être apporté (II).

I. LE VOILE SUR LA TRANSACTION RELATIVE À L'ACTION PUBLIQUE

Aussi étonnant que cela puisse paraître pour une matière qui touche autant à l'ordre public, le droit pénal semble à première vue être un terrain assez propice à la transaction. Ce rayonnement apparaît cependant simplement apparent (A) lorsque ce qui est qualifié de transaction par une large part de la doctrine criminelle est confronté non seulement à la loi pénale elle-même (B), mais aussi à la définition civile de la transaction (C).

A. Le rayonnement apparent de la notion

Le constat qui ressort de l'analyse de la doctrine est celui d'une avancée progressive de la transaction en droit pénal. La plupart des auteurs semblent en effet voir dans le phénomène qui vise d'une part, à multiplier les alternatives aux poursuites pénales et d'autre part, à créer de nouvelles formes de procédures simplifiées de règlement des litiges, des formes de transaction en droit pénal.

Depuis 1995, date à laquelle le législateur s'est engagé sur la voie de l'alternative pénale par l'introduction manquée[1] de l'injonction pénale dans notre procédure, il est largement question « de cette idée de transaction »[2].

Est souvent considérée comme transaction toute forme de tentative du ministère public de proposer une discussion ou une mesure contraignante afin d'éviter des poursuites.

La médiation pénale tout d'abord, créée par une loi du 4 janvier 1993[3], a reçu cette qualification. Rappelons qu'il s'agit simplement dans cette procédure, pour le ministère public, d'inviter le prévenu à participer à un dialogue qui l'opposerait à sa victime afin d'éviter qu'un malentendu se prolonge quand il est possible d'y mettre fin. Son objectif est essentiellement psychologique et même si un engagement indemnitaire peut être pris par l'auteur des faits, aucune forme de concession ne ressort de cette procédure, puisqu'une extinction de l'action publique n'est même pas prévue par les textes en cas d'exécution. Pour autant, d'aucuns n'ont pas hésité à affirmer que la réparation intervenant dans ce cadre correspondait à la définition de la transaction au sens de l'article 2044 du Code civil[4], allant jusqu'à estimer que « la médiation pénale réussie a pour effet normal d'éteindre l'action publique grâce à l'accord entre l'auteur et la victime de l'infraction. Par une inversion de la règle ordinaire, le civil tient, en quelque sorte, le criminel en état »[5].

---

1. Loi n° 95-125 du 8 février 1995 (*JO* 9 février 1995, p. 2175) censurée par une décision du Conseil constitutionnel du 2 février 1995.

2. E. Gherardi, « Réflexions sur la nature juridique des transactions pénales », *RFD adm.* 1999. 906. Dans le même sens, v. C. Lazerges, « Médiation pénale, justice pénale et politique criminelle », *RS crim.* 1997. 186 : « la transaction pénale était destinée à faire baisser le taux de classements sans suite de petites infractions en autorisant le procureur de la République à proposer une transaction financière ». T.-S. Renoux, « Constitutionnalité de la loi relative à l'organisation des juridictions et à la procédure civile, pénale et administrative, et extension implicite de la compétence des juges uniques », *D.* 1997. 130.

3. Art. 41-1 C. proc. pén.

4. G. Blanc, « La médiation pénale. Commentaire de l'article 6 de la loi n° 93-2 du 4 janvier 1993 portant réforme de la procédure pénale », *JCP* 1994. I. 3760, n° 17 et 18. Dans le même sens, P. Mbanzoulou, *La médiation pénale*, Paris, L'Harmattan, coll. « La justice au quotidien », 2002, p. 47.

5. Cette affirmation repose à l'évidence sur la pratique des parquets mais elle ne saurait être érigée en principe, car telles ne sont pas les dispositions de la loi au sein de l'article 41-1 C. proc. pén. qui prévoit, au contraire, que l'action publique ne s'éteint que par la seule transaction prévue par la loi ou par la composition pénale. V., P. Catala et G. Flecheux, « Avant propos », *in* Mission de recherche Droits et Justice, *Les modes alternatifs de règlement des litiges : les voies nouvelles d'une autre justice*, Paris, La Documentation française, coll. « Perspectives sur la justice », 2003, p. 8.

Une autre forme d'alternative aux poursuites pénales ensuite, a souvent été qualifiée de procédure transactionnelle. Il s'agit de la composition pénale. Introduite par la loi du 23 juin 1999, la composition pénale consiste pour le procureur de la République, ou l'un de ses délégués, à proposer une mesure de composition à une personne reconnaissant la commission d'une infraction, puis à abandonner les poursuites en cas d'exécution de cette mesure. L'extinction de l'action publique en cas de bonne exécution de la mesure de composition a conduit certains à estimer que « le législateur reconnaît ainsi au ministère public la faculté de transiger avec l'auteur d'un délit « ordinaire », consacrant par là même une extension remarquable du domaine de la transaction dans le champ répressif »[6]. La plupart des auteurs s'accordent d'ailleurs à assimiler cette procédure alternative aux poursuites à une transaction[7].

Les parlementaires eux-mêmes, lors des débats relatifs aux divers projets visant à remédier aux classements sans suite, emploient souvent la qualification de transaction pour évoquer le dispositif qui tend à donner au parquet une compétence pour inviter le délinquant à assumer, par une prestation, les conséquences de son infraction[8].

Ce parallèle avec la transaction enfin, ne s'est pas arrêté aux modes alternatifs aux poursuites pénales. L'introduction dans notre droit de procédures dites « simplifiées », a redonné un nouveau souffle à la transaction en droit pénal.

Avec l'ordonnance pénale[9], un débat sur l'introduction d'une autre forme de transaction en droit pénal a également vu le jour. Très schématiquement, il s'agit d'une procédure où en raison de la simplicité et de la moindre gravité des faits[10], l'infraction est jugée sommairement, hors la présence du contrevenant ou du prévenu et sans le recours à un débat contradictoire. L'opposition reste ouverte si l'intéressé entend contester les faits et discuter de leur bien-fondé. Néanmoins, l'action publique est mise en marche puisqu'il est prévu que « le juge statue sans débat préalable par une ordonnance pénale portant soit relaxe, soit condamnation à une amende ». L'extension de la procédure initialement prévue pour les contraventions,

---

6. J. Leblois-Happe, « De la transaction pénale à la composition pénale », *JCP* 2000. I. 198, n° 23.

7. M.-L. Rassat, *Traité de procédure pénale*, Paris, PUF, 2001, coll. « Droit fondamental », n° 307, p. 492 ; P. Conte et P. Maistre du Chambon, *Procédure pénale*, Armand Colin, coll. « U », 2002, n° 312, p. 228 ; F. Debove, F. Falletti et J.-F. Burgelin, *Précis de droit pénal et de procédure pénale*, PUF, coll. « Major », 200, p. 300 ; J. Pradel, *Procédure pénale*, Cujas, coll. « Manuel », 2004, p. 208 ; R. Merle et A. Vitu, *Traité de droit criminel, Procédure pénale*, Cujas, 2001, tome II, n° 332, p. 396. V. aussi, P. Poncela, « Quand le procureur compose avec la peine », *RS crim.* 2002. 632 ; J. Pradel, « Une consécration du *plea bargaining* à la française : la composition pénale », *D.* 1999. 379.

8. Projet de loi relatif à l'organisation des juridictions et à la procédure civile, pénale et administrative, texte n° 1335 déposé à l'Assemblée nationale le 1er juin 1994, p. 8.

9. La mise en œuvre de cette voie procédurale appartient au seul ministère public qui saisit le juge compétent sur le fondement des articles 525 ou 495 C. proc. pén.

10. Les procédures concernent toutes les contraventions et les délits au Code de la route. Le législateur impose que les faits reprochés au prévenu soient établis par l'enquête de police et que cette dernière contienne des renseignements suffisants sur la personnalité de l'auteur et notamment ses charges et ses ressources.

à la catégorie des délits[11], puis, par l'article 54 de la loi Dutreil du 2 août 2005[12], aux infractions de type économique, alimente les chroniques des auteurs qui voient le retour d'un « vieux cheval » dans celui de la transaction[13].

Pour autant, s'il est exact de dire que la transaction en droit pénal n'est pas une innovation, il semble abusif de voir dans toutes les nouveautés législatives des formes de transactions. La confrontation de ces institutions avec, dans un premier temps, la qualification légale de la transaction puis, dans un second temps, avec la définition civile, devrait mieux permettre de cerner quelle place a précisément cette notion en droit pénal.

B. LA QUALIFICATION DE « TRANSACTION PÉNALE » À L'ÉPREUVE DE LA LOI PÉNALE

Après avoir énuméré les modes classiques d'extinction de l'action publique, l'article 6 du Code de procédure pénale, en son alinéa 3, prévoit que celle-ci « peut, en outre, s'éteindre par transaction lorsque la loi en dispose expressément ou par l'exécution d'une composition pénale (...) ».

L'analyse, même très sommaire, de cette disposition, enseigne deux évidences qui devraient non seulement permettre de faire un tri avec ce qui est communément dénommé transaction pénale mais aussi de revoir la place qu'il convient de lui accorder.

La première vérité est que la transaction est conçue par le législateur comme un mode d'extinction de l'action publique, au même titre que la mort du prévenu, la prescription, l'amnistie, l'abrogation de la loi pénale et la chose jugée. À ce titre, il convient de retrancher de la qualification de transaction toute procédure qui n'éteint pas l'action publique, mais au contraire qui incarne même une forme de poursuite pénale. En ce sens, la procédure d'ordonnance pénale, dont l'objectif est l'obtention d'une décision pénale, si sommaire soit-elle, n'est pas conforme à la dénomination légale de transaction.

En revanche, la procédure d'amende forfaitaire[14] — procédure simplifiée également — en ce qu'elle a pour préalable l'extinction de l'action publique en cas de paiement par le contrevenant pourrait ne pas être exclue *de facto* de cette qualification si les autres conditions venaient à être remplies.

La seconde certitude est que la conjonction de coordination qui sépare, au sein de l'article 6 du Code de procédure pénale, la transaction de la composition pénale,

---

11. Par la loi n° 2002-1138 du 9 septembre 2002.

12. Loi n° 2005-882 du 2 août 2005 en faveur des petites et moyennes entreprises, *JO* n° 179 du 3 août 2005 p. 12639.

13. J.-Ch. Graal, J.-M. Meffre et Cl. Guet, « Loi Dutreil du 2 août 2005 en faveur des PME : Analyse critique des dispositions relatives au droit des relations industrie-commerce », *D.* 2005, cah. dr. aff., 2156 ; v. également P. Poncela, « Quand le procureur compose avec la peine, *bis* », *RS crim.* 2003. 141.

14. Procédure prévue par l'article 529 C. proc. pén. pour les contraventions des quatre premières classes dont la liste est fixée par renvoi.

ne permet pas de les assimiler. En proposant une alternative entre la procédure de transaction et celle de composition pénale comme mode d'extinction de l'action publique, le législateur pénal s'est engagé dans la voie de la distinction. Faire de la composition pénale un mode de transaction revient donc à contrarier les vœux du législateur qui a certes entendu les mettre sur un même plan relativement à leurs effets extinctifs de l'action publique, mais qui les a clairement différenciés quant à leur nature. Même si contrairement à la médiation pénale, la composition pénale — en cas de bonne exécution des mesures ordonnées — peut bloquer l'action publique, elle reste bien en deçà du mode transactionnel. Dans le cadre de la composition pénale, « il ne s'agit là non pas de transiger sur l'action publique, puisqu'elle n'est pas encore mise en mouvement, mais d'opter pour l'application de mesures préalables à son exercice »[15]. La composition pénale, tout comme la médiation, est une mesure alternative aux poursuites offertes au ministère public, « possibilités (qu') il faut distinguer surtout de la transaction pénale »[16].

Outre le fait que les mesures de composition ressemblent à s'y méprendre à des peines principales ou complémentaires, elles sont, selon l'article 41-2 du Code de procédure pénale, inscrites au casier judiciaire de l'intéressé. Est-ce à dire que le litige est réellement réglé entre les parties alors même que ces sanctions pourront sans nul doute constituer le premier terme d'une récidive en cas de réitération de l'infraction ?

Si la seule confrontation au Code de procédure pénale enseigne que ni les formes sommaires de jugement, ni les alternatives aux poursuites pénales ne sont des transactions, que reste-t-il alors de cette notion en droit pénal ?

Juridiquement, il reste ce que le législateur pénal dénomme transaction en prenant soin de renvoyer à ses dispositions expresses.

Quantitativement, cela représente un vaste domaine, puisque la loi accorde à de nombreuses administrations un droit de transaction en marge de l'action publique. On l'aura compris, la seule forme de transaction qui existe en droit pénal est accordée, non au ministère public, mais, par exception, à des administrations publiques auxquelles il a été confié en amont le pouvoir d'engager des poursuites relativement à des comportements violant des intérêts dont elles ont la charge[17].

La transaction telle qu'elle est autorisée par la loi peut d'ailleurs intervenir avant que le ministère public n'ait exercé ses poursuites ou après la mise en mouvement de l'action publique. Dans les deux cas, elle constitue une cause d'extinction de l'action publique, en sorte que les poursuites ne peuvent plus être engagées ou doivent être abandonnées[18].

15. M. Redon, « Transaction », *Rép. Pén.*, n° 2.

16. M. Redon, *préc.*, n° 1.

17. La transaction est en quelque sorte l'exact pendant du droit de déclencher les poursuites.

18. Notons cependant que l'administration n'est recevable à transiger que sur les condamnations pécuniaires et non sur les peines d'emprisonnement dont la mise à exécution n'appartient qu'au procureur de la République.

Il n'est pas à s'émouvoir que le ministère public soit par nature privé du droit de transiger puisqu'il est depuis longtemps admis que l'action publique appartient à la société et que, si le ministère public s'en est vu confier l'exercice aux termes de l'article 1 du Code de procédure pénale, il n'en a pas la disposition[19]. Les auteurs les plus autorisés enseignent justement qu'« il paraît de prime abord impossible que l'action publique s'éteigne par une transaction intervenue entre le coupable et des représentants de la société »[20].

Légalement donc, la seule exception à cette indisponibilité de l'action publique concerne certaines administrations[21]. La transaction en droit pénal aurait un domaine limité si les infractions sur lesquelles les administrations concernées avaient un pouvoir de transaction étaient des infractions très techniques, artificielles, en d'autres termes si les intérêts confiés étaient très spécifiques.

Or, si telle est l'impression qui ressort de l'évocation des transactions de type administratif, la réalité est bien différente.

Certes, le pouvoir de transiger est parfois accordé dans des matières très spécifiques comme la matière piscicole et forestière, où le législateur accorde à l'autorité administrative en charge des intérêts, *après accord du procureur de la République, le droit de transiger*[22]. On pense également aux procédures prévues en matière postale[23], d'aviation civile[24] et en matière de voirie routière[25], où là également le contentieux reste technique.

Ce qui était cependant perçu originairement comme une manifestation des plus rares en considération de la spécificité des intérêts défendus, devient de moins en moins marginal en raison de l'importance des contentieux traités par certaines administrations. On pense aux infractions douanières, puisque l'Administration des douanes dispose, en vertu de l'article 350 du Code des douanes, du droit de transiger en cette matière[26]. La transaction ressort également comme le mode privilégié de traitement des conflits en matière fiscale. Ainsi, sur le fondement de l'article L. 248 du Livre des procédures fiscales, l'Administration fiscale dispose de la faculté de transiger sur les infractions relatives aux contributions indirectes avant la mise en mouvement d'une action judiciaire[27].

---

19. R. Gassin, « Transaction », *Rép. Pén.*, n° 3.
20. R. Merle et A. Vitu, *Traité de droit criminel*, *Procédure pénale*, *préc.*, p. 82, n° 65.
21. L'article 1er C. instruction criminelle déclarait d'ailleurs que « l'action pour l'application des peines n'*appartient* qu'aux fonctionnaires auxquels elle est confiée par la loi », ce qui marque bien l'opposition entre l'exercice de l'action publique et sa disposition seule confiée aux fonctionnaires spécialisés.
22. Art. L. 437-14 C. envir. ; art. L. 153- 2 C. for.
23. Art. L. 28 C. P. et T.
24. Art. L. 150-16-1 et L. 330-9 C. aviation.
25. Art. L. 116-8 C. voirie.
26. Exception faite des infractions dont les agents des douanes ont été saisis en application de l'article 28-1 C. proc. pén., autrement dit lorsqu'ils effectuent des enquêtes judiciaires.
27. Les modalités de la transaction étant aménagées par les articles R. 247-3 et R. 247-5 *LPF*.

Les contraventions à la police des services publics de transports ferroviaires et des services de transports de personnes réguliers et à la demande[28] donnent également la possibilité à l'exploitant de transiger sur une indemnité forfaitaire. Cette procédure est expressément qualifiée de transaction par l'article 529-3 du Code de procédure pénale. Si son champ d'application peut sembler de prime abord assez restreint, ce n'est qu'une apparence et M. Robert le constate lorsqu'il affirme que « le domaine potentiel de l'indemnité forfaitaire est immense car l'article 529-3 du Code de procédure pénale, à la différence de l'article 529, ne confine pas la procédure aux contraventions qui seraient limitativement énumérées dans des décrets d'application »[29].

Plus récemment, le domaine de la transaction a encore été sensiblement élargi, puisque la loi Dutreil du 2 août 2005 accorde ce droit à l'autorité administrative chargée de la concurrence et de la consommation, pour un grand nombre de contraventions et de délits pour lesquels une peine d'emprisonnement n'est pas encourue[30].

C'est dire donc si la transaction n'est plus cantonnée à des domaines techniques mais concerne de plus en plus des infractions de type classique. Même si une tradition administrative est bien marquée, il semble qu'il faille envisager « le domaine de la transaction au-delà des matières spéciales qui constituaient son terrain d'élection »[31].

L'innovation en matière de transaction pénale n'est donc pas à rechercher dans de nouvelles procédures qui visent à éviter le classement sans suite de masse ou à accélérer le jugement de certaines infractions, mais dans l'extension du droit pénal dit administratif[32].

Pour autant que l'on considère cette branche du droit pénal comme faisant partie de la matière pénale[33], l'ultime question qui se pose est de savoir si ce qui est qualifié de transaction par le législateur pénal correspond à la définition originelle de la transaction.

---

28. À l'exclusion des taxis donc.

29. J.-H. Robert, « Tribunal de Police, amende et indemnité forfaitaires », *J.-Cl. Procédure pénale*, Art. 524 à 530-3, n° 31.

30. L'ordonnance n° 2005-1086 du 1er septembre 2005 (JO du 2 septembre 2005) permet aux agents la DGCCRF, après accord du procureur de la République et tant que l'action publique n'a pas été mise en mouvement, de proposer une transaction aux auteurs d'infractions définies par le Livre IV du Code de commerce (Art. L. 470-4-1 C. com.) et les Livres I et III du Code de la consommation (Art. L. 141-2 et L. 216-11 C. consom.).

31. J. Leblois-Happe, « De la transaction pénale à la composition pénale », *préc.*, p. 198.

32. Pour une bibliographie non exhaustive concernant cette notion, v. M. Delmas-Marty et C. Teitgen-Coly, *Punir sans juger? De la répression administrative au droit administratif pénal*, Économica, 1992 ; F. Moderne, *Sanctions administratives et Justice constitutionnelle*, Économica, 1993.

33. Sur cette question, v. P. Lascoumes et C. Barberger, « De la sanction à l'injonction; le droit pénal administratif comme expression du pluralisme. Les formes juridiques sanctionnatrices », *RS crim.* 1988. 45. V. également, A. Dana, *RS crim.* 1988. 389; A. Varinard et E. Joly-Sibuet, *RID pén.* 1988. 189 (présentation du projet de résolution de l'Association internationale de droit pénal relatif aux problèmes juridiques et pratiques posés par la différence entre le droit criminel et le droit pénal administratif en France).

C. LA QUALIFICATION DE « TRANSACTION PÉNALE » À L'ÉPREUVE DE LA LOI ET DE LA JURISPRUDENCE CIVILES

L'analyse des procédures pénales transactionnelles doit se faire tant à la lumière du Code civil qui définit la transaction (1), qu'à celle de la jurisprudence qui en précise substantiellement les éléments constitutifs (2).

1. Les éléments légaux de la transaction

Bien que nommée par le Code de procédure pénale, la transaction n'est pas définie en cette matière. Afin donc de savoir si l'on évoque la même notion lorsqu'on se réfère à la transaction en droit pénal et à la transaction en droit civil, il convient de se reporter à la seule définition de la transaction que le droit connaisse : celle insérée à l'article 2044 du Code civil. Selon cette disposition, la transaction est « un contrat par lequel les parties terminent une contestation née, ou préviennent une contestation à naître ». Même si, *a priori*, l'idée de contrat est étrangère à la logique répressive, rien n'empêche, à la lumière de cette définition, de qualifier la transaction pénale de véritable transaction.

À ce stade, il est en revanche possible d'évacuer de la définition de la transaction toute forme de procédure qui n'ait pas pour objectif de mettre fin à une contestation. La contestation en droit pénal s'entend bien sûr de toute forme de différend qui oppose le ministère public et le délinquant. Ce différend est synonyme d'infraction en vertu du principe de la légalité criminelle. Ainsi, seules répondent au premier élément constitutif de la transaction — à savoir le terme de la contestation — les institutions pénales qui ont pour but de classer définitivement sans suite l'infraction, c'est-à-dire d'éteindre l'action publique. Sur ce point, les définitions civiles et pénales se rejoignent, et il ne semble alors pas possible de considérer comme transaction des formes simplifiées de poursuites telles l'ordonnance pénale ou, plus largement, toute forme de procédures ne mettant pas un terme définitif à l'infraction telle la médiation pénale. La transaction est un acte de disposition qui implique de renoncer définitivement à exercer l'action en justice relative au litige[34], ce qui n'est à l'évidence pas le cas lorsqu'il existe une forme de poursuite, aussi sommaire soit-elle, ou lorsque l'action publique est encore disponible.

En revanche, la composition pénale, la procédure de l'amende forfaitaire, de même que les transactions nommées telles par le législateur, intègrent ce premier élément de la définition. Ces procédures ont en effet pour point commun de mettre fin à l'action publique lorsqu'elles sont correctement exécutées, et ce, que les poursuites aient déjà été initiées ou non.

Les autres conditions exigées par le Code civil laissent plus perplexe sur la possibilité de rapprocher les procédures transactionnelles du droit pénal de ce contrat spécial.

---

34. Ph. Malaurie et L. Aynès, *Les contrats spéciaux*, 2e éd., Defrénois, 2005, n° 1111.

L'article 2045 tout d'abord donne des indications quant à la formation du contrat. « Pour transiger, il faut avoir la capacité de disposer des objets compris dans la transaction ». Pour revenir sur l'objet de la transaction, le droit pénal a cela de particulier qu'il confond l'objet de la transaction avec la condition propre à l'évitement du litige : il s'agit de l'action publique. Or, s'il est possible d'admettre — en dépit du principe de l'indisponibilité de l'action publique — que dans certains cas qui relèvent de l'exception, le ministère public et certaines administrations disposent de cette action, il est plus difficile de concevoir qu'un délinquant ait la disposition de cet objet. Tout au plus, la personne menacée par des poursuites peut adhérer à une décision concernant l'action publique. En aucun cas il ne bénéficie d'une quelconque faculté de disposer d'une matière qui relève par excellence de l'ordre public, sans qu'il ne soit même utile de s'arrêter sur sa réelle capacité.

À ce stade, un parallèle avec la jurisprudence civile peut être utilement fait. Sur la base de cet article 2045, les juges ont privé du bénéfice de la transaction toutes les matières qui relevaient de près ou de loin de l'ordre public, soit parce que les droits en question étaient hors du commerce, tel l'état des personnes[35] ou les droits alimentaires[36], soit parce que l'intérêt en cause était protégé de façon absolu tel le contrat de travail[37] ou par exemple les donations[38].

Dans un tel contexte de protectionnisme concernant les matières qui intéressent l'ordre public, il est possible de se demander comment l'infraction, définie comme une atteinte à l'ordre public, a pu être envisagée comme pouvant faire l'objet d'une transaction.

D'autant que si l'on envisage ensuite l'article 2046 du Code civil, il est précisé que l'« on peut transiger sur l'intérêt civil qui résulte d'un délit. La transaction n'empêche pas la poursuite du ministère public ».

Cette disposition signifie que la seule transaction pénale à laquelle le législateur civil se réfère est la transaction sur l'action civile, et qu'alors cette transaction n'est pas exclusive d'une mise en mouvement de l'action publique.

Doit-on conclure que la transaction sur l'action publique n'existe pas ? Certainement pas à notre sens. En revanche, ce qu'il paraît plus difficile de soutenir est que la transaction relativement à l'action publique peut être le fait du ministère public. Dire que « la transaction n'empêche pas la poursuite du ministère public » signifie très clairement que s'il peut exister une transaction en matière pénale elle se situera soit dans un domaine extérieur à l'action publique, soit dans un domaine où le ministère public a été privé de la maîtrise de la poursuite. En d'autres termes, pour le législateur civil, comme pour le législateur pénal d'ailleurs, la transaction sur

35. Civ. 2e, 21 mars 1988, *Gaz. Pal.* 1989. 1, note J. Massip ; Civ. 1re, 17 décembre 1996, *Bull. civ.* I, no 450.

36. Civ. 2e, 30 janvier 1958, *Bull. civ.* II, no 88 ; Civ. 2e, 23 juin 1967, *Bull. civ.*, II, no 234.

37. Soc. 2 décembre 1997, *Bull. civ.* V, no 416 ; Soc. 13 janvier 1998, *ibid.*, no 12.

38. Civ. 1re, 12 juin 1967, *D.* 1967. 584, note Breton.

l'action publique n'est envisagée que lorsqu'elle touche l'action civile ou, le cas échéant, lorsqu'elle est initiée par des administrations publiques concernant des infractions spécialement décrites par la loi.

Très logiquement, la question qui se pose alors est de savoir si ce type de transaction pénale remplit le dernier élément constitutif émanant de la jurisprudence civile, à savoir les concessions réciproques.

2. L'ajout jurisprudentiel à la transaction

Alors que la loi n'en faisait pas état, le juge a introduit la notion de « concessions réciproques » aux éléments constitutifs de la transaction. Sans qu'il soit nécessaire de revenir sur cette notion[39], il peut être rappelé qu'elle implique la renonciation, de part et d'autre, à une prétention. Si l'on se place du côté du délinquant, la concession réside d'une part, dans l'aveu de sa culpabilité et d'autre part, dans le paiement quasi immédiat d'une amende transactionnelle. Si l'on se place du côté de l'administration en charge de l'action publique, la concession réside dans l'abandon des poursuites[40]. En d'autres termes, d'un côté comme de l'autre la concession est synonyme de renonciation à une procédure.

La concession du délinquant, qui réside dans le paiement de l'amende transactionnelle, est cependant insignifiante puisque, comme on se situe dans le domaine des infractions de type matériel — c'est-à-dire ne nécessitant pas la preuve d'une intention et dont la culpabilité est rarement contestée — le paiement futur apparaît certain. Son unique concession réside donc dans le fait de renoncer à un débat contradictoire. Elle est l'équivalent de celle de l'administration, puisque l'abandon des poursuites est synonyme d'extinction de l'action publique, c'est-à-dire d'abandon de la voie processuelle. En ce sens, on est beaucoup plus proche de deux renonciations en chassé-croisé que d'une procédure de transaction qui implique des concessions autres que l'acceptation de renoncer à une action. S'il est vrai que toute « transaction renferme deux renonciations », toute « renonciation ne renferme pas une transaction »[41].

Au-delà même de la notion de concession, le déséquilibre originel entre les contractants évince par nature le caractère de réciprocité. Il ne faut pas perdre de vue qu'une personne publique est partie à ce contrat « qui contient une clause exorbitante du droit commun dans la mesure où le cocontractant est menacé de poursuites pénales s'il ne contracte pas »[42].

---

39. V., B. Fages, « Équilibre et transaction », dans le présent ouvrage.

40. Une précision d'importance doit être apportée en matière de transaction douanière. En effet, lorsque des infractions de droit commun ont été commises en même temps que l'infraction douanière, la transaction douanière intervenue ne pourra constituer un obstacle à l'action exercée par le ministère public en vue de la répression des délits de droit commun. V. en ce sens, F. Boulan, « La transaction douanière. Étude de droit douanier », *Annales de la Faculté de droit d'Aix*, 1968, p. 229.

41. D. Veaux, « Transaction », *J-Cl. Civ.*, fasc. 10, n° 96.

42. M. Dobkine, « La transaction en matière pénale », *D.* 1994. 137.

Ainsi, même les transactions nommées comme telles par la loi pénale ressemblent finalement plus à des sanctions imposées sans forme de procès qu'à une véritable discussion concernant de réciproques concessions.

À la lumière des indications pénales comme des définitions civiles, il peut sans doute être affirmé que si une sorte de contractualisation de la matière pénale se développe par une commune volonté d'éviter la procédure classique, une transaction sur l'action publique ne se dégage pas des procédures telles qu'envisagées par le droit pénal. Non seulement le contrat qui lie les parties est exorbitant du droit commun, permettant tout au plus de le qualifier de contrat d'adhésion, mais de plus, la sanction n'est pas évitée, puisque la mesure transactionnelle en fait office[43].

Si l'action publique ne peut pas faire l'objet de transaction, et qu'en tout état de cause son déclenchement implique au mieux pour le délinquant le prononcé d'une « quasi peine »[44], voyons si au regard des dernières réformes, le droit pénal laisse une place pour une transaction relativement à cette peine.

II. UN ÉCLAIRAGE PARTICULIER SUR LA TRANSACTION RELATIVE À LA PEINE

L'introduction dans notre droit français de la procédure de comparution sur reconnaissance préalable de culpabilité, dite « plaider coupable »[45] incite à une réflexion sur la nature des institutions qui placent le débat entre l'accusation et l'auteur de l'infraction en amont des poursuites pénales.

Relativement à ce qu'il a déjà été expliqué, il ne semble pas qu'il faille s'interroger de nouveau sur le fait de savoir si le « plaider coupable » correspond ou non à une transaction.

Au regard tant de l'approche pénale, que civile, de la transaction, la seule transaction qui soit est celle concernant le principe même de l'action publique. La transaction implique l'évitement du litige et donc l'abandon des poursuites. La procédure de « plaider coupable » qui est une forme de poursuite ne remplit pas cet élément constitutif de la transaction.

Pourtant, le terme de transaction est très souvent utilisé pour qualifier cette

43. Idée soutenue par M. Boitard selon laquelle la transaction pénale serait une « sanction librement acceptée et qui tient lieu de peine », « La transaction pénale en droit français », *RS crim.* 1941. 151. Pour le doyen Boulan, il s'agit d'une « peine privée infligée par une administration publique », *préc.*, p. 238, n° 25.

44. Dans ce sens, v. W. Exposito, *La justice pénale et les interférences consensuelles*, thèse Lyon III, 2005, p. 225.

45. F. Mollins, « Comparution sur reconnaissance préalable de culpabilité », *Rép. Pén.*, n° 8; J. Pradel, « Défense du plaidoyer de culpabilité. À propos du projet de loi sur les évolutions de la criminalité », *JCP* 2004, *Actualité*, n° 58, p. 169; J.-P. Ceré, « De la composition pénale à la comparution sur reconnaissance préalable de culpabilité : "le plaider coupable" à la française », in *Le nouveau procès pénal après la loi Perben II*, Paris, Dalloz, coll. « Journées d'Études Dalloz », 2004, p. 390.

nouvelle institution. Ainsi, après un bref rappel de ce qu'est la procédure de comparution sur reconnaissance préalable de culpabilité (A), nous nous interrogerons pour savoir si ce qui est communément assimilé à une transaction en emprunte quelques aspects, permettant de la rapprocher d'une forme de négociation relativement à la peine (B).

A. LE « PLAIDER COUPABLE », UNE NOUVELLE FORME DE POURSUITES PÉNALES

La loi du 9 mars 2004, dite « Perben II », a créé la procédure de comparution sur reconnaissance préalable de culpabilité. Institué aux articles 495-7 à 495-16 du Code de procédure pénale, le « plaider coupable », tout comme l'ordonnance pénale visée à la section précédente, constitue une forme de procédure simplifiée impliquant une mise en œuvre de l'action publique suivie d'un jugement du prévenu volontaire.

Il s'agit en effet de permettre qu'un individu ayant reconnu au préalable sa culpabilité, puisse être jugé « sur le champ » mais en connaissant dès la phase des poursuites la peine qu'il se verra appliquer à l'issue de la procédure.

Très schématiquement, la comparution sur reconnaissance préalable de culpabilité permet au procureur de la République, soit d'office, soit à la demande de l'intéressé ou de son avocat, pour des délits punis d'une peine d'emprisonnement inférieure ou égale à 5 ans, de proposer une ou plusieurs peines à une personne majeure qui reconnaît sa culpabilité.

La proposition du procureur de la République se fait lors d'une comparution du prévenu et de son avocat en chambre du conseil. Selon l'article 498 du Code de procédure pénale, la nature et le *quantum* de la peine proposée doivent s'établir d'une part, en fonction de données propres à l'auteur de l'infraction et d'autre part, en fonction de plafonds établis par la loi.

Ainsi, lorsque la peine proposée est une peine d'emprisonnement, le ministère public est doublement lié : non seulement par les circonstances de l'infraction et la personnalité de l'auteur, mais également par un maximum correspondant à la moitié de la peine encourue, qui ne pourra de surcroît jamais dépasser la durée d'un an. Lorsque le choix du procureur se porte sur la peine d'amende, sa seule obligation porte sur la nécessité de tenir compte des ressources et des charges de l'auteur, puisqu'il peut proposer une amende identique à celle qu'aurait encourue le prévenu dans le cadre d'une procédure de jugement classique.

À l'issue de cette comparution, le procureur doit aviser la personne de la possibilité de demander à disposer d'un délai de dix jours avant de faire connaître son acceptation ou son refus des peines proposées.

Si la personne refuse la ou les peines proposées, les poursuites étant déjà engagées, la procédure normale prendra le relais. L'article 495-12 du Code de procédure pénale ne laisse en effet pas le choix au procureur de la République — qui ne dispose alors plus de l'action publique — puisqu'il lui impose de « saisi[r], sauf élément nouveau, le tribunal correctionnel »[46].

En revanche, si la personne, en présence de son avocat, accepte la proposition pénale du procureur de la République, elle est aussitôt présentée devant le président du tribunal de grande instance saisi par une requête en homologation.

Le président du tribunal, après avoir entendu la personne et son avocat, peut homologuer la ou les peines proposées. L'ordonnance — qui doit être motivée — est rendue en audience publique, hors la présence du ministère public.

Si l'homologation est prononcée, la peine est alors immédiatement exécutoire et le président du tribunal peut, par la même décision, statuer sur la demande de dommages et intérêts formée par la victime. En cas de refus d'homologation, aucun recours n'est donné au procureur de la République qui retrouve simplement son entier pouvoir d'appréciation dans l'organisation de la procédure[47].

La procédure est simple, expéditive, et la particularité réside dans le fait que la phase des poursuites est difficilement détachable de la phase de jugement qui intervient quelques minutes après[48]. On voit clairement qu'il n'est pas question de négocier sur le déclenchement de l'action publique, de transiger sur les poursuites moyennant quelque concession, même celle d'avouer sa culpabilité...

L'issue de la procédure de « plaider coupable » est le prononcé d'une peine. Le législateur précise que « l'ordonnance a les effets d'un jugement de condamnation »[49]. La condamnation a de plus la particularité d'être immédiatement exécutoire, de sorte que par exemple si l'emprisonnement est proposé et accepté puis homologué, la personne est immédiatement incarcérée sans qu'il soit nécessaire de délivrer un mandat de dépôt[50]. Bien entendu, les peines homologuées sont inscrites sur le casier judiciaire et sont susceptibles de constituer le premier terme d'une récidive.

On semble *a priori* bien loin de la convention de transaction dont la particularité est de ne pas faire intervenir un juge au litige, c'est-à-dire d'éviter d'une part, le débat judiciaire et d'autre part, l'existence d'une décision juridictionnelle. Pourtant, le terme d'homologation utilisé par le législateur pour qualifier l'audience ainsi que

---

46. Si la procédure de « plaider coupable » est déclenchée par le prévenu alors que des poursuites ont déjà été engagées, la circulaire du 2 septembre 2004 (présentant les dispositions de la loi du 9 mars 2004) prévoit que l'acte de citation directe ou la convocation en justice, devenus caduques par le fait du « plaider coupable », reprennent leurs effets sauf si le refus intervient plus de 10 jours avant l'audience. Si la procédure échoue moins de 10 jours avant la date de l'audience, « les poursuites demeureront caduques, et elles devront être reprises », art. 2.1.2.

47. La solution de l'article 495-12 qui impose de revenir aux poursuites est commune au refus de peine proposée, opposée par le prévenu, et au refus d'homologation du président du tribunal de grande instance.

48. En pratique, on peut également constater que la salle où le prévenu est entendu avec son avocat devant le procureur se situe à quelques mètres de la salle d'audience en homologation.

49. Art. 495-11.

50. La circulaire du 2 septembre 2004 explique cette exécution provisoire automatique comme correspondant à « un souci d'efficacité » tenant compte du fait « que la ou les peines homologuées ont été acceptées par la personne », art. 3.1.1.1.2.

l'ordonnance de « plaider coupable » a pu contribuer à entretenir l'idée que cette forme de poursuite pouvait être une transaction.

En effet, la transaction a cela de particulier qu'elle possède l'autorité de la chose jugée, la *jurisdictio*, tout comme le jugement. La transaction n'est pas non plus exclusive de toute intervention judiciaire, si elle reste minime et en dehors du processus même de décision. Le contrat de transaction peut être judiciaire et pour autant ne pas perdre sa nature conventionnelle si l'homologation est purement formelle[51]. En cela, des comparaisons sont tentantes avec la procédure de comparution sur reconnaissance préalable de culpabilité.

Lors de l'audience d'homologation de la proposition de peine acceptée, le rôle du juge est à l'évidence plus que minime. Le législateur ne lui a en effet accordé que le pouvoir d'« homologuer les peines proposées par le procureur de la République »[52]. Même si le Conseil constitutionnel a estimé que cette disposition devait s'entendre comme impliquant également la possibilité de « refuser l'homologation »[53] de la proposition, sa marge de manœuvre reste réduite. Il ne semble pas que le juge « homologateur » puisse modifier le *quantum* de la peine, voire prononcer la relaxe du prévenu. Il est certain que le juge ne tranche pas le litige et que l'accord des « parties » prime sur l'aspect juridictionnel.

Pareillement, ce même législateur qui avait initialement prévu que l'audience d'homologation ne devait pas être publique[54], vient de décider que la présence du procureur de la République aux débats n'était pas une nécessité[55]. C'est dire si ce

---

51. V. Civ. 2e, 27 mai 2004, *Bull. civ.* II, n° 253, *RDC* 2004. 1036, obs. X. Lagarde : « Ayant relevé que la transaction avait été homologuée par le jugement du 15 mars 1996, la cour d'appel a retenu à bon droit que ce jugement lui conférait force exécutoire ».

52. Art. 495-9 al. 2.

53. Cons. const. 2 mars 2004, n° 2004-492 DC, *JO* 10 mars 2004.

54. À l'origine du vote de la procédure par les parlementaires, il était prévu que le président entende la personne et son avocat en chambre du conseil. Or, le Conseil constitutionnel a annulé cette disposition en posant comme principe que « le jugement d'une affaire pénale pouvant conduire à une privation de liberté doit, sauf circonstances particulières nécessitant le huis clos, faire l'objet d'une audience publique », Cons. const. 2 mars 2004, n° 2004-492 DC, cons. n° 118, *JO* 10 mars 2004, *Cahiers du Conseil constitutionnel* n° 16, 2004. V. J.-E. Schoettl, « La loi Perben II devant le Conseil constitutionnel », *Gaz. Pal.* 11-15 avril 2004, pp. 3-26 ; L. Delprat, « La Cour de cassation et le Conseil d'État doivent-ils plaider coupable ? », *Dr. pén.* 2005, *Études*, n° 10, p. 6.

Depuis la récente réforme du 26 juillet 2005, la publicité des débats est clairement énoncée par le législateur qui entérine en ce sens les exigences du Conseil ; les nouvelles dispositions du deuxième alinéa de l'article 495-9 du Code de procédure pénale précisent que la procédure prévue à cet alinéa « se déroule en audience publique » ; Loi n° 2005-847 du 26 juillet 2005, précisant le déroulement de l'audience d'homologation de la comparution sur reconnaissance préalable de culpabilité, *JO* n° 173 27 juillet 2005, p. 12224.

55. Après une hésitation donnée par un avis de la Cour de cassation en date du 18 avril 2005 qui affirmait que le procureur de la République était « tenu d'assister aux débats de cette audience de jugement » (Cour de cassation, avis, demande n° 005 0004 P, TGI Nanterre, *JCP* 2005. J. 232 ; *D.* 2005. IR. 114), le législateur a définitivement réglé la question en sens inverse, puisque aux termes du nouvel article 495-9, issu de la loi du 26 juillet 2005 (*préc.*), il a estimé que « la présence du procureur de la République à cette audience n'est pas obligatoire ».

minimalisme procédural n'est pas en soi exclusif d'une qualification contractuelle de l'accord entre le ministère public et le prévenu...

On pourrait en effet s'estimer très proche d'un contrat judiciaire où l'aspect conventionnel l'emporterait sur l'aspect judiciaire, si une décision juridictionnelle n'était cependant pas rendue.

L'ordonnance du président du tribunal de grande instance homologuant la peine acceptée est un jugement au sens propre du terme, qui a non seulement l'obligation d'être motivé[56], mais qui est également susceptible d'appel de la part du désormais « condamné »[57]. C'est une décision empreinte de l'*imperium* du juge, organe d'État.

Aucun rapprochement ne peut donc être fait entre le « plaider coupable » et une transaction.

Il en est fort heureusement ainsi, a-t-on envie d'ajouter. L'intervention de l'autorité judiciaire est une garantie minimum à laquelle il ne saurait être dérogé lorsque sont en cause les libertés individuelles, et particulièrement la liberté d'aller et de venir. Dans cette mesure, il semble que les pouvoirs attribués au président du tribunal de grande instance dans le cadre de cette audience d'homologation sont beaucoup trop réduits pour assurer une protection efficace[58]. Il n'est pas trop de dire que ce juge « se trouve dépossédé de sa fonction de juger, "court-circuité" par la transaction conclue directement entre des parties qui sont pourtant loin d'être à armes égales »[59].

Un tel sacrifice pourrait cependant être éventuellement admissible, si le prévenu disposait d'un consentement éclairé, d'une liberté de choix et surtout, d'une marge de manœuvre dans la discussion concernant le *quantum* de sa peine en échange de son aveu de culpabilité. Qu'en est-il ?

B. LE « PLAIDER COUPABLE », UNE FORME DE NÉGOCIATION SUR LA PEINE ?

Si d'aucuns ont estimé que la loi du 9 mars 2004 instituant le « plaider coupable » avait « introduit [...] la transaction dans notre procédure pénale »[60], ce n'est certainement pas en considération des procédures administratives déjà existantes. Ce n'est pas non plus en référence à la nature de la procédure ni à ses conséquences.

Le « plaider coupable » n'est pas une transaction, et plus encore, le « plaider coupable » n'est pas une réelle innovation. Dès 1999, date de la création de la procédure de composition pénale, un individu qui reconnaît sa culpabilité, concernant

56. Art. 495-9.

57. Art. 495-11 al. 3.

58. La circulaire du 29 juillet 2005 (*BO* du ministère de la Justice, n° 99) précise que depuis le 1er octobre 2004, la CRPC connaît « un taux de réussite de plus de 85 % » !

59. F. Bussy, « Nul ne peut être juge et partie », *D.* 2004. 1745. Dans le même sens, v. R. Badinter, *Le Monde* 28 janvier 2004.

60. F. Pelletier, « Ne pas transiger sur la transaction », *D.* 2005. 958.

une infraction dont la peine d'emprisonnement est inférieure ou égale à 5 ans[61], peut se voir proposer une sanction qu'il doit accepter pour qu'elle soit exécutée.

Ce qui oppose principalement les deux procédures, outre le fait déjà vu que l'une entraîne l'extinction de l'action publique et l'autre sa mise en mouvement, tient à la nature de la proposition.

Dans le cadre de la procédure de composition pénale, non seulement le ministère public ne peut pas proposer de peine au sens strict du terme, mais surtout il ne peut pas proposer l'emprisonnement.

S'il est possible de dépasser rapidement la première différence en considérant par exemple qu'une amende de composition, en dépit de sa qualification, est une amende pénale, ou que le dessaisissement d'une chose est équivalent à une peine de confiscation[62], la deuxième distinction touchant à la liberté est plus difficilement surmontable.

Il est vrai que c'est la première fois que le législateur prévoit qu'une peine d'emprisonnement puisse être acceptée par un prévenu. Par extension, c'est la première fois qu'une peine d'emprisonnement peut être prononcée en dehors d'un réel débat judiciaire.

La question qui se pose est de savoir si le débat sur la culpabilité a été remplacé par une discussion sur le *quantum* de la sanction. En d'autres termes, la concession du débat judiciaire et de l'aveu de culpabilité de la part du prévenu a-t-elle pour pendant la seule concession légale sur le *quantum* de la peine d'emprisonnement, ou entraîne-t-elle en pratique une concession judiciaire plus importante ?

À défaut d'être assimilé à une transaction, le « plaider coupable » pourrait en effet éventuellement s'apparenter à une négociation sur la peine s'il existait d'une part, de véritables concessions réciproques et d'autre part, une véritable discussion sur le montant de la peine. Or, tel n'est pas vraiment le cas.

Concernant l'existence de concessions réciproques, il convient de rappeler que face à celle du prévenu, qui consiste tout de même à renoncer purement et simplement à la présomption d'innocence, la concession du ministère public réside dans le « meilleur des cas », dans le fait d'accepter de diviser la peine de moitié sans jamais dépasser le maximum d'un an lorsque celle-ci est un emprisonnement. Dans le « pire des cas », c'est-à-dire lorsqu'il s'agit d'une autre peine que l'emprisonnement, la concession est nulle puisque le procureur a le droit de proposer le maximum encouru.

---

61. La loi du 9 mars 2004 a opéré un élargissement important du domaine de la composition pénale, en gommant toute référence à une liste d'infractions. Aujourd'hui donc, les deux procédures peuvent être engagées pour les délits punis à titre de peine principale d'une peine d'amende ou d'une peine d'emprisonnement d'une durée inférieure ou égale à 5 ans. La procédure de composition pénale est plus large puisque contrairement à la procédure de « plaider coupable » elle est également applicable aux contraventions.

62. V. la circulaire d'interprétation de la procédure de composition pénale où il est expressément affirmé que les mesures s'inspirent des peines prononcées par les juridictions de jugement. V. Circ. CRIM. 2001-14 F1/11-07-2001, « Présentation des dispositions concernant la composition pénale issues de la loi du 23 juin 1999 renforçant l'efficacité de la procédure pénale et du décret du 29 janvier 2001 ».

Or en pratique, l'inexistence de la concession est la règle puisque l'on constate que les affaires où l'emprisonnement est proposé sont extrêmement rares. D'une manière générale, cette procédure est largement utilisée en matière de conduite sous l'empire d'un état alcoolique, sans permis, malgré suspension ou annulation de permis, voire pour des infractions sur les stupéfiants et plus particulièrement l'usage de stupéfiants. Il s'agit majoritairement d'un contentieux que l'on qualifie fréquemment « de masse »[63] et où l'emprisonnement, bien qu'encouru, n'apparaît jamais comme la peine proposée en pratique.

Dans la mesure donc où les peines proposées sont principalement des peines d'amende ou des peines complémentaires, peines pour lesquelles le parquet n'a pas légalement l'obligation de faire de concessions, peut-on considérer que le « plaider coupable » est extérieur à tout processus de négociation ?

Autrement dit, une discussion existe-t-elle en pratique entre le prévenu, son avocat et le ministère public, de sorte que les peines proposées soient réellement inférieures aux peines prononcées dans le cadre d'une instance correctionnelle classique ?

Si l'on se réfère aux termes de la circulaire du 2 septembre 2004, plusieurs lectures sont possibles.

Lorsque le texte mentionne très explicitement que la loi « ne prévoit pas de "négociation" sur la peine entre l'avocat et le procureur de la République, qui est totalement libre de choisir la ou les peines qu'il entend proposer à l'auteur des faits, sans tenir aucun compte des éventuelles observations de l'avocat », peu d'espoirs semblent permis quant à l'existence d'une réelle négociation sur le *quantum* des peines proposées. Il semble même que soit « banni [e] au moins en théorie, l'idée d'un marchandage, voire d'une négociation autour de la peine »[64].

Pourtant, quand il est inscrit quelques lignes plus loin qu'« en tout état de cause, le procès-verbal de présentation [...] ne doit faire apparaître que la ou les peines définitivement proposées par le procureur de la République et non la ou les peines que le parquet a pu proposer dans un premier temps, avant d'être convaincu de modifier sa position », il ne peut qu'en être déduit que le ministère de la justice prend en compte l'idée de la possibilité d'une discussion sur les peines qui peut éventuellement déboucher sur une modification des *quanta* initialement prévus.

En pratique, il est à constater que les magistrats se sont plus attachés à la seconde lecture de la circulaire qu'à la première, puisque comme ils aiment à le dire

63. La circulaire du 2 septembre 2004 préconise en effet de mettre en œuvre la CRPC dans « les contentieux de masse », en priorité pour les conduites en état alcoolique, les conduites sans permis, sans assurance, les récidives de très grand excès de vitesse, les délits de violences urbaines, les atteintes aux biens les plus courantes, les contentieux familiaux, les contentieux techniques et répétitifs lorsque les faits sont simples. La pratique est conforme aux choix prudents inspirés de la circulaire, puisque selon une étude réalisée par questionnaires sous la direction de M. Danet, il semble que la grande majorité du contentieux porte sur les délits routiers (J. Danet, « La CRPC : du modèle législatif aux pratiques... et des pratiques vers quel(s) modèle(s) ? », *AJ pénal* 2005. 439.

64. J. Danet, *préc.*, p. 437.

devant les prévenus, ils « jouent le jeu du “plaider coupable” ». Ils n'hésitent pas, après avoir échangé avec l'avocat, à proposer une peine amoindrie non seulement par rapport à celle qu'ils avaient commencé à annoncer en début d'audience de comparution, mais bien sûr par rapport à celle qu'ils auraient requise en audience correctionnelle[65]. Il convient de ne pas perdre de vue que le prévenu a la possibilité de refuser la proposition. En proposant des *quanta* inférieurs aux *quanta* notablement prononcés pour les mêmes infractions, le procureur s'assure alors de l'acceptation par le prévenu et son conseil de la proposition[66].

La concession est certes minime, mais elle existe. La négociation est restreinte, notamment en raison du peu de choix offert au prévenu[67], mais elle n'est pas absente. À ce titre, la présence obligatoire de l'avocat tout au long de la procédure, contrairement à la procédure de composition pénale, limite l'ampleur du déséquilibre existant entre les parties.

Est-ce là conclure que la peine qui sera homologuée dans le cadre de cette procédure est une peine négociée ? Nous ne le pensons pas, et en ce sens la proposition de peine acceptée ressortit plus à l'aménagement de peine personnalisé faisant suite à un dialogue moins institutionnalisé, que du véritable fruit d'une justice négociée, comme ce peut être le cas de la procédure de *plea bargaining* des systèmes anglo-saxons[68].

Le « plaider coupable » n'est pas une transaction, même si force est de constater que, légalement du moins, il en a les travers sans en avoir les avantages. Dans cette procédure, un individu qui aura avoué sa culpabilité aura finalement pour seule certitude qu'une négociation sur sa propre liberté pourra le cas échéant s'ensuivre... Est-ce alors réellement acceptable, même au prix d'une plus grande célérité de la procédure ?

Il convient de conclure que l'interrogation première — la transaction pénale existe-t-elle ? — aura elle-même conduit à beaucoup d'interrogations sous-jacentes mais à peu de réponses péremptoires.

Le particularisme de la matière pénale empêche la transaction, entendue strictement, de trouver en son sein une place de choix.

---

65. Selon l'étude précédemment citée, il ressort que les peines proposées seraient inférieures tant à la peine « moyenne qui serait prononcée en correctionnelle » qu'à « la peine qui serait requise » pour respectivement 56 % et 58 % des réponses, avec 19 % et 17 % de réponses négatives.

66. La circulaire du 2 septembre 2004 a d'ailleurs mentionné que la CRPC impliquait un « allègement de la peine » au regard de celle qui aurait été prononcée par le tribunal correctionnel « s'il était saisi par les procédures ordinaires ». Pour le ministère, il s'agit « d'inciter la personne à accepter la proposition du procureur ».

67. La circulaire du 2 septembre 2004 n'oublie toutefois pas d'ajouter que « cet allègement de la peine ne doit cependant pas aboutir à une sanction qui serait manifestement insuffisante au regard des faits et de la personnalité de leur auteur, ce qui serait de nature à entraîner un refus d'homologation ».

68. Pour une comparaison des systèmes français, italien et américain, v. l'analyse de J. Pradel, « Le plaider coupable : confrontation des droits américain, italien et français », *RID comp.* 2. 2005. 473.

Les causes qui empêchent de qualifier de transactionnelles les procédures qui reposent sur une offre et une acceptation des parties sans l'intervention d'un juge disparaissent cependant lorsque l'on évoque la transaction relative à l'action civile. Les obstacles tenant au déséquilibre entre les parties ou à l'indisponibilité de l'objet lorsqu'il s'agit de transiger sur l'action publique, n'existent en effet plus en matière d'action civile où la négociation s'ouvre entre un auteur et une victime sur l'indemnisation des conséquences d'une infraction. L'article 2046 du Code civil prend la mesure de cette possibilité puisqu'il dispose qu'« on peut transiger sur l'intérêt civil qui résulte d'un délit », là où jamais il n'évoque cette éventualité concernant l'action publique. À l'évidence, l'action civile est disponible[69], et dans cette mesure elle peut faire l'objet d'une transaction, ce que confirme par de nombreuses décisions la Chambre criminelle[70].

La transaction existe en droit pénal lorsqu'elle concerne l'action civile relative à l'infraction. En revanche, lorsqu'il s'agit d'action publique ou de peine, la transaction, au sens de l'article 2044, du Code civil ne couvre pas les procédures visant à permettre de proposer le paiement d'une amende en échange de l'abandon des poursuites ou d'un débat judiciaire.

Ainsi, si la transaction civile n'existe pas en droit pénal[71], une forme de transaction existe cependant au sein de la branche criminelle. Elle concerne des parties déséquilibrées par nature, puisque l'une est forcément publique, elle concerne un droit à la limite de la disponibilité et elle a pour effet, parfois, d'interrompre l'action publique.

Alors que certains ont pu l'analyser comme « un moyen administratif bilatéral d'extinction des poursuites » n'ayant « qu'une lointaine ressemblance avec la transaction civile »[72], d'autres y voient « un contrat pénal indemnitaire non exécutoire »[73], très proche de la matière administrative.

Si la transaction pénale existe, c'est à l'évidence une transaction dérogatoire du droit commun de l'article 2044, une transaction *suis generis*, qui obéit à des conditions particulières.

Puisque indiscutablement certaines administrations bénéficient d'un pouvoir de type transactionnel concernant la protection de l'ordre public, et que régulièrement des interrogations se posent quant à la qualification de certaines procédures, il serait opportun que le législateur intervienne afin de fixer une définition et un régime général de la transaction pénale, que la seule définition civile n'est pas susceptible de fournir.

---

69. Ce qu'implique l'article 2 C. proc. pén. lorsqu'il évoque la « renonciation à l'action civile ».

70. Crim. 17 mai 1901, *D.* 1902. 1. 303 ; Crim. 27 juin 1946, *DP* 1946. 377 ; Crim. 15 janvier 1976, *Bull. crim.* n° 13 ; Crim. 18 octobre 1989, *ibid.* n° 367 ; Crim. 4 juin 1998, *ibid.* n° 183, *RG proc.* 1999. 95, chron. D. Rebut et *Procédures* 1998. comm. 223, obs. J. Buisson.

71. Sauf concernant l'action civile.

72. R. Merle et A. Vitu, *Traité de droit criminel. Procédure pénale, préc.*, n° 65, p. 84.

73. M. Dobkine, « La transaction en matière pénale », *préc.*, p. 141.

Troisième partie

Un autre regard

La transaction, regard fiscal

Christophe de la Mardière
Professeur à l'Université de Bourgogne

Dans le domaine de l'impôt, la transaction relève de l'horreur. En effet, elle contrarie les plus grands principes du droit fiscal : celui de l'égalité, celui de la légalité, également la prohibition du contrat dans les relations entre le fisc et le contribuable.

Avant d'aborder la dimension fiscale de la transaction, il faut envisager les conséquences tenant au fait que l'une des parties à ce contrat est constituée par une personne publique. C'est une question qui relève du droit administratif, que nous traiterons donc rapidement, mais qui remet en cause le bien-fondé même de la transaction fiscale.

Car l'usage de la transaction est contraire au principe voulant que les litiges relatifs à la puissance publique soient soumis à cet ordre spécialement conçu pour elle, la juridiction administrative. La règle explique que l'on interdise aux personnes publiques de recourir à l'arbitrage[1], avec l'idée que l'arbitre présente moins de garanties que le juge. Or, dans la transaction, les parties ne recourent ni à un juge, ni même à un arbitre. Le compromis est considéré comme trop aléatoire pour l'État, pourtant l'aléa est la condition même de la transaction. C'est donc un comble d'interdire aux personnes publiques de compromettre alors qu'elles peuvent transiger.

Malgré cette contradiction, la jurisprudence administrative reconnaît depuis longtemps à l'État le droit de recourir à la transaction[2]. Cependant, comme en matière civile, les personnes publiques ne peuvent normalement transiger sur les règles relevant de l'ordre public. Or l'impôt est toujours d'ordre public. On comprendra dès lors que le Conseil d'État, en 1932, ait condamné le principe même de la transaction fiscale[3]. Le décret-loi du 24 juillet 1934 fit échec à cette décision, son article 12 reconnaissant aux contrats ainsi conclus entre l'administration et le contribuable l'autorité de chose jugée.

---

1. CE avis du 6 mars 1986, *EDCE* 1987. 178.
2. CE 23 décembre 1887, *Évêque de Moulins*, S. 1889. III. 57.
3. CE 5 février 1932, req. 3669, *Demoiselle Jacquot, Lebon* p. 153.

Comme d'autres administrations, le fisc détient le pouvoir exorbitant de pouvoir transiger en matière pénale. Là encore c'est un point qui, relevant d'autres spécialités, ne nous retiendra que peu de temps, juste celui nécessaire pour critiquer le concept même de transaction fiscale. Il est vraisemblable d'ailleurs que la règle autorisant l'État à transiger en matière pénale soit d'origine fiscale. Car elle remonterait au droit d'accommodement dont disposait le fermier général[4]. On sait que transiger en matière pénale est contraire au principe d'indisponibilité de l'action publique. Cela incite à commettre l'infraction puisque la peine qui la sanctionne n'est pas appliquée. Par une sorte d'indulgence, au sens religieux du terme, le délinquant achète la dispense de peine, en versant au Trésor une « amende transactionnelle ». Pour certains auteurs, on peut douter que la transaction pénale signée par l'administration puisse constituer un contrat[5], notamment parce qu'elle ne produit ses effets qu'une fois exécutée, autrement dit après paiement de l'amende. Il s'agirait donc plutôt d'un acte administratif unilatéral assorti d'une condition résolutoire.

Si la transaction fiscale emporte des conséquences d'ordre pénal, on ne peut pas douter qu'elle forme un contrat (I), dont l'effet, sinon l'objet, est souvent d'assurer le triomphe de l'illégalité (II).

I. UN CONTRAT VÉRITABLE

Comment justifier que l'on puisse transiger avec le fisc alors que l'impôt est toujours d'ordre public ? Le droit fiscal l'explique par une pirouette. On ne peut s'accommoder avec l'administration qu'à raison des pénalités[6] que celle-ci a appliquées au contribuable. À l'inverse les rappels d'impôt, qu'on appelle « les droits simples », ne sont *a priori* pas concernés par la transaction puisque l'impôt est d'ordre public. S'il est exact que la transaction aura pour conséquence de ne réduire que le montant des pénalités et pas celui des droits, il reste qu'une fois le contrat signé aucune des parties ne pourra plus poursuivre l'autre. Donc le contribuable ne peut plus contester ni les pénalités laissées à sa charge, ni les droits simples. De ce point de vue, il est assez contestable de soutenir que la transaction n'intéresse pas l'impôt proprement dit.

---

4. J.-F. Dupré, *La transaction en matière pénale*, Litec, 1977, p. 8 ; J.-H. Syr, « La nature de la transaction économique », *JCP* 1969. I. 2280, n° 4.

5. *Ibid.*, respectivement p. 171 et n° 4.

6. Depuis la loi du 30 décembre 2003 (art. 35), il est possible de transiger sur les intérêts de retard que le Trésor réclame au contribuable à raison du paiement tardif de l'impôt. Auparavant, seules les sanctions fiscales proprement dites, dont le but est de punir, pouvaient faire l'objet d'une transaction. Par ailleurs celle-ci doit expressément viser les intérêts moratoires pour qu'ils soient compris dans le contrat (CAA Lyon, 13 décembre 2001, req. n° 97-2512, *Dame Audebert, RJF* 2002. 6. 710 ; *Petites affiches* 2002, n° 151, p. 16, concl. A. Bonnet).

Cependant le fisc fait montre de moralité, par rapport à d'autres administrations, lorsqu'il interdit à ses agents de transiger sur certaines pénalités, celles sanctionnant les faits les plus graves, précisément pour conserver leur exemplarité. Il s'agit, par exemple, de la majoration de 100 % de l'impôt éludé qui punit l'opposition à contrôle fiscal. L'administration refusera toujours de transiger sur cette sanction, jugeant particulièrement fâcheux que le contribuable l'empêche de procéder à un contrôle. Il faut dire qu'en ce domaine des chefs d'entreprise peu scrupuleux débordent d'imagination pour échapper aux investigations du fisc. Ainsi, une société de gardiennage qui place dans le bureau réservé au vérificateur deux molosses qui lui sautent dessus dès qu'il fait un mouvement. Ou encore, une entreprise de produits chimiques qui installe l'agent dans une pièce où se dégagent des substances pestilentielles.

En dehors de pareilles hypothèses, la transaction est encouragée dès lors qu'elle peut être conclue à tout moment, tant que l'imposition en cause n'est pas devenue définitive. Ce sera le cas si le délai de recours contentieux n'est pas expiré ou encore, si le juge a été saisi, tant que ce dernier n'aura pas rendu de décision définitive. En effet, le but du contrat (surtout pour l'administration) étant d'éviter une action en justice, il n'a plus d'intérêt lorsque le contribuable a laissé expirer le délai pour contester l'impôt ou si la procédure juridictionnelle est parvenue à son terme.

Précisons encore qu'une demande de transaction émanant du contribuable n'a pas pour effet d'interrompre un contrôle fiscal[7]. L'administration tiendra à mener les investigations à leur terme de manière à disposer de tous les éléments pour apprécier la situation de l'intéressé et ainsi se prononcer sur sa demande.

On peut parler d'une véritable transaction, en droit fiscal, dès lors que les parties se font des concessions réciproques. Le contribuable s'engage à ne plus contester le bien-fondé des sommes laissées à sa charge. De son côté l'administration réduit une partie des pénalités qu'elle lui a infligées et renonce également à toute action, y compris une plainte pour fraude fiscale. C'est ici que la transaction, dans le domaine de l'impôt, trouve une dimension pénale. Mais, comme s'agissant des transactions signées par les autres administrations, l'accord ne produit ses effets qu'une fois les droits simples — et les pénalités restantes — acquittés.

Cependant, la jurisprudence ne laisse aucun doute sur la nature contractuelle de la transaction fiscale. Elle le fit particulièrement à l'occasion d'une affaire troublante. À l'issue du contrôle d'une société, l'administration procéda à un rappel de TVA accompagné de pénalités d'un montant de 219000 francs. Aux termes d'une transaction, elle accepta d'abaisser cette somme à 190000 francs. La procédure qu'elle doit suivre est la suivante : le service des impôts adresse au contribuable une proposition de transaction accompagnée de deux exemplaires du contrat envisagé ; une fois les deux exemplaires retournés signés par le contribuable, l'administration signe à son tour et renvoie un exemplaire à l'intéressé.

---

7. V., Th. Lambert, « La transaction fiscale : une pratique autant qu'un droit », *Bull. fisc.* 1999, n° 5, p. 274.

Dans cette affaire le service a commis une erreur. Il a envoyé les deux projets de contrat en y indiquant des pénalités restantes de 190 francs, au lieu de 190000. Ravie, la société s'est empressée de signer les contrats et de les renvoyer. L'administration, ne se rendant toujours pas compte de l'erreur commise, signa à son tour et adressa un exemplaire de la transaction au contribuable. La société paya les droits simples et les pénalités à hauteur de 190 francs. C'est là que le service s'est réveillé pour réclamer le paiement de 190000 francs, moins les 190 déjà acquittés. L'affaire alla jusque devant le Conseil d'État qui donna raison au contribuable, en estimant que la transaction interdisait au fisc d'exiger des pénalités supérieures à celles visées dans le contrat[8].

La décision est contestable. En effet, à l'époque, une transaction, même signée par une personne publique, avait la nature d'un contrat civil[9], en dépit du fait qu'elle pouvait relever, comme en l'espèce, de la compétence du juge administratif. Or, il n'est guère douteux que la théorie civile de l'erreur matérielle aurait dû profiter à l'administration, plus précisément l'article 2058 du Code civil en vertu duquel « l'erreur de calcul dans une transaction doit être réparée ». Dans cette affaire, on peut penser que le contribuable connaissait l'intention du fisc de transiger à hauteur de 190000 francs, car la proposition de transaction qui accompagnait les deux exemplaires du contrat indiquait cette somme. Le Conseil d'État ne pouvait donc affirmer la nature contractuelle de l'acte tout en refusant de prendre en compte l'intention réelle des parties.

Le dernier doute fut levé par une affaire dans laquelle un contribuable invoquait une transaction, sans qu'un contrat en bonne et due forme ne put être produit devant le juge. Celui-ci se contenta cependant d'un écrit, faisant part de la proposition de l'administration et de l'acceptation du contribuable, pour conclure à la réalité de la transaction[10]. Or lorsque le formalisme s'efface devant le consensualisme, c'est bien la liberté contractuelle que l'on fait triompher[11].

S'il n'est pas douteux que la transaction fiscale forme un contrat, elle a cette particularité de souvent conduire à l'illégalité.

---

8. CE sect. 28 septembre 1983, req. n° 11513, *Société des établissements Prévost*, *Lebon* p. 377, concl. P. Bissara; *Petites affiches* 1984, n° 40, p. 12, note Ph. Terneyre; *RJF* 1983. 11. 1398; chron. M. de Guillenchmit in *RJF* 1984, n° 1, p. 2. Dans le même sens : CE 14 novembre 1990, req. n° 69875, *Cypel*, *RJF* 1991. 1. 110.

9. TC 11 juillet 1908, *Caisse d'épargne de Caen*, S. 1910. III. 154. Le Conseil d'État a récemment décidé qu'une transaction se rapportant à un litige relevant de la compétence du juge administratif était un contrat administratif (CE (avis) Ass. 6 décembre 2002, *Syndicat intercommunal des établissements du second cycle du second degré du district de l'Hay-les-Roses*, AJDA 2003. 282, chron. F. Donnat et D. Casas). Cette solution, implicite, devrait s'appliquer aux transactions fiscales ressortissant à la compétence du juge administratif, soit celles relatives aux impôts directs et à la TVA.

10. CE 4 mai 1988, req. n° 58991, *Kondolff*, *Petites affiches* 21 octobre 1988. 14, concl. O. Fouquet.

11. Ph. Malaurie, L. Aynès, Ph. Stoffel-Munck, *Droit civil*, *Les obligations*, 2e éd., Defrénois, 2005, n° 535.

II. LE TRIOMPHE DE L'ILLÉGALITÉ

L'administration assimile la transaction à son pouvoir de remise gracieuse, c'est-à-dire sa faculté de remettre un impôt pour des motifs qui ne sont pas juridiques mais qui tiennent à la bienveillance ou à l'équité. Ainsi, elle laisse entendre qu'en acceptant de transiger, elle accorderait une faveur au contribuable. En réalité, si le fisc accepte la transaction c'est qu'il y a intérêt. Il doute du bien-fondé de ses redressements, ou pire, il s'est rendu compte que le contrôle était entaché d'un vice de procédure et s'empresse de transiger avant que le contribuable ne s'en aperçoive. Non seulement le cocontractant ne pourra plus contester les redressements mais, de plus, il ne saurait invoquer la transaction qu'après avoir payé les droits et pénalités restantes. S'il n'honore pas le Trésor dans le délai imparti, le contribuable devra payer l'intégralité des montants initialement mis à sa charge. En transigeant, l'administration prend donc une assurance sur le recouvrement des sommes en cause.

Une fois la transaction signée et exécutée, seules les clauses qui la forment vont régir les relations entre l'administration et le contribuable. La légalité doit s'effacer. Si le fisc accepte de transiger, c'est qu'il doute de la régularité de son acte d'imposition. On peut donc dire que la transaction fiscale a souvent pour effet, sinon pour objet, de faire échec à la légalité. Combien de contribuables ont accepté de transiger pour découvrir, quelque temps plus tard, que le juge, sur le point de droit en cause, leur aurait donné raison ?

La transaction est également choquante au regard des sources du droit fiscal. Non seulement la loi d'impôt est toujours d'ordre public mais de plus, elle devrait constituer l'unique source du droit fiscal. En effet, le principe de légalité de l'impôt donne une compétence exclusive au législateur pour décider des règles fiscales. Or, ce n'est plus la loi que l'on applique en transigeant, mais les clauses d'un simple contrat.

Le principe de légalité est la garantie de l'égalité devant l'impôt. Car dès lors que les règles fiscales résultent de la loi, ce sont les mêmes pour tous. La transaction enfreint le principe d'égalité en écartant la loi au profit des clauses qu'elle contient. Si le contribuable peut discuter les termes de l'accord, c'est bien du droit subjectif qui va se substituer au droit objectif. Il profite donc de règles qui lui sont propres, pour les avoir négociées. Dès lors, la transaction produit la conséquence que les citoyens ne sont pas tous régis par les mêmes normes fiscales.

Certes, dans certaines situations, on pourra douter de la réalité du consentement exprimé par le contribuable. Ainsi, lorsqu'il a fait l'objet de pénalités très lourdes et que l'administration le menace de poursuites pénales, a-t-il vraiment le choix de repousser la proposition de transaction que le service lui fait ? Juridiquement il faut répondre par l'affirmative : le contribuable assuré de son bon droit peut choisir de repousser l'offre de l'administration et d'en découdre devant les tribunaux. De ce point de vue, son consentement, en dépit des pressions qu'il peut subir, n'est pas douteux. De même, si le contribuable émet des réserves quant à la proposition de transaction, le service peut lui faire une nouvelle offre.

La transaction est la seule exception au principe interdisant le contrat entre l'administration et le contribuable. L'autre institution fiscale qui s'approche le plus du contrat, l'agrément, constitue en réalité un acte administratif unilatéral[12]. On devine ici le fondement de la prohibition du contrat fiscal. Si le citoyen peut s'entendre avec le fisc, cet accord est de nature à ruiner le principe d'égalité devant l'impôt. Et c'est bien le résultat auquel on aboutit avec la transaction. Certes, en transigeant, l'administration ne fait que réduire le montant des pénalités. Mais il y a bien une rupture d'égalité entre le contribuable qui bénéficie de cette réduction et celui qui, n'ayant pu transiger, subit tout le poids des pénalités prévues par la loi. C'est la raison pour laquelle le contrat est normalement banni du droit fiscal, à raison de sa nature même, parce qu'il est le moyen d'apporter des tempéraments à l'application d'une loi qui est toujours d'ordre public. C'est un principe qui a été posé par la Cour de cassation, en 1895 : « Attendu que la perception des impôts intéresse essentiellement l'ordre public; qu'elle ne peut donc être la matière d'un contrat »[13].

Il y a donc des motifs graves et nombreux pour souhaiter la disparition de la transaction fiscale. Pourtant, il faut savoir qu'actuellement la durée moyenne d'un litige fiscal parvenu à son plus haut degré de résolution est de dix ans. Lorsque le contribuable est passé par tous les méandres des recours amiables, puis par la première instance, l'appel et la cassation, c'est aujourd'hui un délai moyen. Quand on présente à un contribuable cette perspective et qu'on lui fait comprendre qu'il peut y échapper en signant une transaction, permettant de réduire les pénalités, il est rare qu'il hésite bien longtemps[14]. On aura beau le convaincre qu'il « se fait avoir », car il n'y a pas d'autres termes, en acceptant de transiger, il préféra de loin un mauvais accord à un bon mais trop long procès.

Le jour où la justice sera rapide, ce qui, en France, semble-t-il, n'arrivera pas, on pourra songer à supprimer la transaction fiscale.

---

12. V., Ch. de la Mardière, *Recours pour excès de pouvoir et contentieux administratif de l'impôt*, LGDJ, 2002, n° 235.

13. Civ. 13 mars 1895, *Dreyfus frères* c. *enregistrement*, S. 1895. I. 465, note A. Wahl.

14. Le contribuable peut être également sensible à la confidentialité que représente la transaction, sachant que les décisions de justice rendues en matière fiscale sont publiées avec le nom du requérant.

La transaction, regard communautaire

Cyril Nourissat
Agrégé des Facultés de droit,
Professeur à l'Université Jean Moulin (Lyon III)

Quel regard le droit communautaire porte-t-il sur la transaction ? Telle est la question à laquelle il est proposé de répondre brièvement bien que l'ampleur de la tâche se mesure à l'aune de l'omniprésence avérée de ce droit venu d'ailleurs, selon la formule bien connue ; prétendument venu d'ailleurs, semble-t-il en l'espèce.

L'observateur, quelque peu prisonnier de ses catégories juridiques nationales, se doit immédiatement d'opérer un choix. C'est bien à la seule transaction telle qu'envisagée par l'article 2044 du Code civil qu'il a été décidé de s'intéresser dans cette contribution.

Parce que le droit communautaire se présente avant tout comme un droit du marché, un droit de l'« économie de marché ouverte où la concurrence est libre et non faussée » selon la formule classique car presque cinquantenaire[1], c'est avant tout dans la sphère du droit économique, des libertés constitutives du marché intérieur, que la transaction a pu trouver un terrain de jeu privilégié.

Naturellement, ne sera pas évoquée la transaction en tant que synonyme d'opérations commerciales[2] dont le régime est éminemment affecté par le droit communautaire mais dont, par convention, il a été décidé de ne pas parler dans ce colloque. En revanche, retient l'attention un phénomène qui renvoie au contrôle des pratiques anticoncurrentielles et des concentrations où la Commission européenne a pu développer progressivement et avec, semble-t-il, un succès relatif des mécanismes transactionnels avec les entreprises concernées. C'est ici évoquer les *remedies* et autres *settlements* (traduit, généralement, par « engagements ») dont la bonne exécution est soumise indifféremment à la surveillance d'un *trustee*, d'un arbitre ou d'un

1. Art. 4 CE.
2. V. « Transaction », *in Association Henri Capitant, Vocabulaire juridique*, 6e éd., PUF, 1996.

watch dog[3]. Mais s'agit-il d'une transaction ? Mais s'agit-il d'un arbitre[4] ? On se bornera à poser la question sans y répondre. La contribution de notre collègue et ami Jean-Pierre Viennois apporte sur ce point un éclairage d'ampleur car ces « engagements » sont désormais et, depuis peu, aussi envisageables en droit français de la concurrence[5].

Parce que le droit communautaire englobe aussi le contentieux communautaire au sens strict, c'est-à-dire l'ensemble des voies procédurales permettant l'intervention de la juridiction communautaire, Cour de justice des Communautés européennes et Tribunal de première instance, il convient de s'y arrêter. Mais, ici nulle trace de la transaction : le traité est muet tout comme le sont les statuts de la juridiction ou son règlement de procédure.

C'est là d'ailleurs l'une des différences majeures distinguant la juridiction communautaire de la juridiction européenne, c'est-à-dire la Cour européenne des droits de l'homme. Rappelons, en effet, que la Convention européenne des droits de l'homme prévoit expressément en son article 38 § 1 b) que la Cour est « à la disposition des intéressés en vue de parvenir à un règlement amiable de l'affaire s'inspirant du respect des droits de l'homme tels que les reconnaissent la Convention et ses Protocoles » et que, selon la jurisprudence de cette même cour, ce règlement amiable suppose des concessions réciproques du plaignant et de l'État défendeur[6]. La logique semble bien transactionnelle ; logique transactionnelle renforcée dans le cadre de l'article 15 du protocole 14 amendant la Convention européenne des droits de l'homme et signé en mai 2004.

En réalité, les regards doivent davantage se porter vers cette branche nouvelle du droit communautaire que l'on dénommera, par convention de langage, droit judiciaire privé communautaire. Le contrat de transaction, dont chacun sait qu'il se situe à la frontière du droit des contrats et du droit judiciaire, est donc avant tout abordé selon ce dernier prisme en droit communautaire. Cela ne surprendra pas, car pour l'instant — mais pour combien de temps encore — le droit communautaire matériel des contrats, au-delà de quelques manifestations certes essentielles mais ponctuelles, n'existe pas véritablement. Cela surprendra davantage, si l'on retient qu'*a priori* pré-

---

3. Sur cet aspect, v. C. Nourissat, *Droit communautaire des affaires*, 2e éd., Dalloz, coll. « HyperCours », 2005, n° 258 ; v. aussi, L. Idot, Ch. Momège, « Le rôle clef des engagements en matière de contrôle des concentrations », *Lamy Droit des affaires* 2001, supp. n° 1.

4. Pour une discussion, L. Idot, « Arbitrage et droit communautaire », étude 295, *in* G. Canivet, L. Idot, D. Simon (dir.), *Lamy Procédures communautaires* 2005 ; C. Nourissat, « La place de l'arbitrage dans le nouveau paysage communautaire de la concurrence », *in* C. Nourissat et R. Wtterwulghe (dir.), *Le nouveau règlement d'application du droit communautaire de la concurrence : un défi pour les juridictions françaises*, Dalloz, coll. « Thèmes et commentaires », 2004, p. 51 et s.

5. V., J.-P. Viennois, « Transaction et droit de la concurrence et droit de la distribution », dans le présent ouvrage, p. 115.

6. Sur ce règlement amiable, on renverra notamment à L.-E. Petiti, E. Decaux, P.-H. Imbert (dir.), *La Convention européenne des droits de l'homme. Commentaire article par article*, 2e éd., Économica, 1999 ; F. Sudre, *Droit international et européen des droits de l'homme*, 7e éd., PUF, 2005, spéc. n° 254 et s.

vaut un principe d'autonomie procédurale[7] des États membres de nature à mettre à l'abri de l'impact de la foudre communautaire notre droit processuel. Mais, malmené par la Cour de justice des Communautés européennes et, depuis peu, battu partiellement en brèche par la Commission européenne qui, à la faveur du traité d'Amsterdam s'est emparée de la procédure civile, de la procédure civile internationale, le principe d'autonomie procédurale des États membres n'a donc pas empêché que se forge ce droit judiciaire privé communautaire.

C'est alors sous l'angle de ce droit judiciaire privé communautaire que la transaction doit être abordée. Et il est vrai que cette matière naissante et en pleine expansion offre un terrain propice à la réflexion. Placé sous l'affirmation de la libre circulation, fondé sur le principe de reconnaissance mutuelle et — peut-être — de confiance mutuelle, l'espace judiciaire européen en perpétuel chantier depuis l'entrée en application du traité d'Amsterdam s'intéresse aux décisions judiciaires, aux actes authentiques et, donc, aux transactions.

De longue date, ce qu'il convient de comprendre par « décision » en droit communautaire est connu puisque, avec constance, les différents instruments concernés retiennent une même définition[8] ; de manière plus récente ce qu'il convient de comprendre par « acte authentique » en droit communautaire est approché car grandement renouvelé à la faveur de l'entrée en application du règlement portant création d'un titre exécutoire européen pour les créances incontestées (ci-après, règlement « TEE »)[9]. Mais force est de constater, en revanche, que si depuis l'origine la transaction est évoquée par les textes émanant des institutions de la Communauté européenne, cette dernière notion n'a jamais été clairement définie par l'ordre juridique communautaire.

Peut-on alors tenter d'envisager une définition ou plutôt une qualification communautaire de la transaction, qu'elle soit judiciaire ou non ? En d'autres termes, quels sont les éléments constitutifs d'une éventuelle qualification autonome de la transaction (I) ? Quels en sont aussi les enjeux ? (II) Telles sont les deux questions auxquelles il sera tenté de répondre, sauf à devoir relever d'ores et déjà qu'elles déboucheront elles-mêmes sur davantage de questions que de réponses...

---

7. Pour un rappel récent de ce principe, v. par exemple Com. 14 décembre 2004, *Bull. civ.* IV, n° 225 ; *Procédures* 2005. comm. 208, obs. C. Nourissat.

8. V. par exemple art. 4 § 1 du règlement (CE) n° 805/2004. Est une décision « toute décision rendue par une juridiction d'un État membre, quelle que soit la dénomination qui lui est donnée, telle qu'arrêt, jugement, ordonnance ou mandat d'exécution ».

9. Sur l'appréhension des actes authentiques par le droit communautaire, v. notamment H. Lemaire, « La circulation des actes authentiques au sein de la Communauté économique européenne », *JCP N* 1990. 353 ; H. Péroz, « La circulation transfrontalière des actes notariés après le décret du 20 août 2004 », *JCP N* 2004. 1600 ; J.-F. Sagaut, M. Cagniart, « La circulation de l'acte notarié français et le droit communautaire », *Defrénois* 2005, art. 38106.

I. VERS UNE DÉFINITION AUTONOME DE LA TRANSACTION EN DROIT JUDICIAIRE PRIVÉ COMMUNAUTAIRE ?

Dès 1968, avec la convention de Bruxelles — et il sera considéré pour les besoins de cette intervention que cette convention est un texte communautaire, ce qui peut se discuter —, la transaction est prise en compte. Aux côtés des décisions judiciaires, des actes authentiques, les transactions doivent pouvoir circuler librement dans l'espace judiciaire européen. Plus précisément, alors qu'il est question de faciliter, alléger voir supprimer les conditions dans lesquelles des décisions judiciaires peuvent être reconnues ou exécutées, l'enjeu est de permettre l'exécution efficace des transactions sur le territoire de l'un des quelconques États contractants, désormais des États membres. Observons que tant les premiers commentaires de la convention de Bruxelles que les rapports explicatifs qui ont accompagné le texte d'origine et les versions successives de la convention sont muets ou presque sur les raisons qui ont conduit les rédacteurs à envisager le cas des transactions. Pourtant, ces dernières sont bel et bien visées par le texte. Et le fait est à relever, notamment s'il est retenu qu'à l'époque — la fin des années 1960 — prévalait amplement l'idée que la transaction était l'un de ces petits contrats nommés du Code civil chers au Doyen Carbonnier[10]... Un bref rappel de l'acquis (A) permettra d'envisager quelques questions (B).

A. L'ACQUIS

Ainsi qu'il a été souligné dans le propos introductif, l'ensemble des textes de droit judiciaire privé communautaire n'a jamais clairement défini la transaction. La lecture attentive du règlement « insolvabilité »[11], du règlement « Bruxelles I »[12], du règlement « Bruxelles II bis »[13], du règlement « TEE »[14] le confirme ; chacun de ces instruments évoque la transaction sans pour autant la définir.

---

10. J. Carbonnier, « Variations sur les petits contrats », in *Flexible Droit*, 7ᵉ éd., LGDJ, 1992, p. 308 et s. V. aussi, en ce sens, les observations de A. Jeammaud, « Genèse et postérité de la transaction », dans le présent ouvrage.

11. Règlement (CE) nᵒ 1346/2000 du 29 mai 2000 relatif aux procédures d'insolvabilité, *JOCE* L. 160, 30 juin 2000, p. 1.

12. Règlement (CE) nᵒ 44/2001 du 22 décembre 2000 concernant la compétence judiciaire, la reconnaissance et l'exécution des décisions en matière civile et commerciale, *JOUE* L. 12, 16 janvier 2001, p. 1 ; sur le règlement, v. notamment H. Gaudemet-Tallon, *Compétence et exécution des jugements en Europe. Règlement du Conseil nᵒ 44/2001/CE, Conventions de Bruxelles et de Lugano*, 3ᵉ éd., LGDJ, 2002 ; D. Alexandre et A. Huet, « Compétence, reconnaissance et exécution (Matières civile et commerciale) » in *Rép. Communautaire* 2002 ; C. Nourissat, « Règlement (CE) nᵒ 44/2001 », études 240 et 260, *in* G. Canivet, L. Idot, D. Simon (dir.), *Lamy Procédures communautaires* 2005.

13. Règlement (CE) nᵒ 2201/2003 du 27 novembre 2003 relatif à la compétence, la reconnaissance et l'exécution des décisions en matière matrimoniale et en matière de responsabilité parentale, *JOUE* L. 338, 23 décembre 2003, p. 1 ; sur ce règlement, v. notamment C. Nourissat et A. Devers, « Règlement CE nᵒ 1347/2000 et règlement CE nᵒ 2201/2003 », études 245 et 265, *in* G. Canivet, L. Idot, D. Simon (dir.), *Lamy Procédures communautaire*, 2005 ; H. Fulchiron et C. Nourissat (dir.), *Le nouveau droit communautaire du divorce et de la responsabilité parentale*, Dalloz, coll. « Thèmes & commentaires », 2005.

14. Règlement (CE) nᵒ 805/2004 du 21 avril 2004 portant création d'un titre exécutoire

En revanche, au moins apparemment et formellement, seules les transactions judiciaires semblent retenir l'attention des textes mentionnés puisque, à chaque fois, l'intitulé de l'article concernant la transaction évoque *expressis verbis* la transaction judiciaire.

Un premier enseignement ressort alors de la contemplation des textes : si la transaction judiciaire est donc toujours présente, elle n'est cependant pas abordée à l'identique. Pour être plus précis, il convient de remarquer que les différents règlements oscillent entre deux rédactions proches mais distinctes. Soit, le texte retient que ne sont concernées que « les transactions conclues devant le juge [d'un État membre] »[15], soit il énonce que la transaction doit être « approuvée par une juridiction ou conclue devant une juridiction »[16]. Dès lors, ressort le fait indiscutable que les textes communautaires évoqués ne s'intéressent pas seulement aux transactions judiciaires, contrairement à ce que pourrait laisser croire leur intitulé maintenu avec constance. En effet, ainsi que permet de bien le comprendre la formule précédemment évoquée retenant que la transaction doit être « approuvée par une juridiction ou conclue devant une juridiction », sont concernées des transactions extrajudiciaires soumises au juge pour qu'il les entérine et leur confère la force exécutoire et les transactions judiciaires ou, pour reprendre la distinction bien connue, les transactions différées et les transactions immédiates.

Un second enseignement ressort de l'examen de la très rare jurisprudence disponible. En effet, le contentieux est peu abondant. Cette quasi-absence mérite d'ailleurs explication. Faut-il considérer que les problèmes n'existent pas ? Faut-il penser que les transactions ne circulent pas dans l'espace judiciaire européen ? Si l'on retient avec un auteur que « la fréquence pratique des transactions dans l'ordre international »[17] est attestée, et si l'on considère que l'ordre communautaire est un démembrement régional de cet ordre international, on mesure que les transactions circulent certainement aussi dans l'espace judiciaire européen mais que la confidentialité et l'absence de difficultés spécifiques sont un frein puissant — et salutaire —

---

européen pour les créances incontestées, *JOUE* L. 143, 30 avril 2004, p. 15 ; sur le règlement, v. notamment J.-P. Correa Delcasso, « Le titre exécutoire européen et l'inversion du contentieux », *RID comp.* 2000. 61 ; J. Normand, « Le titre exécutoire européen », *Dr et procédure* 6. 2002. 331 ; C. Baker, « Le titre exécutoire européen. Une avancée pour la libre circulation des jugements ? », *JCP* 2003. I. 137 ; E. Jeuland, « Le titre exécutoire européen : un jalon perfectible », *Gaz. Pal.* 18 novembre 2003, p. 10 ; « Le titre exécutoire européen : un château en Espagne ? », *Gaz. Pal.* 27-28 mai 2005, p. 15 ; F. Ferrand, « Le nouveau titre exécutoire européen (Règlement CE n° 805/2004 du 21 avril 2004 portant création d'un titre exécutoire européen pour les créances incontestées) », *Dr et patrimoine* octobre 2004. 70 ; H. Péroz, « Le règlement CE n° 805/2004 du 21 avril 2004 portant création d'un titre exécutoire européen pour les créances incontestées », *JDI* 2005. 637 ; C. Nourissat, « Le règlement (CE) n° 805/2004 du Parlement européen et du Conseil du 21 avril 2004 portant création d'un titre exécutoire européen pour les créances incontestées », *Europe* 2005, étude 8 ; C. Nourissat, « Les règles de reconnaissance et d'exécution — Le titre exécutoire européen portant sur une créance incontestée », étude 270, *in* G. Canivet, L. Idot, D. Simon (dir.), *Lamy Procédures communautaires* 2005.

15. Règlement (CE) n° 44/2001, *préc.*, art. 58.

16. Règlement (CE) n° 805/2004, *préc.*, art. 3 et 24.

17. C. Jarrosson, « Le contrat de transaction dans les relations commerciales internationales », *Rev. crit. DIP* 1997. 657.

à l'émergence de ce contentieux. Cela précisé, il n'en demeure pas moins que les rares décisions judiciaires intéressant la transaction sont riches de précisions. Ainsi, selon la Cour de justice des Communautés européennes, dans son arrêt *Solo Kleinmotoren*, la transaction suppose que « l'organe juridictionnel ne statue pas de sa propre autorité sur des points litigieux entre les parties » et qu'elle présente « un caractère essentiellement contractuel en ce sens que son contenu dépend avant tout de la volonté des parties »[18].

De ces deux données objectives disponibles, il apparaît que, pour le droit communautaire, est acquis que la transaction est bien « essentiellement » un contrat qui a été conclu devant le juge (transaction judiciaire) ou approuvé par lui (transaction extrajudiciaire). Mais au-delà de cette clarification, la porte est ouverte vers une série d'interrogations.

B. Les questions

Deux questions essentielles paraissent devoir être posées. L'exigence de concessions réciproques, régulièrement évoquée tant par la jurisprudence nationale que par la doctrine en tant qu'élément décisif de la qualification de « transaction », s'impose-t-elle aussi en droit judiciaire privé européen ? Ce contrat conclu devant le juge ou approuvé par lui peut-il englober d'autres institutions proches ? Deux questions auxquelles il convient de répondre dans la perspective de devoir probablement ériger, un jour, la transaction au rang de notion autonome de droit communautaire ; notamment, parce que — comme le dit lui-même le juge communautaire —, le recours à l'interprétation autonome doit être le principe dans cet ordre juridique[19]. La formule est connue et encore très récemment utilisée par le juge communautaire à propos de la notion de « consommateur » : « les notions employées [...] doivent être interprétées de façon autonome, en se référant principalement au système et aux objectifs de ladite [norme], en vue d'assurer l'application uniforme de celle-ci dans tous les États contractants »[20]. Elle a été aussi, et c'est plus nouveau, adoptée par la haute juridiction civile à plusieurs reprises[21].

La première question est donc celle de savoir si l'exigence de concessions réciproques s'imposera aussi en droit communautaire.

Dans la sphère communautaire, ni les textes, ni la jurisprudence ne font référence à l'exigence de concessions réciproques en tant qu'élément constitutif de la

---

18. CJCE 2 juin 1994, *Solo Kleinmotoren*, aff. C-414/92, *Rec. CJCE* I. 2237, *JDI* 1995. 466, note A. Huet; *Cah. dr. eur.* 1995. 209, note H. Tagaras.

19. Sur cette question des notions autonomes de droit communautaire, v. C. Nourissat, « La notion de "notion" dans le règlement (CE) n° 2201/2003 », *in* H. Fulchiron et C. Nourissat (dir.), *Le nouveau droit communautaire du divorce et de la responsabilité parentale*, *préc.*, spéc. p. 139 et s.

20. CJCE 21 juin 1978, *Bertrand*, aff. 150/77, *Rec. CJCE*, p. 1431 ; CJCE 19 janvier 1993, *Shearson Lehman Hutton*, aff. C-89/91, *Rec. CJCE* I. 139; CJCE 3 juillet 1997, *Benincasa*, aff. C-269/95, *Rec. CJCE* I. 3767 ; CJCE 27 avril 1999, *Mietz*, C-99/96, *Rec. CJCE* I. 2277 ; CJCE 11 juillet 2002, *Gabriel*, aff. C-96/00, *Rec. CJCE* I. 6367 ; CJCE 20 janvier 2005, *Gruber*, aff. C-464/01, *Rec. CJCE* I. 439.

21. V. par exemple et récemment, Civ. 1re, 6 décembre 2005, n° 1663 F-P+B.

transaction. Doit-on en conclure pour autant que le droit communautaire se sépare sur ce point du droit interne ? Rien n'est moins certain et la prudence paraît de mise.

On sait combien, parmi les méthodes à sa disposition, le juge communautaire a recours aux enseignements du droit comparé et que ceux-ci lui servent, précisément, à forger les notions autonomes. La matière contractuelle en offre, d'ailleurs, un exemple. Or, sur ce point et rapporté à la transaction, un bref survol des droits des États membres permet de constater que les concessions réciproques sont une constante[22], que ce soit au sein de la famille romano germanique ou de la *Common Law*. Un tel résultat ne saurait donc être ignoré par le juge communautaire lorsque se posera à lui la question de la qualification autonome de « transaction ». Et l'on peut raisonnablement retenir que la Cour de justice des Communautés européennes retiendra l'existence de concessions réciproques comme l'un des éléments caractéristiques de la notion communautaire de transaction.

C'est ici, et au passage, illustrer le fait que les relations entre le droit communautaire et le droit national doivent être placées sous le signe des influences croisées et non conçues comme un mouvement unique descendant...

La seconde question tient au fait de savoir si ce contrat conclu devant le juge ou approuvé par lui peut englober d'autres institutions proches.

La lecture des principaux ouvrages consacrés à la Convention de Bruxelles de 1968 conduit à signaler que les observateurs les plus autorisés ont tous souligné que la transaction devait recevoir une définition plutôt compréhensive dans ce cadre. Ainsi, des auteurs ont pu estimer que « tous les instruments judiciaires relatant un acte juridique à l'élaboration duquel le juge n'a nul part [...] même s'ils ne présentent pas exactement les traits de la transaction » seraient couverts[23]. Il a été regretté que, à l'occasion du « reformatage » de la Convention en règlement, « une acception large de la notion [...] au sens communautaire [ne] soit [pas] reçue au texte »[24]. Plus récemment un commentaire du règlement portant création du titre exécutoire européen retenait que, au-delà de la transaction « au sens français étroit du terme », le mécanisme devait bénéficier « également aux hypothèses dans lesquelles les parties ont signé un acte de conciliation devant le juge ou un conciliateur de justice ou ont conclu un accord suite à une médiation et ont soumis leur accord au juge pour homologation et attribution de la force exécutoire »[25]. La logique et l'objet du texte communautaire en cause semblent en effet le commander.

Cependant, la Cour de justice des Communautés européennes a souligné, dans le cadre de l'interprétation de la Convention de Bruxelles du 27 septembre 1968,

---

22. Sur ce point, C. Jarrosson, « Les concessions réciproques dans la transaction », *D.* 1997. chron. 267, spéc. nº 13.

23. P. Gothot, D. Holleaux, *La Convention de Bruxelles du 27 septembre 1968 : compétence judiciaire et effets des jugements dans la CEE*, Jupiter, 1985, nº 406.

24. H. Gaudemet-Tallon, *op. cit.*, spéc. nº 469.

25. F. Ferrand, « Le nouveau titre exécutoire européen (Règlement CE nº 805/2004 du 21 avril 2004 portant création d'un titre exécutoire européen pour les créances incontestées) », *préc.*, spéc. p. 73.

que cette transaction devait présenter « un caractère essentiellement contractuel en ce sens que son contenu dépend avant tout de la volonté des parties ». En retenant que la conciliation et la médiation reposent sur l'accord des parties et l'homologation du juge qui leur confère force exécutoire, la réponse peut être positive. Mais l'ajout de l'expression « *avant tout* » par la Cour de justice semble devoir amener à considérer que seule la conciliation pourrait répondre à la qualification autonome de « transaction » tant il est constant que la médiation, elle, passe par un accord proposé par le médiateur aux parties... Et comment ne pas relever ici que le droit communautaire rejoindrait la solution jurisprudentielle française dont il a été relevé qu'elle « a, discrètement mais nettement, pris position en faveur de l'idée selon laquelle la conciliation constituerait le genre dont la transaction serait une espèce »[26].

Il apparaît donc que pour le droit communautaire aussi la transaction se présente bien comme étant « *essentiellement* » un contrat qui a été conclu devant le juge (transaction judiciaire) ou approuvé par lui (transaction extrajudiciaire) et qui repose certainement sur l'exigence de concessions réciproques. De quoi rassurer, s'il en était besoin !

Cette notion autonome dégagée, il convient d'en examiner la portée, les enjeux.

II. QUELS ENJEUX POUR LA TRANSACTION EN DROIT PRIVÉ COMMUNAUTAIRE ?

Aborder la question des enjeux suppose d'identifier des points de référence. En ce sens et traditionnellement, les enjeux du droit communautaire se perçoivent à l'aune des droits des États membres. Il a cependant été montré que la transaction au sens communautaire du terme ne saurait fondamentalement perturber l'ordonnancement interne puisqu'elle en emprunte les lignes essentielles. C'est davantage au sein même de l'ordre juridique communautaire que l'examen doit être porté, notamment en terme de cohérence d'un ensemble que la méthode communautaire traditionnelle dite « des petits pas » peut fortement mettre à mal. Or, et repartant du fait que la transaction se situe à la frontière du droit des contrats (B) et du droit judiciaire (A), ces deux aspects nous semblent dessiner des pistes de réflexions pour l'une et l'autre de ces branches.

26. C. Jarrosson, « Les concessions réciproques dans la transaction », *D.* 1997. chron. 267, spéc. n° 27.

A Enjeux en droit judiciaire privé communautaire

L'approche retenue par le droit judiciaire privé communautaire de la transaction offre l'occasion de relever que si une certaine clarification est apportée par rapport aux décisions judiciaires, en revanche, une certaine confusion est entretenue par rapport aux autres modes alternatifs de règlement des litiges aux charmes desquels la Communauté européenne a décidé de longue date de succomber.

Quant à la clarification, il est essentiel de signaler deux arrêts qui doivent retenir l'attention : d'une part, l'arrêt *Solo Kleinmotoren* de la Cour de justice des Communautés européennes[27], déjà évoqué, et d'autre part, l'arrêt *Virani* de la Cour de cassation[28]. L'un concerne la transaction judiciaire. L'autre intéresse une transaction non-judiciaire.

Dans les deux cas, se posait la question de savoir s'il était possible d'opposer une transaction à la reconnaissance d'un jugement étranger, plus précisément s'il était possible de refuser la reconnaissance d'une décision en raison de ce qu'elle s'avérerait inconciliable avec l'autorité de chose jugée attachée à une transaction intervenue entre les parties.

Dans les deux cas, une même réponse est apportée qui peut se résumer simplement : une transaction n'est pas une décision de justice. Cela ne saurait surprendre si l'on retient qu'en cas de transaction intervenue devant le juge ou simplement homologuée par lui, ce dernier ne « décide » rien, ne statue pas car l'acte qu'il dresse ne fait que constater un accord de volontés des parties et, corrélativement, l'extinction de l'instance sur les points qui ont fait l'objet de la transaction.

Quant à la confusion, il est essentiel de signaler un texte qui doit retenir l'attention. Il s'agit de la proposition de directive du Parlement européen et du Conseil sur certains aspects de la médiation en matière civile et commerciale[29] présentée il y a un peu plus d'un an. Outre que cette proposition atteste de l'intérêt soutenu de la Commission pour le recours aux modes alternatifs de règlement des conflits, elle témoigne d'un changement de perspective de sa part, abandonnant le droit « mou » — dont le « Code de conduite pour les médiateurs »[30], avec d'autres textes[31], avait pu apparaître comme emblématiques — pour aborder les rives de la normativité.

Par cette directive, la Commission n'entend pas s'attaquer à l'opération de médiation elle-même mais bien s'attacher au contexte dans lequel il est possible

---

27. V. note 18.

28. Civ. 1re, 11 février 1997, *Bull. civ.* I, n° 51 ; *JDI* 1997. 1026, note M.-L. Niboyet; *Rev. crit. DIP* 1998. 320, note P. Mayer.

29. COM (2004) 718 final, 22 octobre 2004.

30. V. http://europa. eu.int/comm/justice_home/ejn/adr/adr_ec_code_conduct_en.pdf.

31. Résolution du Conseil du 25 mai 2000 relative à un réseau au niveau communautaire d'organes nationaux chargés du règlement extrajudiciaire des litiges de consommation, *JOCE* C. 155 6 juin 2000, p. 1 ; Recommandation de la Commission du 4 avril 2001 relative aux principes applicables aux organes extrajudiciaires chargés de la résolution consensuelle des litiges de consommation, *JOCE* L. 109 19 avril 2001, p. 56.

d'envisager le recours à la médiation. En d'autres termes il s'agit moins de dégager un modèle communautaire de la médiation que d'inciter les législateurs nationaux à prévoir le recours à la médiation présentée comme « une méthode de résolution des litiges dont le potentiel est inexploité » ainsi que le rappel l'exposé des motifs. Si la médiation est définie[32] et doit s'entendre comme excluant « les tentatives faites par le juge pour résoudre un litige au cours de la procédure judiciaire », elle n'en conduit pas moins à l'affirmation, pour le moins déroutante, selon laquelle la directive s'attache à l'exécution de l'« accord transactionnel atteint à l'issue d'une médiation [...] sous réserve que ledit accord ne soit pas contraire au droit européen ou au droit national de l'État membre dans lequel la demande est introduite ».

Deux observations s'imposent alors. En premier lieu, le renvoi au « droit européen » laisse dubitatif. La Commission européenne a-t-elle voulu dire « communautaire » ou a-t-elle voulu expressément renvoyer à l'ordre juridique issu de la Convention européenne de sauvegarde des droits de l'homme ? Outre que cette dernière hypothèse ne semble pas avoir réellement de sens, les autres erreurs et scories issues de la traduction approximative de ce texte ne sont pas à négliger. En second lieu, et surtout, l'alliance entre la transaction et la médiation laisse perplexe. Même s'il convient de retenir que selon le texte de la proposition le terme médiation utilisé ne doit pas être forcément compris dans un sens restrictif, il ne peut être que relevé combien la transaction relève davantage d'une logique de conciliation que de médiation, du moins si l'on insiste sur le rôle respectif présumé du conciliateur et du médiateur. On ne peut donc que souhaiter que le travail parlementaire attendu soit l'occasion d'un effort sémantique, d'une clarification terminologique nécessaire, ne serait-ce que pour assurer une bonne articulation des textes communautaires entre eux, une cohérence pour l'espace judiciaire européen.

B. Enjeux en droit communautaire des contrats

Il a été souligné dans l'introduction que le droit communautaire matériel des contrats était embryonnaire ou du moins encore au stade d'une réflexion doctrinale — si tant est que l'adjectif soit approprié —[33], à la réserve notable des acquis ponctuels issus du droit communautaire des contrats de consommation notamment[34]. En

---

32. Art. 2 – a : « le terme "médiation" désigne toute procédure, quelle que soit la façon dont elle est appelée ou citée, dans laquelle deux ou plusieurs parties à un litige sont assistées d'un tiers pour parvenir à un accord sur la résolution du litige, que cette procédure soit engagée à l'initiative des parties, suggérée ou ordonnée par un tribunal ou prescrite par le droit national d'un État membre.

Il ne couvre pas les tentatives faites par le juge pour résoudre un litige au cours de la procédure judiciaire relative audit litige ».

33. On fait ici référence aux débats qu'alimente la question de la légitimité et de la composition des groupes de travail qui œuvrent avec enthousiasme sous la direction du professeur von Bar.

34. Sur cet aspect, v. notamment H. Aubry, *L'influence du droit communautaire sur le droit français des contrats*, PUAM, 2002 ; E. Poillot, *Droit européen de la consommation et uniformisation du droit des contrats*, Thèse dact. Reims, 2004.

revanche, tel n'est pas le cas du droit communautaire conflictuel des contrats dont l'actualité la plus récente atteste qu'il est bien en marche (forcée ?). Ainsi possède-t-on depuis peu une proposition de règlement sur la loi applicable aux obligations contractuelles, dite proposition de règlement « Rome I »[35] qui complète le paysage communautaire des conflits de lois déjà esquissé par la proposition de règlement sur la loi applicable aux obligations non contractuelles, dite proposition de règlement « Rome II »[36].

Le propos ne sera naturellement pas d'entrer dans une analyse complète de l'appréhension par la règle de conflit de lois de l'institution contractuelle qu'est la transaction, sauf peut-être à relever qu'il sera bien délicat, par exemple, de mettre en œuvre la présomption bien connue de l'article 4 § 2 de l'actuelle convention de Rome et qui veut qu'en cas d'absence de choix de loi par les parties, l'on puisse désigner comme loi applicable la loi de la résidence habituelle du débiteur de la prestation caractéristique du contrat au moment de la conclusion du contrat. La réciprocité des concessions semble alors un frein puissant à la mise en œuvre de la présomption et obligera, probablement, le juge saisi à examiner « *l'ensemble des circonstances* » qui permettra de déterminer avec quel pays « le contrat présente des liens les plus étroits », comme le prévoit l'article 4 § 5 !

Le propos se tournera davantage vers une question plus générale mais centrale dont il est assez probable qu'elle surgira sur le devant de la scène communautaire dans les premiers mois d'application des nouvelles règles de conflit de lois instaurées par les règlements en cours d'adoption : les notions, les qualifications retenues dans le cadre de la mise en œuvre des instruments communautaires intéressant les conflits de juridictions seront-elles celles que l'on adoptera dans le cadre de la mise en œuvre des instruments communautaires intéressant les conflits de lois ?

Sans prétendre trancher, la lecture de la proposition de règlement « Rome I » est une source de réflexions intéressante. L'observateur attentif ne peut que relever sous la plume de la Commission européenne le lien que cette dernière fait entre les règlements relatifs aux conflits de juridictions et ceux concernant les conflits de lois. Ainsi, est-il possible de relever, dès l'exposé des motifs que la proposition semble s'engager dans la voie d'une approche cohérente des notions qu'elles soient envisagées dans le cadre du règlement « Bruxelles I » ou du futur règlement « Rome I ». Par exemple, les obligations précontractuelles sont qualifiées de délictuelles et ayant vocation à être régies par le futur instrument « Rome II » et non « Rome I » car cela « confirme l'analyse de la majorité des systèmes juridiques dans l'Union ainsi que la conception restrictive du contrat adoptée par la Cour dans le cadre de sa jurispru-

35. Proposition de règlement du Parlement européen et du Conseil sur la loi applicable aux obligations contractuelles (Rome I), COM (2005) 650 final, 15 décembre 2005.

36. Proposition de règlement du Parlement européen et du Conseil sur la loi applicable aux obligations non contractuelles (Rome II), COM (2003) 427 final, 22 juillet 2003. Signalons que, depuis, la Commission a présenté une proposition modifiée de règlement du Parlement européen et du Conseil sur la loi applicable aux obligations non contractuelles (Rome II), COM (2006) 83 final, 21 février 2006.

dence sur l'article 5, paragraphe 1er, du règlement "Bruxelles I" »[37]. De même, l'exposé des motifs concernant les contrats individuels de travail insiste-t-il sur le fait que les modifications apportées en la matière sont justifiées par la nécessité « de tenir compte de la jurisprudence de la CJCE dans le cadre de l'article 18 du règlement "Bruxelles I" et de sa conception large du lieu de travail »[38] ; l'exemple donné s'inspirant directement d'un arrêt récent prononcé par cette même Cour de justice des Communautés européennes[39]. Et d'autres illustrations pourraient être apportées non sans souligner que l'un des considérants de la proposition de règlement insiste expressément sur le fait que « le champ d'application du règlement [Rome I] doit être fixé de manière à assurer la cohérence avec le règlement (CE) n° 44/2001 »[40] ou que « l'harmonie avec le règlement (CE) n° 44/2001 exige la reprise de la notion d'"activité dirigée" comme condition d'application de la règle protectrice [du consommateur] »[41].

Cette recherche de cohérence ou d'harmonie, selon les termes mêmes de la Commission européenne, signifie-t-elle unité des qualifications ? La question reste posée, mais l'on ne pourra s'empêcher de penser qu'il est assez probable que la notion de transaction qui semble se dégager des règlements relatifs aux conflits de juridictions devrait se retrouver lorsqu'elle sera à envisager dans le contexte des conflits de lois !

---

37. Proposition de règlement du Parlement européen et du Conseil sur la loi applicable aux obligations contractuelles (Rome I), *préc.*, spéc. p. 5.

38. *Ibid.*, spéc. p. 7. Observons, au passage, que la Commission se laisse emporter par sa plume car il n'est pas exact de dire qu'existe une jurisprudence sur l'article 18 du règlement « Bruxelles I », la question du contrat individuel de travail n'étant abordée par la CJCE qu'en interprétation de l'article 5 § 1 de la convention de Bruxelles en l'état des affaires sur lesquelles elle a été amenée à se prononcer...

39. CJCE 10 juin 2004, *Warbecq*, aff. C-555/03, *Rec. CJCE I.* 6041 ; *Procédures* 2005 comm. 10, obs. C. Nourissat.

40. Considérant 6 de la proposition de règlement « Rome I ».

41. Considérant 11 de la proposition de règlement « Rome I ».

La Transaction, regard comparatif

Frédérique Ferrand
Professeur à l'Université Jean Moulin (Lyon III), honorarprofessorin à l'Université d'Augsbourg (Allemagne)

Pourquoi terminer ce colloque par un regard comparatif ? Pourquoi aller regarder au-delà des frontières ? Ce regard nous confortera-t-il dans nos choix français ou bien nous ouvrira-t-il d'autres façons d'envisager l'amiable entre parties en litige ? L'étude comparative de la transaction va nous montrer que cette institution est largement favorisée en Europe où elle connaît des développements récents sans doute justifiés par le recours à l'analyse économique du droit.

La transaction est en effet bien connue de bon nombre de pays d'Europe. Mécanisme contractuel ayant des incidences procédurales, parfois mécanisme à la fois contractuel et procédural lorsqu'elle est judiciaire, la transaction apparaît à la fois dans les ouvrages de droit civil et dans ceux de procédure.

Compromise, *settlement*, *agreement* en anglais, *Vergleich* ou encore *Prozessvergleich* (transaction judiciaire) en allemand, l'institution est connue et la doctrine insiste souvent sur son utilité. Ainsi, dans son ouvrage de procédure civile, N. Andrews écrit-il que « *in general, settlement is better than judgment* » et se fait l'écho des propos tenus par Lord Woolf, promoteur de la récente réforme de la procédure civile anglaise de 1998[1]. Le droit anglais favorise donc considérablement la solution amiable des litiges, ce qui aboutit à ne voir en définitive jugées que 2 % environ de toutes les affaires enrôlées. Cela signifie qu'environ 98 % des litiges donnent lieu à transaction[2] en cours d'instance. Les statistiques françaises ou allemandes ne sont pas aussi flatteuses en ce qui concerne le succès des négociations entre parties une

1. Réforme entrée en vigueur le 26 avril 1999. Lord Woolf a ainsi dit : « *The philosophy of litigation should be primarily to encourage early settlement of disputes* », reprenant ainsi la philosophie de Sir J. Donaldson, qui considérait que « ... *the procedure of the court must be, and is, intended to achieve the resolution of disputes by a variety of methods, of which a resolution by judgment is but one, and probably the less desirable* », v. N. Andrews, *English Civil Procedure*, Oxford Univ. Press 2003, n° 23.03.

2. Pour ces chiffres, v. N. Andrews, « The Pursuit of Truth in Modern English Civil Proceedings », *ZZP Int.* 8 (2003), p. 72.

fois le procès engagé. Mais nous verrons que la procédure civile anglaise prévoit des règles extrêmement incitatives à une solution amiable du litige, des sanctions pouvant notamment être prononcées par le juge lorsqu'une des parties a refusé l'offre de transaction de l'autre et n'a finalement pas obtenu par le jugement un résultat meilleur.

Cette étude ne pouvant être consacrée au droit de tous les pays européens, sauf à devenir tellement superficielle qu'elle ne présenterait guère d'intérêt, j'ai décidé d'exercer mon regard comparatif dans trois directions : d'abord celle du droit allemand qui, hormis mon intérêt personnel pour l'Allemagne et sa législation, se justifie par une proximité romano-germanique avec la France dans ce qu'on appelle le droit continental, mais aussi par des solutions parfois différentes justifiées par un dogmatisme allemand souvent éloigné des raisonnements juridiques français (I). Ensuite, mon regard s'est porté vers le droit anglais car il symbolise de façon remarquable la place immense faite à l'amiable dans le procès et la faveur considérable accordée à la transaction alors même que l'instance judiciaire est engagée entre les parties. Enfin, nous constaterons que les principes ALI/Unidroit de procédure civile transnationale adoptés par Unidroit et par *l'American Law Institute* en 2004, principes qui constituent une recherche de compromis entre traditions anglo-saxonnes et continentales en matière de procédure, ont eux aussi entendu conférer une large place à la transaction pendant le procès et ont, pour ce faire, favorisé les solutions anglaises et américaines en la matière (II).

I. LA TRANSACTION EN DROIT ALLEMAND

La notion même de « transaction » se trouve, en droit allemand comme en droit français, définie dans le Code civil. Alors que le § 779 du BGB définit la transaction d'une façon assez similaire à celle du droit français (A), des précisions sont apportées par le Code allemand de procédure civile (*Zivilprozessordnung*, ZPO) sur la transaction conclue devant un tribunal allemand ou constatée par ce dernier (B).

A. La définition civiliste : § 779 BGB

Le § 779 du BGB (*Bürgerliches Gesetzbuch)* allemand dispose ainsi qu'« un contrat par lequel le différend entre les parties ou leur incertitude à propos d'un rapport juridique est écarté par des concessions réciproques (*Vergleich*, transaction), est nul lorsque les faits tenus pour vrais qui ont servi de fondement au contenu du contrat ne correspondent pas à la réalité et lorsque le différend ou l'incertitude, en connaissance de la situation véritable ne serait pas apparu ». L'alinéa 2 du même texte ajoute qu'est assimilée à l'incertitude à propos d'un rapport juridique l'incertitude sur la réalisation d'un droit. Ce texte du § 779 BGB a donc deux propos[3] : celui de définir la transaction de façon assez similaire à celle du droit français (1) (un contrat par lequel les parties terminent une contestation — sans que le texte allemand distingue expressément entre contestation née et contestation à naître. Alors que le droit allemand pose expressément comme condition l'existence de concessions réciproques, cette exigence n'est pas contenue dans l'article 2044 du Code civil français mais a été imposée par la jurisprudence[4]). Le § 779 BGB a également pour objet de préciser dans quelles hypothèses un contrat de transaction doit être considéré comme nul (2).

1. Conditions et effets de la transaction

La transaction de droit allemand se définit tout d'abord par son but : régler ou clarifier un rapport de droit litigieux ou incertain. Elle nécessite en outre des concessions réciproques de la part des parties (*gegenseitiges Nachgeben*).

La doctrine allemande analyse la transaction comme un contrat (synallagmatique)[5] de droit obligationnel, par opposition au contrat de droit réel procédant à une modification des rapports de propriété ou d'autres droits réels sur un bien. Toutefois, il n'est pas rare que la transaction contienne des actes de disposition (cession, renonciation etc.).

L'objet de la transaction peut porter sur des rapports juridiques de tout type (*Rechtsverhältnisse jeder Art*)[6], à condition bien sûr que les parties aient la libre disposition de ces droits, ce qui n'est pas le cas — comme en droit français — pour les questions de statut, état civil (mariage, filiation), de succession d'un tiers encore en vie ou encore d'obligations alimentaires légales. Il faut qu'existe une contestation ou au moins une incertitude en droit ou en fait sur le rapport de droit. La jurisprudence allemande considère qu'il faut là retenir une appréciation subjective[7] de la conviction ou des doutes des parties ou de l'une d'elles. Peu importe que le juge soit, lui, en mesure de trancher immédiatement le litige sans difficultés[8]. Doit être assimilée à l'incertitude à propos d'une situation juridique l'incertitude quant à la possible réa-

---

3. V. *BGB Schuldrecht*, Band 2, Teilband 2, Deutscher Anwaltverlag 2005, § 779, n° 1, par Giesler.

4. V. par exemple Civ. 1re, 3 mai 2000, *Bull. civ.* I, n° 130. V. déjà Soc. 17 mars 1982, *Bull. civ.* V, n° 180 : constitue une transaction un accord qui a pour objet de mettre fin à un différend entre les parties et qui comporte des concessions réciproques, quelle que soit leur importance relative.

5. Sur les débats doctrinaux portant sur la question de savoir si la transaction est toujours un contrat synallagmatique, v. *BGB Schuldrecht*, Band 2, Teilband 2, Deutscher AnwaltVerlag 2005, § 779, n° 3, par Giesler.

6. V. en ce sens *BGB Handkommentar*, 3e éd., 2003, Nomos éd., Baden, Baden, § 779, n° 2, par Staudinger; *BGB Schuldrecht*, Band 2, Teilband 2, Deutscher Anwaltverlag 2005, § 779, n° 6, par Giesler.

7. V. C. féd. Justice (BGH), 12e civ., 6 novembre 1991, *NJW-RR* 1992, p. 363.

8. V. T. d'Empire (RG), *RGZ* 149, p. 152. V. aussi *BGB Schuldrecht*, Band 2, Teilband 2, Deutscher Anwaltverlag 2005, § 779, n° 4, par Giesler.

lisation du droit en justice, par exemple parce que la partie qui serait demanderesse à l'action a des doutes sur sa capacité à démontrer le bien-fondé de ses prétentions (difficulté probatoire) ou sur la solvabilité du débiteur[9].

La transaction suppose des concessions réciproques des parties (*gegenseitiges Nachgeben*)[10]. Cette condition légale est toutefois interprétée de façon assez libérale par la jurisprudence : les parties doivent faire des concessions de quelque nature que ce soit, mais celles-ci ne doivent pas obligatoirement être équivalentes sur le plan juridique ou économique. Une partie peut donc valablement faire des concessions bien supérieures à celles de la partie adverse[11]. La jurisprudence allemande retient comme suffisantes des concessions réciproques mineures[12]. En revanche, si une seule partie fait des concessions, la qualification juridique de « transaction » ne pourra être retenue[13]. Peuvent notamment constituer une concession de la part du créancier une remise partielle de dette, l'acceptation d'un paiement en plusieurs échéances, la renonciation aux intérêts de la créance ou encore le retrait de son assignation[14].

Alors que l'article 2044 du Code civil français exige que la transaction soit rédigée par écrit, le § 779 BGB ne formule pas une telle condition de forme. La transaction ne doit donc pas obligatoirement prendre la forme écrite; elle pourrait même résulter d'un comportement concluant ou tacite des parties[15]. Toutefois, cette dernière facilitera la preuve du contenu de l'accord des parties. En outre, si la transaction contient un acte obligationnel ou un acte de disposition nécessitant selon le BGB une forme spéciale, cette forme devra être suivie, sauf toutefois en cas de transaction judiciaire (*Prozessvergleich*), car cette dernière remplace toute autre forme prescrite par la loi.

La doctrine allemande s'est posé la question des conséquences juridiques produites par la transaction et, notamment, celle de savoir si le contrat de transaction produit ou non un effet de novation. En principe, la réponse est négative[16] : la tran-

9. V. *BGB Schuldrecht*, Band 2, Teilband 2, Deutscher Anwaltverlag 2005, § 779, n° 22, par Giesler.

10. § 779 BGB.

11. Pour apprécier la disproportion manifeste (*auffälliges Missverhältnis*) entre prestation et contreprestation, il ne convient pas de regarder le montant des engagements souscrits par chacune des parties à la transaction, mais la portée de leurs concessions réciproques, C. féd. Justice (BGH), *NJW* 1964, p. 1787; C. féd. Travail (BAG), 3ᵉ ch., 11 septembre 1984, *NJW* 1985, p. 2661.

12. C. féd. Justice (BGH), 3ᵉ civ., 31 janvier 1963, *BGHZ* 39, p. 60 et spécialement p. 63. La renonciation à un droit en réalité inexistant constitue également une concession de la part d'une partie, C. féd. Justice (BGH), *BGHZ* 1, p. 57.

13. C. féd. Justice (BGH), 3ᵉ civ., 31 janvier 1963, *BGHZ* 39, p. 62 et s.

14. V. pour divers exemples *BGB Schuldrecht*, Band 2, Teilband 2, Deutscher Anwaltverlag 2005, § 779, n° 18, par Giesler.

15. V. en ce sens *BGB Schuldrecht*, Band 2, Teilband 2, Deutscher Anwaltverlag 2005, § 779, n° 4, par Giesler.

16. V. encore récemment C. féd. Justice (BGH), 3ᵉ civ., 7 mars 2002, *JZ* 2002, p. 721 avec note Jacoby : une transaction extrajudiciaire ne met pas directement fin au litige. La litispendance peut donc s'opposer à une nouvelle action (en exécution de la transaction), si la transaction n'a pas eu d'effet novatoire mais a seulement pour conséquence de modifier les obligations. La Cour fédérale de Justice ajoute que la transaction ne produit en principe pas d'effet novatoire, sauf si telle a été la volonté des parties, qui doit être recherchée par le juge.

saction ne modifie la situation juridique préexistante que sur les points litigieux ou incertains et constate avec force obligatoire les droits et obligations découlant du rapport juridique, mais ne modifie pas autrement sa nature ni son contenu[17].

Il a également été jugé que la transaction extrajudiciaire ne mettait pas directement fin à un litige[18].

2. Nullité de la transaction

Le § 779 BGB précise dans quel cas la transaction (*Vergleich*) est nulle. Cela est le cas, en dehors des autres hypothèses, classiques, de nullité des contrats, « lorsque les faits tenus pour vrais qui ont servi de fondement au contenu du contrat de transaction ne correspondent pas à la réalité et lorsque le différend ou l'incertitude, en connaissance de la situation véritable, ne serait pas apparu ».

La doctrine et la jurisprudence allemandes relèvent qu'il s'agit là d'un cas spécifique de disparition du fondement contractuel (*Wegfall der Geschäftsgrundlage*)[19], motif que les tribunaux allemands avaient peu à peu reconnu comme justifiant ou bien une adaptation, ou bien une annulation du contrat. Aujourd'hui, la disparition du fondement contractuel est prévue par le Code civil allemand dans son § 313, qui énonce que « si les circonstances sur le fondement desquelles le contrat a été conclu, se sont modifiées de façon tellement grave après la conclusion dudit contrat et si les parties n'auraient pas conclu le contrat, ou ne l'auraient pas conclu avec le même contenu si elles avaient prévu les modifications, il est possible de demander l'adaptation du contrat à condition que le maintien du contrat dans les mêmes termes ne puisse être imposé à une partie, au regard de toutes les circonstances de l'espèce et notamment de la répartition légale ou contractuelle du risque »[20].

La nullité de la transaction pourra être obtenue en cas d'erreur des parties sur des faits ou — selon une interprétation extensive de la jurisprudence allemande — sur des éléments juridiques[21] que les parties ont considérés comme établis et sur l'existence desquels elles se sont fondées pour conclure la transaction. Le § 779 BGB

---

17. Sur le débat et les enjeux, v. BGB *Schuldrecht*, Band 2, Teilband 2, Deutscher Anwaltverlag 2005, § 779, n° 42, par Giesler.

18. C. féd. Justice (BGH), 3ᵉ civ., 7 mars 2002, *JZ* 2002, p. 722.

19. C. féd. Justice (BGH), 1ʳᵉ civ., 8 décembre 1999, *NJW* 2000, p. 2498.

20. Pour un cas d'adaptation du contrat de transaction pour absence ou disparition du fondement contractuel, v. C. féd. Justice (BGH), 9ᵉ civ., 18 novembre 1993, *NJW-RR* 1994, p. 434.

21. Le § 779 BGB ne fait référence qu'à des « faits » (*Sachverhalt*) mais doctrine et jurisprudence admettent en général qu'il convient de faire une interprétation large de ce concept, qui contient également les éléments juridiques sur lesquels les parties se sont fondées de façon erronée ; v. en ce sens BGB *Handkommentar*, 3ᵉ éd., 2003, Nomos éd., Baden, Baden, § 779, n° 8, par Staudinger ; BGB *Schuldrecht*, Band 2, Teilband 2, Deutscher Anwaltverlag 2005, § 779, n° 26, par Giesler. La Cour fédérale de Justice — homologue de la Cour de cassation française — considère toutefois que l'erreur sur le droit ne peut être prise en compte que si elle repose sur une appréciation erronée d'éléments de fait, v. C. féd. Justice (BGH), *NJW* 1961, p. 1460. Sur les débats en doctrine à propos de la possible prise en compte d'une erreur de droit, v. BGB *Schuldrecht*, Band 2, Teilband 2, Deutscher Anwaltverlag 2005, § 779, n° 28, par Giesler. La jurisprudence n'est pas unitaire à ce sujet.

exige que la contestation ou l'incertitude sur le rapport de droit entre les parties ne serait pas née si la véritable situation de fait avait été connue. C'est le contenu de la transaction qui déterminera quelles circonstances ont été retenues par les parties au fondement du contrat; peu importe que les parties se soient exprimées clairement ou non à ce sujet[22].

Si les conditions de nullité de la transaction ne sont pas réunies au sens du § 779 BGB, il n'est pas pour autant exclu que le contrat de transaction puisse être annulé sur un autre fondement légal tel que l'erreur (*Irrtum*), le dol (*Arglist*), la violence (*Drohung*) ou toute autre cause de nullité des contrats. Ainsi par exemple, un contrat de transaction qui imposerait à une partie de faire un acte illicite ou immoral serait nul[23]. De même serait nul comme contraire aux bonnes mœurs (*sittenwidrig*, § 138 BGB) un contrat présentant un déséquilibre disproportionné entre les concessions réciproques des parties[24].

B. La transaction judiciaire (*Prozessvergleich*, § 794 ZPO)[25]

Le droit allemand fait une place de choix à la transaction judiciaire sous l'appellation de « *Prozessvergleich* ». La transaction judiciaire est considérée par la doctrine et la jurisprudence allemandes comme une forme particulière de transaction[26]. Il en va de même de la transaction conclue par un avocat au nom de son client (*Anwaltsvergleich*)[27]. C'est ainsi que doctrine et jurisprudence[28] s'accordent pour reconnaître à la transaction judiciaire une nature double, à la fois contractuelle et processuelle[29] : il s'agit à la fois d'un contrat de droit privé (*privatrechtlicher Vertrag*) et d'un acte de procédure (*Prozesshandlung*). La transaction judiciaire (*gerichtlicher Vergleich*, *Prozessvergleich*) produit les mêmes effets de droit matériel que la transaction extrajudiciaire. Elle produit en outre des effets procéduraux[30] : le litige (*Rechts-*

22. V., *BGB Schuldrecht*, Band 2, Teilband 2, Deutscher Anwaltverlag 2005, § 779, n° 25, par Giesler.

23. C. féd. Justice (BGH), *WM* 1989, p. 1479.

24. En ce sens *BGB Handkommentar*, 3. Aufl. 2003, Nomos éd., Baden, Baden, § 779, n° 9, par Staudinger.

25. V. notamment H. Michel, « Der Prozeβvergleich in der Praxis », *JuS* 1986, p. 41; H. Prünting, Richterliche Gestaltungsspielräume für alternative Streibehandlung, *AnwBl.* 2000, p. 273.

26. V. *BGB Handkommentar*, 3e éd., 2003, Nomos éd., Baden, Baden, § 779, n° 1, par Staudinger.

27. V. § 796a ZPO. Avec l'accord des parties, la transaction conclue par un avocat peut être déposée entre les mains d'un notaire et être déclarée exécutoire par ce dernier; v. § 796c ZPO.

28. V. C. féd. Justice (BGH), 8e civ., 3 décembre 1980, *BGHZ* 79, p. 74.

29. En ce sens, *BGB Handkommentar*, 3. Aufl. 2003, Nomos éd., Baden, Baden, § 779, n° 11, par Staudinger; O. Jauernig, *Zivilprozessrecht*, 27e éd., Munich, Beck éd., 2002, § 48, p. 192; H.-J. Musielak, *Grundkurs ZPO*, 8e éd., Munich, Beck éd., 2005, n° 281.

30. La transaction judiciaire peut être conclue avec une réserve de révocation (*Widerrufsvorbehalt*) qui est alors analysée comme une condition suspensive, v. C. féd. Justice, 9e civ., 27 oct. 1983, BGHZ 88, p. 366 et s.

streit) et donc la litispendance prennent fin en tout ou partie[31]. En outre, conformément au § 794 ZPO (Code allemand de procédure civile), la transaction judiciaire, si elle a un contenu susceptible d'exécution, constitue un titre exécutoire[32].

La transaction judiciaire se définit de la façon suivante : il s'agit d'un acte respectant les conditions légales de validité des actes de procédure mais aussi des contrats. Elle doit être conclue entre les parties, devant un tribunal allemand au cours d'une instance pendante. La transaction judiciaire doit trancher au moins partiellement le litige porté devant le tribunal, et les parties doivent avoir la libre disposition des droits litigieux. Enfin, comme en droit commun de la transaction, le contrat doit contenir des concessions réciproques de la part des parties en litige[33].

La transaction au sens de solution amiable trouvée par les parties à un litige est de plus en plus favorisée par le législateur allemand qui, ces dernières années, a même imposé une phase obligatoire de conciliation avant que le litige puisse être tranché par le juge civil.

L'Allemagne est un État fédéral qui se compose de seize États fédérés (*Länder*). Tenant compte de cette organisation politique, le § 15a EGZPO (loi d'application du Code allemand de procédure civile) dispose qu'une loi régionale peut prévoir qu'une action en justice ne sera recevable qu'après qu'il aura été tenté de mettre fin au litige de façon amiable par un organe de conciliation établi ou reconnu par l'administration de la justice du *Land*. Ceci ne s'applique pas à toutes les affaires civiles mais seulement à certaines d'elles : litiges patrimoniaux portés devant les tribunaux cantonaux (*Amtsgerichte*, équivalents des tribunaux d'instance français) lorsque la valeur du litige ne dépasse pas 750 euros ; litiges en matière de voisinage[34] ; litiges en matière d'atteinte au droit à l'honneur, dès lors que l'atteinte n'a pas été commise par voie de presse ou de radio[35]. Le § 15a, alinéa premier, phrase 2 EGZPO prévoit que

31. La transaction extrajudiciaire, elle, ne produit pas cet effet extinctif d'instance, v. C. féd. Justice (BGH), 3e civ., 7 mars 2002, *JZ* 2002, p. 722 avec note Jacoby.

32. En revanche, une transaction extrajudiciaire ne produit pas d'effet direct sur le procès. La partie qui entend faire valoir des droits découlant de la transaction doit l'invoquer expressément dans l'instance. Si les parties sont convenues dans la transaction que le demandeur doit retirer sa demande en justice, la demande — si elle est maintenue — devra être écartée comme irrecevable par le tribunal ; v. H.-J. Musielak, *Grundkurs ZPO*, 8e éd., Munich, Béck éd., 2005, no 282.

33. Sur toutes ces conditions, v. H.-J. Musielak, *Grundkurs ZPO*, 8e éd., Munich, Béck éd., 2005, no 282.

34. Au sens des § 906, 910, 911 et 923 du BGB ainsi que selon les lois régionales au sens de l'article 124 de la loi d'application du BGB (EGBGB), à condition toutefois que le litige ne porte pas sur les conséquences produites par une activité économique.

35. V. § 15a no 1, 2 et 3 EGZPO. L'alinéa 2 du § 15a écarte l'application de la règle de tentative de conciliation obligatoire dans différentes hypothèses : suite à condamnation à des obligations à exécution successive, dès lors qu'intervient une modification importante de la situation sur laquelle s'est fondé le premier jugement, l'action invoquant cette modification (§ 323 ZPO) ne doit pas impérativement être précédée d'une tentative de conciliation ; il en va de même d'une nouvelle demande tendant, elle, suite à un jugement intervenu, à obtenir une garantie (§ 324 ZPO) ; ne nécessite pas non plus de tentative préalable de conciliation l'action en *exequatur* d'un jugement étranger (§ 328 ZPO). Ne sont pas davantage soumis à une telle tentative préalable les litiges de droit de la famille, les actions en révision, les actions fondées sur des actes authentiques ou des lettres de change, l'action

le demandeur doit accompagner sa demande en justice portée devant le tribunal civil d'une attestation délivrée par l'organe de conciliation, attestation énonçant que la tentative de conciliation entreprise n'a pas abouti.

Si, suite à la tentative de conciliation devant l'organe prévu ou habilité par le *Land*, les parties transigent, la transaction est considérée comme un *Vergleich* au sens du § 794 alinéa premier, 1° ZPO, c'est-à-dire qu'elle vaut comme titre exécutoire.

Le § 794, alinéa premier, 1° ZPO énonce en effet que l'exécution forcée peut être poursuivie notamment sur le fondement « des transactions qui ont été conclues, devant un tribunal allemand ou un organisme de conciliation établi ou reconnu par l'administration régionale de la justice, entre les parties ou entre les parties et un tiers afin de mettre fin totalement ou partiellement à la contestation ». Il en va de même des transactions qui ont été enregistrées par le juge civil en vertu des § 118, alinéa premier, phrase 3 ou 492 alinéa 3 ZPO. Le § 118 ZPO dispose que le tribunal civil peut convoquer les parties à une audience destinée à évoquer l'affaire lorsqu'une conciliation est vraisemblable; la transaction conclue entre les parties fait alors l'objet d'un procès-verbal dressé par le juge[36]. Le § 492 ZPO a le même contenu, mais concerne, lui, la phase d'administration de la preuve qui, en droit allemand, est souvent plus longue qu'en France car, en général, les témoins sont entendus directement par le tribunal et ne se limitent pas à des attestations écrites.

Alors que le § 15a EGZPO donne aux *Länder* (États fédérés) la possibilité d'instituer cette phase préalable de conciliation obligatoire pour certains types de litiges[37], le Code allemand de procédure civile, modifié en ce sens par la grande réforme de la procédure civile du 27 juillet 2001[38], contient une disposition beaucoup plus large prévoyant qu'il relève de l'office du juge de tenter de concilier les parties à toute étape de la procédure : il s'agit du § 278 ZPO (alinéa premier : « *Das Gericht soll in jeder Lage des Verfahrens auf eine gütliche Beilegung des Rechtsstreits oder einzelner Punkte bedacht sein* » : à tout niveau de la procédure, le tribunal doit s'efforcer d'atteindre une solution amiable du litige ou de certains points de celui-ci). À cette fin, l'audience (*mündliche Verhandlung*) est précédée d'une phase de conciliation (*Güteverhandlung*), sauf toutefois si une tentative de conciliation (*Einigungsversuch*) a déjà eu lieu devant un organe extrajudiciaire ou si la tentative de conciliation ne présente manifestement aucune chance de succès (« *erkennbar aussichtslos erscheint* »)[39].

---

au fond suivant une procédure débutée par une demande d'injonction de payer, ou encore les actions tendant à l'obtention de mesures d'exécution forcée.

36. « *Das Gericht kann die Parteien zur mündlichen Erörterung laden, wenn eine Einigung zu erwarten ist; ein Vergleich ist zu gerichtlichem Protokoll zu nehmen* ».

37. Il convient de signaler qu'au 1er avril 2005, huit des seize Länder allemands avaient fait usage de cette possibilité offerte par le § 15a EGZPO : Bade-Wurtemberg, Bavière, Brandebourg, Hesse, Rhénanie du Nord-Westphalie, Sarre, Saxe-Anhalt et Slesvig-Holstein.

38. Cette réforme est entrée en vigueur le 1er janvier 2002. Elle reconnaît une place encore plus grande qu'auparavant aux modes alternatifs de règlement des litiges (*alternative Streitbeilegungsmechanismen*) et entend favoriser les transactions entre les parties.

39. § 278, alinéa 2 ZPO.

Lors de la tentative de conciliation devant le juge civil, ce dernier doit aborder avec les parties les faits et questions de droit litigieux, en appréciant librement tous éléments ; le juge doit également, si cela s'avère nécessaire, poser des questions aux parties. Les parties doivent en principe comparaître personnellement et être entendues directement par le juge[40].

La conclusion d'une transaction judiciaire est facilitée par la réforme de la procédure civile du 27 juillet 2001. En effet, indépendamment de l'initiative du juge de chercher une solution amiable au litige opposant les parties, il est possible à ces dernières de soumettre au tribunal une proposition de transaction écrite, ou encore d'accepter dans leurs conclusions la proposition de transaction émanant du tribunal (§ 278, alinéa 6 ZPO). Le tribunal constate alors par jugement l'existence et le contenu de la transaction intervenue entre les parties. Auparavant, le juge devait nécessairement organiser une audience afin que soit dressé procès-verbal de la transaction intervenue entre les parties, alors que depuis la réforme de 2001, les parties peuvent aussi conclure la transaction par simple dépôt de conclusions en ce sens[41].

Il n'est pas reconnu à la transaction judiciaire force de chose jugée (*Rechtskraft*)[42].

Si la transaction est nulle en raison de vices de procédure de l'acte procédural la contenant, son contenu de droit substantiel demeure valable en tant que transaction extrajudiciaire si cela correspond à la volonté des parties[43]. Le procès devant la juridiction civile n'est alors pas terminé et est poursuivi à la requête d'une des parties.

La nullité de la partie de droit matériel de la transaction met fin à l'effet extinctif de la transaction judiciaire.

En Allemagne, il n'est pas rare que le juge joue un rôle actif dans la transaction qui interviendra entre les parties. La doctrine[44] constate ainsi que, même si le juge ne devrait pas exercer de pression quelconque sur les parties afin qu'elles se concilient, il n'est pas rare que les magistrats allemands incitent vivement les parties à le faire, se promettant ainsi un jugement de moins à rédiger et des statistiques flatteuses quant au nombre d'affaires réglées.

---

40. § 278, alinéa 2 *in fine* et alinéa 3 ZPO. Toutefois, l'alinéa 6 du § 278 ZPO prévoit que le juge civil peut renvoyer les parties devant un autre juge aux fins de tentative de conciliation ; il peut également proposer aux parties une conciliation ou une médiation extrajudiciaire.

41. V., H.-J. Musielak, *Grundkurs ZPO*, 8e éd., Munich, Beck éd., 2005, n° 282 : la procédure habituelle est la suivante : lorsque la transaction est conclue devant le tribunal saisi du litige, elle doit faire l'objet d'une déclaration lors de l'audience publique et être transcrite dans le procès-verbal des débats. Le procès-verbal est ensuite lu aux parties ou leur est présenté afin qu'elle donnent leur accord, puis le juge et le greffier le signent. Depuis la loi de modernisation de la justice, les parties peuvent désormais elles-mêmes également présenter au tribunal une proposition de transaction même dans les procédure écrites, par voie de conclusions.

42. V. BGB *Handkommentar*, *op. cit.*, § 779, n° 12, par Staudinger.

43. C. féd. Justice (BGH), civ. 4b, 24 octobre 1984, *NJW* 1985, p. 1963.

44. V. notamment H.-J. Musielak, *Grundkurs ZPO*, 8e éd., Munich, Beck éd., 2005, n° 280, note 62. L'auteur relève que la pratique témoigne de fréquentes pressions exercées sur les parties afin qu'elles concluent une transaction. Une étude sociologique a d'ailleurs été conduite en Suisse sur cette question, dont les résultats — aux dires de H.-J. Musielak — pourraient être étendus aux juridictions allemandes, v. U. Egli, *Vergleichsdruck im Zivilprozess*, Duncker & Humblot, Berlin, 1996.

Au Royaume-Uni, le juge a un rôle un peu moins actif dans la recherche d'une conciliation. Certes, il peut prendre l'initiative de proposer une transaction aux parties. Mais même en dehors d'une telle initiative du juge, les parties, par des règles légales très incitatives, savent qu'une mauvaise transaction vaut mieux qu'un bon procès et prennent souvent elles-mêmes l'initiative d'un règlement négocié du différend.

II. LA TRANSACTION EN DROIT ANGLAIS ET SON INFLUENCE SUR LE DROIT INTERNATIONAL

Le droit anglosaxon — qu'il soit anglais ou américain — est traditionnellement favorable aux modes alternatifs de règlement des litiges et notamment à la transaction entre les parties une fois l'action en justice engagée.

En 1996 fut rendu le *rapport Woolf* relatif à l'accès à la justice. Ce rapport critiquait la durée excessive des procès, leur coût trop élevé ainsi que la terminologie procédurale incompréhensible pour le citoyen. Le rapport proposait d'utiliser la procédure sommaire des *small claims* pour de plus en plus de litiges jusqu'à 5 000 livres, de créer une procédure rapide *(fast track)* à coûts fixes et plafonnés, avec une mise en état limitée à trente semaines et une seule expertise, enfin l'instauration de procédures multiples pour les autres affaires, qui seraient placées sous contrôle judiciaire. Les affaires complexes devaient faire l'objet d'un renforcement des pouvoirs du juge *(Judicial case management)*, le juge pouvant ordonner d'office certaines mesures à condition de donner aux parties la possibilité de présenter leurs observations. Les objectifs de la réforme sont de trouver des moyens de traiter justement les différentes affaires, ce qui inclut l'égalité des parties, la limitation des dépenses de justice, le traitement des affaires en proportion de l'enjeu monétaire, de l'importance de l'affaire, de sa complexité ainsi que de la situation financière des parties, enfin un traitement rapide et équitable de l'affaire. Ces considérations se rapprochent largement de celles qui ont été retenues en France et en Allemagne; cette dernière a ainsi instauré le principe de concentration et d'accélération de la procédure, tout en consacrant la règle d'équité du procès. Le juge ne resterait ainsi plus un simple arbitre, mais deviendrait actif sur le modèle du juge français de la mise en état. Parmi les obligations en douze points énoncées dans le rapport *Woolf* dans le cadre d'une direction active du procès par la juridiction, figurent celles de relever très vite les points nécessitant des investigations importantes et d'encourager les parties à transiger. La recommandation de traiter l'affaire sans que les parties doivent nécessairement être présentes semble dangereuse au regard du contradictoire, encore que le texte ne mentionne pas précisément de quels aspects et mesures de la procédure il peut s'agir là. Certains auteurs ont critiqué certains aspects du projet en faisant valoir que la recherche de la justice et de la vérité passerait au second plan au profit d'un souci d'efficacité.

Il y a quelques années, le projet de réforme de la procédure civile anglaise dénommé habituellement « *Woolf Reforms* » est devenu loi : le *Civil Procedure Act* a été adopté en 1997 ; de nouvelles *Civil Procedure Rules* ont été rédigées et sont, avec de nouvelles *Practice Directions and forms*, entrées en vigueur le 26 avril 1999[45].

La faveur que le droit anglais accorde au *settlement* entre les parties (A) apparaît très nettement dans le traitement procédural réservé à ces accords ou tentatives d'accord en vue d'une solution amiable du litige (B). Convaincus de l'utilité d'inciter les parties à trouver elles-mêmes une solution négociée à leur différend, les principes ALI/Unidroit de procédure civile transnationale contiennent eux aussi des règles favorisant le *settlement* des parties, avec possibles sanctions en cas d'abus du droit de refuser de transiger (C).

A. La faveur accordée au *settlement*

Le droit anglais accorde une place de choix au « *settlement* »[46], qui est largement utilisé par les parties puisque seulement environ 2 % de l'ensemble des demandes formées devant les juridictions civiles aboutissent finalement à un jugement[47], toutes les autres faisant l'objet d'un désistement suite à une transaction entre les parties. Un auteur fait d'ailleurs remarquer que si le taux élevé d'accords négociés entre les parties venait à baisser même d'1 ou de 2 % seulement, tout le système juridictionnel anglais serait placé sous une « très grande pression »[48] et les délais de résolution des affaires, tout comme leur coût, augmenteraient. Le principe est donc que « *settlement should be promoted* » (la transaction doit être favorisée), ce que Lord Woolf avait exprimé en énonçant que « *the philosophy of litigation should be primarily to encourage early settlement of disputes* »[49].

Toutefois, comme le relève également la doctrine allemande, le tribunal lui-même ne doit pas activement s'efforcer de convaincre les parties d'accepter moins que la loi ne leur accorde[50].

Le droit anglais des contrats admet la transaction (*compromise*) comme outil d'une utilité générale incontestée pour éviter le procès[51]. Il convient toutefois que la transaction soit sincère et véritable, conclue librement par les parties, sans que des informations essentielles aient été cachées à l'une d'elle et sans qu'une partie bénéficie d'un avantage indu[52].

---

45. V., I. Grainger et M. Fealy, *An Introduction to the New Civil Procedure Rules*, Cavendish, 1999.
46. V. notamment les longs développements sur ce sujet dans l'ouvrage de N. Andrews, *English Civil Procedure*, Oxford Univ. Press, 2003, pp. 539 et s.
47. V., N. Andrews, « The Pursuit of Truth in Modern English Civil Proceedings », *ZZP Int.* 8 (2003), p. 72.
48. V., N. Andrews, *English Civil Procedure*, *op. cit.*, p. 539.
49. Lord Woolf, *Access to Justice : Interim Report*, 1995, Chap. 2, parag. 7 (a).
50. V. en ce sens J.A. Jolowicz (1988) 8 LS 111, 119.
51. V., J. Beatson, *Anson's Law of Contrat*, 27e éd., Oxford Univ. Press 1998, p. 99.
52. V. *Colchester B.C. v. Smith* [1992] Ch. 421, p. 435. Pour des nuances quant à la force obligatoire de la transaction dans l'hypothèse où une des parties n'avait en réalité aucun droit et le savait parfaitement, v. J. Beatson, *Anson's Law of Contrat*, 27e éd., Oxford Univ. Press 1998, p. 100 (pas de

Les règles anglaises de procédure (*rules and pratices)* favorisent la solution amiable du litige entre les parties de multiples façons[53] : tout d'abord par les *Pre-action Protocols*[54], également par la règle selon laquelle le gagnant peut voir ses frais de procédure remboursés par le perdant[55], ou encore par la partie 36 des *Civil Proce-*

---

force obligatoire dans une telle situation, alors qu'il en va différemment lorsqu'il n'est pas prouvé que la partie connaissait son absence de droit; v. *Callisher v. Bischoffsheim* [1870] LR 5 QB 449, p. 452; v. aussi *Wigan v. Edwards* [1973] 1 ALR 497).

53. L'esprit de la réforme consiste à envisager le procès comme le lieu ultime de résolution des litiges, faveur devant être donnée à la transaction entre les parties. C'est ainsi qu'ont été introduits des *pre-action-Protocols* prescrivant aux parties certains comportements avant le commencement du procès lui-même, dans le but de faciliter les échanges d'informations (les *pre-action-Protocols* ont pour but « *— to encourage the exchange of early and full information about the prospective legal claim, — to enable parties to avoid litigation by agreeing a settlement on the claim before the commencement of proceedings ; — to support the efficient management of proceedings where litigation cannot be avoided* ») et peut-être ainsi de permettre la conclusion, plus rapide et plus facile d'une transaction (*settlement*) ; la partie qui ne respecterait pas le protocole serait pénalisée par la Cour sur le plan des frais de justice. L'idée est de donner aux parties l'occasion de davantage de contacts avant l'action en justice, d'un échange d'informations et de preuves plus tôt et plus complet, ceci afin de permettre aux parties d'apprécier davantage les chances de succès de l'action et de juger l'intérêt d'une transaction à la place du procès. Ces *Pre-action Protocols* s'appliquent dans un certain nombre de domaines juridiques (construction, diffamation, atteintes corporelles, responsabilité médicale, négligence professionnelle *etc.* V., N. Andrews, « The Pursuit of Truth in Modern English Civil Proceedings », *ZZP Int.* 8 (2003), p. 84) ; le tribunal se voit autoriser à ordonner la production de documents.

54. Une des innovations des nouvelles règles anglaises de procédure civile consiste en effet à imposer, dans de nombreux types de litiges, des *pre-action protocols* dont le but est essentiellement de permettre aux parties d'éviter le procès en transigeant avant même le début de la procédure ; v. *Practice Directions : Protocols*, 1.4. V. Par exemple, le *pre-action protocol* en matière de *Personal Injury Claims*, § 2.13 : « ... parties should bear in mind that the courts increasingly take the view that litigation should be at last resort, ant that claims should not be issued prematurely when a settlement is in reasonable prospect ». Les *pre-action Protocols* prévoient notamment que les parties doivent s'échanger des informations sur tous éléments, moyens de preuve qu'elles entendent utiliser dans le procès afin que chacune d'elles soit en mesure d'apprécier l'utilité d'un procès et les avantages d'une transaction. Si les parties ne respectent pas les obligations mises à leur charge par le *pre-action Protocol* applicable, elles peuvent se voir condamner à des sanctions pécuniaires.

55. Ce qui n'est pas toujours le cas en droit anglo-saxon. Ainsi, en droit américain, chaque partie supporte en principe elle-même ses frais de procédure et d'avocat. Il en va de même en droit chinois ou japonais, v. Principes ALI/Unidroit de procédure civile transnationale, commentaire P-25A sous le principe 25 (« Le remboursement des frais d'avocat est la règle qui prévaut dans la plupart des systèmes juridiques ; elle ne s'applique toutefois pas en Chine, au Japon ni aux États-Unis. Dans certains systèmes juridiques, le montant des frais accordés à la partie gagnante est fixé par un officier judiciaire expérimenté et est souvent inférieur aux honoraires que la partie gagnante doit verser à son avocat. Dans d'autres systèmes, le montant accordé à la partie gagnante est déterminé par les règles en matière d'honoraires. Dans certains types de litiges, la règle de répartition des honoraires est contestée, mais elle est en général considérée comme appropriée dans les différends commerciaux et est en général stipulée dans les contrats commerciaux. »). Le principe 25 énonce : « 25.1 La partie gagnante a en principe droit au remboursement de la totalité ou au moins d'une partie substantielle des frais raisonnablement engagés. Le terme « frais » comprend les frais de justice, du personnel judiciaire tels que des greffiers, les frais relatifs par exemple à l'expertise et les honoraires d'avocat.

25.2 À titre exceptionnel, et en présence de motifs évidents, le tribunal peut refuser ou limiter le remboursement des frais accordés à la partie gagnante. Le tribunal peut limiter ce remboursement aux dépenses qui auraient dû être engagées dans un tel litige et sanctionner une partie gagnante qui a soulevé des questions non pertinentes ou qui s'est rendue coupable d'un quelconque abus de procédure. Lorsqu'il prend des décisions concernant les frais, le tribunal peut tenir compte les fautes commises par les parties au cours de l'instance ».

dure Rules qui prévoit des paiements auprès du tribunal ou des offres de transaction émanant d'une partie. Il est également possible aux parties d'utiliser le « *evidential privilege of without prejudice communications* » afin d'interdire l'usage à des fins probatoires, dans la procédure contentieuse, d'éléments et déclarations communiqués lors de négociations de bonne foi en vue d'une solution amiable du différend[56].

De façon générale, les *Civil Procedure Rules* (CPR) considèrent qu'il entre dans la mission du juge d'un « *active case-management* » d'encourager les transactions et autres modes alternatifs de règlement des litiges entre les parties[57]. Les magistrats anglais eux-mêmes s'expriment souvent, dans leurs décisions ou dans d'autres publications, de façon extrêmement enthousiaste à propos des modes alternatifs de règlement des litiges[58], considérés comme présentant les avantages de la discrétion, d'éviter l'hostilité entre les adversaires provoquée par un procès, de flexibilité, de permettre aux deux parties de sauver la face et enfin de favoriser une réconciliation entre elles[59].

Il arrive ainsi que le tribunal anglais suggère aux parties de recourir aux « *ADR* » (*alternative dispute resolution*). Dans un premier temps, la Court of Appeal avait jugé que le demandeur ne commettait pas un abus de procédure en négligeant de poursuivre une telle procédure informelle de recherche de solution amiable[60]. Mais deux ans plus tard, en 2002[61], elle modifia sa position et jugea que les parties avaient une obligation de poursuivre des modes alternatifs de résolution du litige et de ne pas les écarter d'office, notamment lorsque la juridiction saisie du litige avait insisté elle-même sur l'utilité d'une telle procédure dans l'affaire. La Court of Appeal décida que la partie qui avait introduit l'instance et refusé une recherche de solution amiable serait sanctionnée par le non remboursement de ses frais de procédure alors même qu'elle avait gagné en première instance comme en appel.

Si le droit anglais accorde une telle place au *settlement* entre les parties, c'est notamment en raison du coût du procès civil. Comme en Allemagne en général, les témoins sont entendus directement à la barre du tribunal. Les avocats peuvent

---

56. Le « *without prejudice privilege* » signifie que la partie qui engage des négociations avec son adversaire en vue d'une transaction est protégée contre la communication obligatoire, en cas de procédure judiciaire ultérieure, des éléments évoqués lors des négociations. Ces communications faites lors d'une phase de négociation ne sont dès lors pas admissibles comme preuve (*evidence*) lors du procès ultérieur en cas d'échec des négociations. Une partie peut ainsi s'opposer à la production de ces éléments devant le tribunal. L'accord des parties portant sur le caractère confidentiel et limité à la phase de négociation des discussions ou communications peut être exprès ou implicite, v. N. Andrews, *English Civil Procedure, op. cit.*, n° 25.03 et la jurisprudence citée. Un important arrêt de la Court of Appeal a toutefois énoncé huit exceptions dans lesquelles le « *privilege* » ne s'appliquait pas, voir *Unilever plc* v. *The Procter and Gamble Co* [2000] 1 WLR 2436, 2444, CA et N. Andrews, *English Civil Procedure, op. cit.*, n° 25.33.

57. V. CPR 1.4 (2)f et 1.4 (2) e. Le tribunal peut en outre suspendre la procédure afin que les parties aient recours à un mode alternatif de résolution des litiges, v. N. Andrews, *English Civil Procedure, op. cit.*, n° 23.06 et n° 23.17 et s.

58. V. les références citées par N. Andrews, *English Civil Procedure, op. cit.*, n° 23.15.

59. En ce sens, N. Andrews, *English Civil Procedure, op. cit.*, n° 23.25.

60. *Axa Insurance Co Ltd v. Swire Fraser Ltd* [2000] CPLR 142, CA.

61. *Dunnett v. Railtrack plc (Practice Note)*, [2002] 1 WLR 2434, CA, §§ 13 et s.

procéder à une *cross examination* de chaque témoin. Devant cette lourde et longue administration de la preuve, il n'est pas rare qu'un procès civil dure plusieurs jours, voire plusieurs semaines[62]. Il n'est pas possible d'accorder tout ce temps à toutes les affaires civiles. C'est pourquoi la réforme Woolf s'est efforcée de simplifier et de raccourcir la procédure.

B. Le traitement procédural du *settlement*

1. Formes possibles de l'accord entre les parties

Les *Civil Procedure Rules* (CPR) contiennent une partie spéciale intitulée *Part 36 : Offers to settle and payments into Court*. Ces dispositions permettent au défendeur de faire un paiement auprès du tribunal (*payment into court*)[63] une fois l'instance engagée, afin de transiger. Elles permettent aussi au demandeur et au défendeur de faire des offres de transaction (*offer to settle*). Une telle offre doit être écrite (36.5) et peut porter sur tout ou partie du litige. Elle doit en principe être maintenue pendant vingt et un jours, mais elle peut être révoquée, comme l'admet le droit commun des contrats.

Le destinataire de l'offre doit peser soigneusement les risques qui existent de ne pas accepter l'offre, car si le jugement rendu par le tribunal s'avérait moins avantageux que l'offre de transaction, la partie qui a refusé « de façon déraisonnable » (*unreasonably*) ladite offre aurait à supporter une sanction pécuniaire relative aux frais de la procédure.

L'offre de transaction ou le montant versé auprès du tribunal n'est pas communiqué au juge dans un premier temps; il ne le sera que si l'offre est refusée par son destinataire et que le tribunal doit alors trancher le litige. Une fois que le juge aura rendu son jugement sur le fond, il pourra alors prendre connaissance de l'offre de

---

62. Il convient de mentionner *l'oralité de la procédure*, particulièrement marquée. Les moyens et témoignages ainsi que les autres moyens de preuve (la preuve est dénommée *evidence*, v. sur ce sujet notamment S. Cross and R. Wilkins, *Outline of the Law of Evidence*, 6e éd., Londres, Butterworths éd., 1986) sont exposés un à un et par oral lors de l'audience appelée *trial*, qui est plus longue qu'en France (Pour un aperçu de la procédure civile anglaise avant la dernière réforme, v. S. Poillot-Peruzzetto, *Guide pratique de la procédure civile anglaise*, Paris, Litec, 1989). La preuve testimoniale est placée au sommet de la hiérarchie des preuves, alors qu'en droit français, c'est la preuve écrite qui occupe cette place. La méthode anglaise consiste à faire confiance, dans une certaine mesure, aux parties, pour ensuite vérifier leur crédibilité, v. X. Lagarde, « La preuve en droit », in *Le temps des savoirs* 2003. n° 5. 119. Une partie peut être témoin en sa propre cause. V. pour l'importance considérable des auditions des témoins à la barre du tribunal N. Andrews, « The Pursuit of Truth in Modern English Civil Proceedings », ZZP *Int.* 8 (2003), 69, spéc. 94 et s.

63. V., CPR 36.6 : le défendeur qui réalise un paiement auprès du tribunal doit notamment remplir un document précisant le montant versé, et indiquer si ce montant concerne la totalité du litige ou seulement une partie de celui-ci. Il doit notifier cette proposition au demandeur. Sur le délai pour accepter l'offre du défendeur, v. CPR 36.11 ; pour l'offre émanant du demandeur, v. 36.12.

transaction qui avait été formulée et statuera sur les frais de procédure en fonction du caractère raisonnable ou non du refus de transiger de la partie qui était destinataire de l'offre. Le juge pourra condamner le demandeur à payer les frais de procédure du défendeur[64] si le premier a refusé de transiger et que le tribunal n'a pas prononcé un jugement plus favorable que les termes de l'offre de transaction[65]. Il ne s'agit pas là d'une sanction automatique, car le juge a un pouvoir d'appréciation et doit tenir compte du caractère équitable ou non qu'aurait l'éventuelle sanction en matière de frais de procédure.

Le système instauré par la Part 36 des *Civil Procedure Rules* est extrêmement efficace car les parties réfléchissent longuement avant de refuser une offre de transaction de l'adversaire. La sanction possible de condamnation à payer tout ou partie des frais de procédure est lourde et contribue à désencombrer le rôle des tribunaux. Les juridictions anglaises considèrent ainsi que lorsque le jugement rendu n'accorde pas au demandeur davantage que ce que proposait le défendeur par son paiement auprès du tribunal, il doit être considéré que le demandeur est la partie perdante à compter du jour où il aurait dû accepter l'offre de transaction. Cette présomption peut toutefois être écartée dans des cas particuliers[66], notamment lorsque l'absence de communication de certaines informations de la part du défendeur a sérieusement diminué la capacité du demandeur à apprécier le caractère raisonnable du paiement réalisé auprès du tribunal.

Inversement, si c'est le défendeur qui a refusé l'offre de transaction émanant du demandeur et qu'il a été condamné à davantage par le tribunal, ce dernier peut notamment assortir sa condamnation d'intérêts à un taux maximal de 10 % au-dessus du taux de base pour la période suivant la date ultime à laquelle le défendeur aurait pu accepter l'offre sans avoir besoin de l'autorisation du tribunal[67]. Là encore, le juge dispose d'un pouvoir d'appréciation dans l'application des sanctions légalement admises et de leur portée.

Indépendamment de ces règles spécifiques de la Partie 36 des *Civil Procedure Rules*, une solution amiable du litige peut être atteinte de diverses manières : par une transaction pure et simple entre les parties (*pure agreement*), par un jugement de donné acte (*judgment by consent*), par une décision particulière dénommé *Tomlin order* et enfin par le désistement des deux parties au procès.

Dans le *premier cas* (hypothèse de transaction entre les parties), il convient de distinguer selon que la transaction a été conclue avant l'engagement de l'instance ou après. Dans la première hypothèse (*pre-action settlement*), si une des parties entend

64. Frais nés à compter de la date ultime à laquelle le paiement ou l'offre de transaction aurait du être accepté par le demandeur.

65. V., CPR 36.20 (2) : « Unless it considers it unjust to do so, the court will order the claimant to pay any cost incurred by the defendant after the latest date on which the payment or offer could have been accepted without needing the permission of the court ».

66. Telle est la position de la Court of Appeal, *Factortame Ltd v. Secretary of State for the Environment, Transport and the Regions* [2002] 3 WLR 1104, CA, § 23.

67. V. CPR 36.21.

rompre l'accord en formant malgré la transaction une action en justice, le tribunal suspendra la procédure (*stay of the action*), ou bien le défendeur invoquera en défense le fait que l'action a été formée en violation du contrat de transaction (*in breach of the settlement agreement*).

Dans le cas où la transaction est conclue après l'ouverture de la procédure, les principes généraux du droit des contrats s'appliqueront également. L'action demeurera pendante devant le tribunal jusqu'à ce qu'une des parties demande à ce dernier de rejeter la demande (*dismiss*) ou jusqu'à ce que le tribunal lui-même radie l'affaire pour défaut d'accomplissement des actes de procédure.

Le *jugement de donné acte* (*judgment by consent*) est en droit anglais délivré non pas par le juge lui-même, mais par le greffe du tribunal. Il s'agit davantage d'un acte administratif que juridictionnel[68]. Une fois le *judgement by consent* délivré, la transaction entre les parties ne peut plus être contestée que par deux moyens : 1° par la voie d'un *appeal* pour lequel la partie requérante doit obtenir une autorisation ; 2° par une nouvelle action au fond tendant à contester le jugement par exemple pour fraude ou pour erreur.

Le *Tomlin order* est utilisé dans les cas où la transaction a un contenu complexe et donne lieu à la procédure suivante : les parties sollicitent d'un commun accord du tribunal un *stay of the proceedings* (suspension de la procédure) sous la condition que chaque partie respecte les obligations mises à sa charge dans le délai qui lui est imparti dans la transaction. Si une des parties est défaillante, la partie adverse saisira alors le tribunal aux fins d'obtenir un jugement condamnant le débiteur à exécuter les obligations spécifiques qui étaient contenues dans le *Tomlin order's schedule*. L'intérêt de cette procédure est de maintenir confidentiel le contenu de l'accord intervenu entre les parties ; en outre, l'exécution de la transaction peut être réalisée dans le cadre même de l'action intentée, par le biais d'une procédure rapide (*summary procedure*). Toutefois, le *Tomlin's order* n'est pas un jugement au sens strict du terme ; il se contente d'ordonner la suspension (*stay*) de l'action, si bien qu'il ne peut lui-même faire l'objet d'une exécution directe.

Enfin, la *dernière possibilité* offerte aux parties qui sont parvenues à transiger sur le différend qui les opposait, consiste, de la part des deux adversaires, à demander conjointement le *dismissal by consent* de l'action (c'est-à-dire de prononcer un rejet).

C'est seulement dans ce dernier cas et dans celui d'un jugement de donné acte (*judgment by consent*) qu'une partie se voit interdire, sur le fondement de l'*estoppel* (interdiction de se contredire aux dépens d'autrui) d'intenter une nouvelle action en justice pour les mêmes faits à l'encontre de la partie avec laquelle elle a conclu la transaction. Toutefois, dans le cas d'un *Tomlin order*, si une des parties forme à nouveau une action en justice, cette action sera considérée comme une violation du contrat de transaction et le défendeur pourra demander la suspension de la procé-

68. En ce sens N. Andrews, *English Civil Procedure*, *op. cit.*, n° 23.37.

dure (*stay*), des indemnités de frais de procédure et des dommages-intérêts à la partie demanderesse à la nouvelle instance.

2. Nullité et limites de la transaction

Le tribunal peut prononcer la nullité de la transaction intervenue entre les parties sur divers fondements tels que l'erreur provoquée (*misrepresentation*)[69], l'influence illégitime (*undue influence*)[70] ou encore *duress* (contrainte, violence)[71].

Dans un arrêt important de 1998, la *House of Lords*[72] a jugé que la transaction ne pouvait rendre irrecevable toute nouvelle action de la part d'une des parties, dès lors que la nouvelle action portait sur des prétentions qui n'avaient pu être envisagées au moment de la conclusion de la transaction (en l'espèce, un dommage avait été subi par un salarié qui avait été licencié par son employeur — une banque — ; le salarié avait conclu une transaction avec ce dernier puis, plusieurs années plus tard, avait intenté une action en vue de l'indemnisation du dommage causé par l'impossibilité de retrouver un emploi en raison de la très mauvaise réputation acquise entre-temps par la banque suite à de graves infractions pénales dont elle s'était rendue coupable). Par cette décision, la Chambre des Lords laisse une porte ouverte à une action postérieure fondée sur un dommage par exemple que les parties n'avaient pu envisager lors de la conclusion de la transaction. Il est donc particulièrement important que le contrat de transaction soit rédigé en termes précis et détaillés permettant de cerner ce que les parties ont entendu couvrir par leur accord.

Il apparaît que les « *settlements* » sont très répandus en droit anglais et font réellement partie de la pratique judiciaire et extrajudiciaire dominante. Les auteurs des principes ALI/Unidroit de procédure civile transnationale ont entendu eux aussi exprimer cette faveur faite à la transaction et à la conciliation entre les parties, s'inspirant sur ce point de la tradition anglo-saxonne davantage que de celle des pays de droit civil.

---

69. La *misrepresentation* constitue un moyen de défense contre l'exécution d'un contrat. Elle consiste en des affirmations fausses d'une partie ayant incité l'autre partie, en provoquant une représentation fausse de la réalité, à contracter ; cette notion est proche de celle de dol du droit français, mais il est possible que la *misrepresentation* soit faite sans intention frauduleuse de son auteur (distinction entre *fraudulous* et *innocent misrepresentation*), v. Ch. Rossini, *English as a Legal Language*, Kluwer international 1998, p. 20. V. aussi J.-C. Smith, *The Law of Contract*, Londres, Sweet & Maxwell 1989, pp. 128 et s. ; J. Beatson, *Anson's Law of Contract*, 27ᵉ éd. 1998, Oxford Univ. Press, pp. 232 et s.

70. V., J. Beatson, *Anson's Law of Contract*, 27ᵉ éd. 1998, Oxford Univ. Press, pp. 279 et s. : "It can be shown that one party exercised such domination over the mind and will of the other that the latter's independence of decision was substantially undermined, ad this domination brought about the transaction, the victim will be entitled to relief on the ground of undue influence" (p. 279).

71. V., J. Beatson, *Anson's Law of Contract*, 27ᵉ éd. 1998, Oxford Univ. Press, pp. 271 et s. ("A contract which has been induced by unlawful or illegitimate forms of pressure or intimidation is voidable on the ground of duress").

72. *Mahmud* v. *BCCI* [1998] AC 20, HL.

C. La transaction et les principes ALI/Unidroit de procédure civile transnationale : l'influence du droit anglo-saxon

Les principes ALI/Unidroit de procédure civile transnationale ont été adoptés en 2004 par l'American Law Institute et par Unidroit, organisme pour l'unification du droit privé. Ces Principes, qui n'ont aucune portée obligatoire et sont laissés à la libre adoption des États intéressés[73], consacrent les solutions anglo-saxonnes[74] en matière de transaction et de conciliation.

Le principe 24 dispose ainsi : « 24. Transaction et conciliation —

24.1 Le tribunal, tout en respectant le droit des parties de poursuivre le procès, encourage la transaction et la conciliation lorsqu'elles apparaissent raisonnablement possibles.

24.2 Le tribunal favorise à tout stade de la procédure la participation des parties à des modes alternatifs de résolution du litige.

24.3 Les parties, avant et après le début du procès, coopèrent à toute tentative raisonnable de conciliation ou transaction. Dans sa décision sur les frais de procédure, le tribunal peut tenir compte du refus déraisonnable d'une partie de coopérer ou de son comportement de mauvaise foi lors des tentatives de conciliation ou transaction ».

Le commentaire qui suit ce texte précise que la formule « en respectant le droit des parties de poursuivre le procès » signifie que le tribunal ne saurait imposer une transaction aux parties ou les y contraindre. Il peut en revanche, à tout moment approprié, entamer des discussions informelles avec les parties à propos d'une éventuelle transaction ou conciliation. Le juge qui participe à des négociations en vue d'une solution amiable doit éviter de favoriser une partie. Une participation active du juge, comprenant même une proposition d'accord amiable, ne porte toutefois pas atteinte à son impartialité ni ne crée une apparence de partialité[75].

Les auteurs du texte précisent dans le commentaire que le principe 24.3 s'écarte de la tradition de certains pays dans lesquels les parties n'ont en général aucune obligation de négocier ou de prendre en compte de quelque autre façon les propositions de transaction de la partie adverse.

Comme en droit anglais, le juge a la possibilité de prononcer des sanctions pécuniaires contre la partie qui aura déraisonnablement refusé de participer à une tentative de recherche de solution amiable ou qui aurait adopté un comportement de mauvaise foi en la matière.

De façon plus générale, le principe 24 reconnaît qu'il entre dans l'office du juge de concilier les parties et que de telles tentatives peuvent être réalisées à toute étape de

---

73. V., F. Ferrand, « Les principes ALI/Unidroit de procédure civile transnationale : vers une harmonisation mondiale de la procédure civile ? », *Gaz. Pal.* 27-28 mai 2005, p. 9; v. aussi *Revue de droit uniforme* 2004, vol. 1 ; *La procédure mondiale modélisée* (sous la dir. de F. Ferrand), Paris, EJT éd. 2004, Actes du colloque de Lyon de juin 2003.

74. Pour le rôle du contrat dans les procédures en droit américain, v. notamment J. Resnik, "Procedure as Contract", 80 *Notre Dame Law Review* 2005, p. 593.

75. Commentaire P-24A.

la procédure. Ces initiatives du juge ne doivent toutefois pas porter atteinte au droit des parties de voir trancher leur litige par un tribunal. Comme en droit anglais ou américain, les parties doivent donc soigneusement peser le risque qu'elles prennent à refuser une offre de transaction.

*

* *

Pour terminer ce panorama brossé à grands traits, il convient de souligner l'utilité largement reconnue dans les droits étrangers étudiés au mécanisme de la transaction. La place faite à cette dernière en dit long sur la conception nationale de la justice, sur la prise en compte d'une analyse économique du droit et du fonctionnement de la justice étatique. Alors que le juge allemand s'efforce de susciter la transaction entre les parties et n'hésite pas à en proposer les termes mêmes, quitte parfois à exercer sur les plaideurs une pression que la doctrine a parfois considérée comme contraire à son impartialité et à sa neutralité, le juge anglais, lui, tout en pouvant inviter les parties à rechercher une solution amiable, laisse en général les parties négocier elles-mêmes, incitées en cela par de nombreuses dispositions procédurales sanctionnant le plaideur qui a refusé une offre de transaction et n'a pas obtenu un jugement plus favorable. À chaque pays sa tradition, qui pour le Royaume-Uni et l'Allemagne va dans le sens d'une valorisation toujours plus grande des solutions négociées entre les parties. La transaction a donc des effets à la fois de pacification et de désencombrement des juridictions, ce que tous les législateurs d'Europe ont reconnu en s'efforçant de promouvoir les modes alternatifs de règlement des litiges.

RAPPORT DE SYNTHÈSE

Jacques Mestre
Professeur à la Faculté de droit d'Aix-Marseille

Chers Amis,

Il est toujours difficile de présenter un rapport de synthèse, tout particulièrement lorsque les interventions ont été d'une grande richesse. Vous devinez donc aisément la difficulté qui est la mienne en cette fin de matinée... Au surplus, cet exercice a toujours quelque chose d'un peu triste puisqu'il signifie la clôture du colloque, c'est-à-dire qu'il prélude au temps des séparations !

Alors, vous me permettrez — et j'espère que les organisateurs de ce colloque ne m'en voudront pas trop de prendre une très grande liberté avec la mission qui m'a été confiée de me projeter résolument dans l'avenir. Les personnes qui me connaissent bien savent, au demeurant, que c'est essentiellement l'avenir qui m'intéresse...

Et puisque ce colloque est destiné à célébrer le 130e anniversaire de la Faculté de droit de Lyon, vous me permettrez d'envisager ce matin le 150e anniversaire (puisqu'on fête le 130e, on peut bien célébrer le 150e !). Nous voici donc, par un coup de baguette magique, en... 2025. Et me voilà, dans cette salle *Caillemer* dédiée à un grand historien du droit, chargé de présenter le rapport introductif... sur l'histoire de la transaction ! Je m'efface donc et laisse la parole à ce collègue historien du droit...

Dans l'histoire de la transaction, 1804 ne mérite guère la citation. On ne trouve rien dans le projet de Code civil, comme le déplorèrent fort justement les tribunaux d'appel et le Tribunal de cassation. Bigot-Préameneu est chargé en urgence de rédiger un texte et se tourne alors vers Pothier... Mais sans succès car, manque de chance, à la fin du dernier tome qu'il a écrit, Pothier indique qu'il parlera de la transaction dans son prochain ouvrage... Alors, Bigot-Préameneu va puiser dans Domat la source d'une quinzaine d'articles qui seront bricolés, bâclés, et qui vont composer un médiocre Titre XV du livre III. Avec, pour clore ce titre, un article 2058 dont on peut se demander s'il n'a pas été inséré de manière prémonitoire, pour faciliter la tâche des instituteurs d'une future République : « L'erreur de calcul dans une transaction doit être réparée » !

Or, ces dispositions du Code de 1804 vont demeurer très longtemps inchangées et assez rarement sollicitées, au point qu'aucun grand arrêt ne viendra les éclairer. Les universitaires s'y intéresseront d'ailleurs assez peu dans leurs cours, même si Louis Boyer et Fernand Boulan leur consacreront leurs belles thèses de doctorat.

Et puis, à la fin du XXe siècle et au tout début du suivant, une certaine effervescence gagne brutalement la transaction. Il faut dire que la Justice est de plus en plus encombrée et qu'on cherche fort opportunément à développer les modes alternatifs de règlement des litiges. Il faut dire aussi que, dans ce même sens, la Cour de cassation vient de rendre, le 14 février 2003, un important arrêt soulignant toute la force juridique et procédurale que revêt la clause de conciliation figurant dans un contrat.

La transaction prend donc, soudain, de belles couleurs... Dans les relations de travail où elle devient très fréquente; dans le droit de la responsabilité civile avec l'indemnisation de différentes victimes (accidents de la circulation, actes de terrorisme, accidents médicaux...) ; dans la famille où une loi du 26 juin 2004 relative au divorce fait souffler un esprit de consensus entre les époux; dans la vie des sociétés, dans les pratiques de concurrence (avec une loi Dutreil du 2 août 2005), dans des matières pourtant traditionnellement perçues comme impératives comme les matières fiscale, douanière, pénale ou encore dans le cadre des procédures collectives, avec une loi du 26 juillet 2005 qui privilégie conciliation et négociation avec les créanciers. Et même dans la matière administrative, ainsi qu'en témoigne la position du conseil d'État, et notamment un avis rendu en 2005, précisant que les transactions conclues par des personnes publiques n'ont pas besoin d'être homologuées par le juge administratif.

Bref, après une longue période d'assez profond sommeil, la transaction a soudainement le vent en poupe. Il est vrai que, même si certaines personnes trouvent bizarrement leur bonheur dans les contentieux, la transaction offre beaucoup d'avantages. Pêle-mêle, elle désencombre les juridictions, permet de clore assez rapidement le différend, évite l'aléa judiciaire, demeure largement confidentielle et assure l'acceptation de la solution par les parties elles-mêmes. On peut même dire que celles-ci se rendent justice à elles-mêmes, chacune d'elles étant invitée à apprécier la valeur de la prétention de l'adversaire et, corrélativement, la faiblesse de la sienne. Ce qui est une excellente leçon d'humilité, et aussi une démarche très pédagogique pour construire un meilleur avenir : chacun renonce à quelque chose pour aller vers l'autre et trouver un terrain d'entente...

Bref, il devenait particulièrement important, en ces années 2000-2005, de prendre enfin en considération la transaction et de jeter sur elle un regard juridiquement approfondi.

2005. On venait de fêter le bicentenaire du Code civil, d'un code certes encore prestigieux mais néanmoins un peu fatigué face aux offensives répétées de la *common law*. Dans certains milieux, toute l'attention se focalisait sur une éventuelle réforme du fameux Titre III du Livre III du Code. Une réforme que d'aucuns jugeaient indispensable pour redonner au droit français toute sa flamme. Et voilà qu'à Lyon, deux jeunes universitaires, Blandine Mallet-Bricout et Cyril Nourissat, prirent l'initiative d'organiser un colloque sur un simple contrat spécial... la transaction ! Une démarche bien modeste et très pragmatique. Mais peut-être ces jeunes collègues avaient-ils déjà le sentiment qu'en France, les réformes ne partent bien souvent efficacement que de la base, du terrain... Et puis, à Lyon, il y a bien longtemps qu'on sait que les Blandine ont du caractère...

Ces deux collègues décidèrent donc d'organiser ce colloque à la fin de l'année 2005 et, à la lecture des Actes publiés par la suite, on peut dire que le défi fut superbement relevé !

Il est vrai que les organisateurs de ce colloque avaient mis un maximum d'atouts de leur côté :

– son ouverture le 2 décembre 2005, c'est-à-dire le jour du bicentenaire... d'Austerlitz !

– son déroulement à quelques jours de la grande fête lyonnaise... des lumières ;

– l'utilisation de la salle *Josserand*, cet immense civiliste, parfaite expression de ce que la doctrine peut apporter à la jurisprudence et de ce que la jurisprudence apporte à la doctrine ;

– la sollicitation de très grands universitaires de l'époque : le doyen Fulchiron, qui ouvrit le colloque, Pierre-Yves Gautier, Loïc Cadiet, Charles Jarrosson... ;

– et celle, aussi, de nombreux jeunes agrégés reçus au même concours de 2001, si bien que se dégagea tout au long de ces journées une grande amitié, une grande joie de se retrouver ;

– une parfaite intendance encore, avec notamment la superbe utilisation du savoir-faire culinaire local, comme on peut d'ailleurs le lire dans le rapport de synthèse de Jacques Mestre, qui, notons-le au passage, fut tout... sauf un rapport de synthèse ! ;

– et puis, au plan intellectuel, et selon l'intitulé même du colloque, la volonté de saisir la transaction « dans toutes ses dimensions » : dans sa dimension théorique mais aussi dans une approche pratique, avec l'intervention programmée d'avocats, de notaires et d'huissiers ; une dimension aussi pluridisciplinaire, avec des rapports de droit fiscal, de droit communautaire, de droit international et de droit comparé.

Bref, de multiples ponts furent jetés, de nombreux passages, à la manière des fameuses traboules lyonnaises, furent édifiés, pour qu'on ait enfin de la transaction une vision complète, précise, en France mais aussi au-delà de nos frontières...

Le seul bémol fut peut-être constitué par une participation insuffisante des non-universitaires. Le bâtonnier Jeantet, de Lyon, avait pu ainsi déplorer, en ouvrant le colloque, que ses confrères ne soient pas plus nombreux. Mais, cependant, beaucoup de jeunes, notamment de l'École doctorale, étaient présents et puis, finalement, ne travaille-t-on pas mieux, bien souvent, en dehors des grandes messes, dans des cercles plus fermés où règnent amitié et enthousiasme ? Or, ces vertus avaient manifestement été au rendez-vous, comme le révèlent les Actes très riches qui furent ainsi publiés.

D'abord, on avait très bien délimité le sujet, ce qui n'était pas facile. Hugues Kenfack n'avait pas hésité à comparer la transaction à un zèbre dans la brousse africaine, avec des zones de clarté et des zones d'ombre ! Or, au terme de son rapport et de celui de Thomas Clay, le zèbre avait perdu toutes ses rayures grises ou noires... au point de pouvoir prétendre trouver une place de choix dans le fameux parc de la Tête d'or ! En effet, ces deux collègues distinguèrent fort bien la transaction de l'arbitrage, du désistement d'instance, de l'acquiescement à une décision de justice, du partage, de la cession de droits litigieux ou encore de la résiliation amiable...

Ensuite, on avait excellemment situé la transaction sous l'angle théorique. Une institution juridiquement fort originale, puisqu'elle est tout à la fois un contrat, un contrat civil (largement nourri, par un juste retour des choses, par la jurisprudence de la chambre sociale de la Cour de cassation !), la loi des parties, mais aussi une loi des parties dotée de l'autorité de chose jugée, et donc un quasi-jugement, qui dessaisit la juridiction qui pouvait être déjà saisie et devant laquelle le litige était donc en cours. Une convention, encore, qui prive le juge qui aurait dû être normalement compétent de sa compétence; une convention faisant naître une situation que les tiers vont devoir respecter... Bref, une nature juridique très originale, et dont la complexité est d'ailleurs mise en valeur par le droit international privé, comme le révélèrent certains débats animés par Éric Loquin.

On avait, par ailleurs, posé les bonnes questions. D'abord, celle de la validité, très importante puisque, comme l'a dit d'Argentré, il serait fâcheux que les transactions qui mettent fin à des différends risquent d'en faire naître elles-mêmes... Ici, Blandine Mallet-Bricout avait évoqué la question des vices du consentement et souligné les imperfections ou, à tout le moins, les hésitations de notre droit. Ainsi, l'erreur de droit est écartée, mais on admet quand même que soit invoquée l'erreur dans la personne ou sur l'objet de la transaction... La lésion n'est pas retenue, mais se trouvent cependant exigées des concessions réciproques... Le dol est lui-même d'une application assez délicate avec la question, centrale, de l'information, de la loyauté dans le procès : obligation de parler ou droit de se taire ? Quant à la violence, la Cour de cassation en a ici une conception extensive mais, semble-t-il, uniquement pour contourner le rejet de la lésion...

Bertrand Fages avait ensuite traité d'une autre question centrale : celle des concessions réciproques. Et, surtout, fort opportunément, de la concession elle-même. Car fort peu d'auteurs avait jusqu'à présent écrit à ce propos, et la jurisprudence avait elle-même été peu prolixe. *Quid* d'une concession sous condition suspensive ou résolutoire ? D'une concession réalisée en deux temps, à travers un avenant ? *Quid* de l'engagement pris par une partie envers l'autre ou un tiers de rétrocéder un bien, de proroger un contrat, d'accepter une clause de non-concurrence, de verser une indemnité ? De façon générale, rejoignant Domat et son souci de défendre ici la liberté contractuelle, Bertrand Fages avait plaidé pour l'imagination créatrice, pour l'acceptation de concessions originales, pour cette idée que la concession n'est pas nécessairement un abandon, et qu'elle peut donc être aussi la souscription d'une obligation nouvelle. Bref, pour une transaction tournée vers l'avenir...

Il avait aussi évoqué la sanction d'une éventuelle malformation de la transaction, en parlant nullité, requalification éventuelle, mais aussi réduction partielle par le juge. Certes, en 2002, la Cour de cassation avait ici manifesté son hostilité à l'égard de la réfaction judiciaire, mais le dol peut, ne l'oublions pas, permettre à la victime qui souhaite ne pas faire disparaître le contrat d'obtenir des dommages-intérêts. Et puis, comme on l'avait fait observer, l'article 595 du NCPC ne permet-il pas une révision des jugements lorsque la décision a été prise à la suite de la fraude ourdie par l'une des parties ? Pourquoi, dès lors, ne pas admettre en certains cas un pouvoir de révision judiciaire à l'égard de transactions qui posent problème, mais dont la disparition pure et simple serait cependant regrettable ?

Et puis, à côté de toutes ces questions, et bien d'autres encore, par exemple d'ordre procédural (homologation, force exécutoire, nature de la sentence arbitrale qui reprendrait le contenu d'une transaction arrêtée par les parties...), avaient été apportés, lors de ce colloque, de très intéressants regards venus d'ailleurs.

Frédérique Ferrand avait, en particulier, présenté un riche rapport de droit comparé, où elle avait évoqué en détail deux systèmes judiciaires bien différents : le système britannique et le système allemand. Or, il était ressorti de ses propos une grande convergence : dans les chiffres, avec un nombre très important de transactions dans les deux pays ; dans les incitations adressées par le législateur ou les juges aux parties pour qu'elles transigent (par exemple, en Grande-Bretagne, depuis 1999, aménagement de la procédure de transaction, obligation pour les parties à un procès de se communiquer les éléments sur lesquels elles envisagent de fonder leurs prétentions, possibilité pour la demanderesse de déposer une proposition de transaction...) ; et aussi dans la conception même de la transaction (par exemple, en Allemagne, possibilité d'y recourir dès lors qu'il y a une incertitude, dans l'esprit des parties, sur la possibilité de réaliser son droit ; acceptation de concessions même mineures...).

De même, Cyril Nourissat avait montré que, si le droit communautaire n'avait pas encore une conception très précise de la transaction, il y était manifestement favorable, ainsi qu'en témoignait la proposition de directive récemment adoptée dans le domaine de la médiation. Les transactions circulaient donc manifestement sans problème dans l'espace judiciaire européen et y vivaient paisiblement...

Enfin, lors de ce colloque, l'auditoire avait lui-même posé d'excellentes questions, qui avaient provoqué d'utiles précisions de la part des rapporteurs : par exemple, sur la possibilité d'effectuer une transaction par Internet ; sur le sort de la TVA, lorsqu'elle n'est pas précisée dans la transaction ; ou encore, à l'initiative d'un jeune doctorant, sur les relations entre droit à un procès équitable et transaction, tout particulièrement lorsque celle-ci prend forme dans le cadre d'une médiation.

Toutefois, certaines questions étaient demeurées assez largement ouvertes (par exemple, celle de l'ordre public, dont les contours demeuraient ici toujours flous) ou encore n'avaient pu être traitées, faute de temps : par exemple, la promesse de transaction ; le jeu éventuel de l'article 1134, alinéa 3 du Code civil dans l'exécution de la transaction (difficultés nouvelles d'exécution pour l'une des parties, révision éventuelle ? *Quid* d'un changement de comportement ?) ; la cession de transaction ; la résolution pour inexécution ; l'insertion de la transaction au sein d'un groupe de contrats.

Bref, de grandes questions restaient encore posées, ce qui, à vrai dire, ne fut pas une surprise car, comme l'avaient très bien compris Blandine Mallet-Bricout et Cyril Nourrissat, la transaction est un grand contrat et, sans doute, bien plus que cela encore : à la croisée des grands concepts (contrat, volonté des parties, loyauté, équilibre, jugement, transparence, contradictoire) ; au cœur des modes alternatifs de règlement des différends ; au centre de toutes les disciplines juridiques (civil, social, commercial, procédure, administratif, international, fiscal, douanier...) ; à la croisée, peut-être encore plus profondément, d'une société française qui, au début du troisième millénaire, avait quelques difficultés à sortir d'une attitude de défense irrationnelle des droits et d'un syndrome d'exaspération des conflits, bref à trouver l'apaisement.

Il fut donc décidé qu'il y aurait un suivi de ce colloque. D'abord parce que plusieurs orateurs avaient publiquement manifesté le souhait de revenir dans cette superbe ville de Lyon ! Et ensuite, et naturellement surtout, parce que toutes les interventions et tous les débats avaient révélé l'urgence d'agir et, en même temps, la nécessité de placer la barre haut : à la hauteur, en quelque sorte, d'un nouvel adage à construire et selon lequel « une bonne transaction vaut mieux qu'un mauvais procès »...

Alors, une fois les actes du colloque publiés, il fut procédé, avec la participation des doctorants, à une étude de terrain auprès des professionnels : avocats, notaires, experts-comptables, huissiers, juristes d'entreprise... Ce qui fut très instructif : pour approcher le chiffre « blanc » de la transaction ; pour dresser une typologie des transactions les plus fréquentes ; pour déceler aussi les éventuelles difficultés de rédaction, les dysfonctionnements possibles, les situations d'inégalité entre les parties ; pour approcher également les questions de droit international privé, de plus en plus souvent posées, ainsi que venait de le révéler l'importante transaction entre certaines familles victimes de la tragédie du Mont Blanc et le concessionnaire italien du tunnel.

Puis on décida de se réunir dans le cadre charmant et feutré des bouchons lyonnais, si propice aux débats et surtout aux accords !

La première réunion fut particulièrement passionnée, car elle opposa les tenants de la non-intervention législative et les autres... Mais chacun fit preuve d'un esprit positif et rechercha une solution en faisant un pas vers l'autre. D'où une... transaction : oui à une proposition de législation, mais à condition de faire une bonne législation ! Ce qui était déjà une manière de privilégier une transaction délibérément tournée vers le futur !

Le contenu de cette « transaction » facilita d'ailleurs, de façon quelque peu providentielle, le débat qui s'organisa lors de la deuxième réunion et qui porta, pour sa part, sur la nature de la transaction. De quelle transaction voulait-on ? La question débattue était naturellement fondamentale. Quelques voix s'élevèrent en faveur d'une conception restrictive : une transaction nécessairement tournée vers le passé, des concessions uniquement conçues comme l'abandon de situations acquises (ce qui, dans la France des années 2006-2007, n'était déjà pas si mal !). Mais la majorité se tourna résolument vers une conception extensive de la transaction, avec l'admission de concessions également tournées vers l'avenir. Ce qui offrait l'avantage de régler non seulement le passé mais encore de mieux organiser l'avenir, de mieux le pacifier, à la lumière d'un adage qu'on décida de forger pour bien exprimer cette orientation globale : « Transaction sur transaction ne saurait valoir ».

Ici, jouèrent un rôle essentiel dans l'adoption de cette conception large le droit pénal, où se développaient déjà des techniques amiables (médiation, composition pénale, « plaider coupable »...) et où le ministère public pouvait renoncer à déclencher des poursuites ou les abandonner en considération de l'exécution future par le délinquant d'un ou plusieurs prestations déterminées, et le droit administratif. En ce domaine, en effet, souvent la transaction a pour objectif de liquider l'exécution de marchés publics en prévoyant des engagements que prend l'Administration de régler ensuite certaines sommes à son ancien partenaire.

Ainsi, lors de cette deuxième réunion, une nouvelle transaction prévalut, car l'inclination qui était née entre les participants s'était muée en amitié profonde. Oui à une conception large de la transaction, mais à condition, compte tenu des incertitudes qu'il y a cependant à régler l'avenir, de renforcer les garanties des personnes qui décident de transiger et renoncent, à cette occasion, à leur droit d'agir en justice. Car qui dit transactionnel ne dit pas nécessairement juste... Donc, le groupe insista sur l'importance de ces garanties, indispensables d'ailleurs pour pouvoir dégager des règles communes à toutes les transactions et éviter ainsi des réglementations spéciales à certaines d'entre elles. Des garanties en pratique d'autant plus importantes que les situations transactionnelles sont profondément diverses et que certaines, de plus en plus présentes dans la pratique, mettent en présence des personnes en positions très inégales : employeur et salarié, Autorité des marchés financiers et société, Conseil de la concurrence et entreprise, professionnel et consommateur.

D'où une troisième réunion qui fut consacrée à la détermination précise de ces garanties. Le droit comparé et la Convention européenne des droits de l'homme furent ici particulièrement sollicités. On parla beaucoup d'information, de transparence, d'impartialité de l'éventuel médiateur, de confidentialité, de maintien des vices du consentement, mais clarifiés. Une réunion où jaillit également une idée nouvelle : celle de la présence nécessaire de l'avocat. Une idée qui fut décisive car elle attira la sympathie du barreau pour ce groupe de travail qui réunissait jusque-là essentiellement universitaires et doctorants.

Aussi, pour sa quatrième réunion, le groupe fut obligé de quitter les petites tables lyonnaises. Ce qu'il fit avec regret mais aussi avec plaisir ! Le doyen de la Faculté de droit — mais je crois que c'était désormais une jeune doyenne ! — mit à sa disposition le grand amphithéâtre de première année, et cette réunion s'y déroula superbement... Un représentant de la Chancellerie fut d'ailleurs présent, car le garde des Sceaux s'était, à son tour, déclaré très intéressé. Il est vrai que ce garde avait les mains libres pour faire de grandes réformes.

Le groupe élabora donc, avec enthousiasme, une proposition précise de réforme du Code civil, qui fut immédiatement transmise au garde. Lequel la transforma tout aussi immédiatement en projet de loi et la fit adopter en urgence par le Parlement. Et c'est ainsi que parut la célèbre loi portant réglementation et promotion de la transaction. Une loi qui connut tout de suite un succès foudroyant, à tel point que, quelque temps plus tard, plusieurs juristes étrangers vinrent à Lyon pour mieux comprendre les raisons du succès de la transaction à la française...

Y vinrent notamment des juristes chinois car, dans leur pays d'origine, le développement important des affaires avait quelque peu transformé les mentalités et entraîné un accroissement considérable des contentieux. Or chacun sait qu'il est en Chine un proverbe soulignant qu'une société va bien lorsque les marches des écoles sont usées à force d'être foulées tandis que celles des tribunaux sont envahies d'herbes folles...

Bref, des échanges nourris s'établirent entre les juristes français et leurs homologues étrangers, de sorte que notre Code civil connut à partir de là un singulier regain de faveur. Oui, singulier quand on songe que tout partit d'un colloque universitaire et, par ailleurs, d'un contrat où, en 1804, tout s'était réglé en quelques minutes, la veille même de la présentation du projet de Code... Mais, à la vérité, ce n'était pas la première fois que l'Histoire nous offrait un tel clin d'œil !

Chers Amis, je vous remercie, en me permettant d'ajouter : Et si c'était vrai...

Cet ouvrage a été achevé d'imprimer
par Dupliprint à Mayenne (53)
en juin 2025

Certifié PEFC
Ce produit est issu de
forêts gérées durablement
et de sources contrôlées
PEFC™
10-31-1316
www.pefc-france.org

N° d'imprimeur : 2995412X
S00011198685E5A7139B75
Imprimé en France

* 1617315-2301423 * 2